沖縄現代政治史

佐道明広
SADO Akihiro

「自立」をめぐる攻防

吉田書店

沖縄現代政治史

「自立」をめぐる攻防

目次

凡例

・引用文等に現在では使用されない差別的と思われる語句や表現があるが、歴史的用語として、そのまま記載した。
・引用文の原文が横組みの場合、算用数字を漢数字に改めている箇所がある。
・図表は、原資料が年号の場合、西暦に改めた。
・ウェブサイトへのアクセス日は、特記以外は以下のとおり。第1章二〇一三年九月三〇日、第2章同九月三〇日、第3章同一〇月三〇日、第4章同一二月二〇日、終章同一二月三〇日。

はじめに——問題の所在

1 「沖縄問題」とは何か

一つの地域の問題で首相が辞任に追い込まれる。そのような地域は沖縄以外に考えられるだろうか。二〇〇九年に歴史的な政権交代を果たした民主党鳩山政権は、それから一年もしないうちに首相が辞任に追い込まれるとともに、政権の運営能力についても国民全体に深い疑念を植え付けた。鳩山首相を辞任に追い込んだのは、何よりも普天間基地問題の処理を誤ったためといわれている。沖縄問題は、対応を誤ると政権自体の命運にもかかわる重要なテーマとなっているのである。

戦後日本で、沖縄が現在のように重要な政治問題となったのは、沖縄返還前後を除けば、一九九五年九月の少女暴行事件以降であろう。小学生の女児が海兵隊員に拉致・暴行を受けたという、あまりにも悲惨な出来事は沖縄県民に衝撃を与え、米軍基地撤廃を求める声が急速に拡大した。日米安保体制において、米国に基地を提供することは条約で約束した義務であり、在日米軍基地の約七五％が集中する沖縄で反米軍基地運動が高揚することは、日米安保体制の根幹を揺るがす事態である。日米両国政府は協議して、沖縄が以前から求めていた普天間基地の返還に合意した。しかし、県内移設が前提であったため、移設先を確定することに苦労する。最終的に、日米政府は名護市辺野古沖に決定するが、未だに地元住民の合意が得られたわけではなく、したがって普天間基地返還は宙に浮いたままの状態である。こうして「普天間基地」に象徴される米軍基地問題は、日米安保体制においてのどに刺さっ

普天間基地の県内移設に反対する県民集会（2010年４月）

た骨のように、未解決の懸案となっているのである。

ただ、「沖縄問題」とは、「多数の米軍基地が存在している」という問題だけではない。それは現在、沖縄の多くの人々が、政府や本土住民に対して「差別」という言葉を訴えかけている点に象徴されている。すなわち、戦後の日本において沖縄は、本土に対して過重な基地負担を押し付けられるという「負担の不公平」という状態が長く続き、さらに政府は復帰時点からそのことを知りながらも、問題解決に向けて努力することなく、「問題の先送り」をしてきたのである。「負担の不公平」は、不満を抱えた人々が耐え切れない状態になったとき、不満のエネルギーは「爆発」せざるをえない。「問題の先送り」は、一向に解決されないことへの不満が充満したとき、やはり「爆発」せざるをえないだろう。政治的に見て、「負担の不公平」と「問題の先送り」は最も避けるべき事態である。しかしながら、沖縄に対しては長年それが行われてきたのである。すなわち、「沖縄問題」の本質は、多数の米軍基地が置かれているということだけではなく、「負担の不公平」と「問題の先送り」が復帰後ずっと行われてきたということにある。

復帰後の沖縄に対しては、これまで多額の振興開発費が投下されてきたことも事実である。ただしそれは、基地負担の不公平を我慢してもらう代償の意味が大きかった。本論で述べるように、最初からそうであったわけではない。しかし、問題の先延ばしをしている間に、「基地と振興費の交換」という形が固定化されていくのである。こうして、沖縄県民の不満は、マグマのように滞留していくことになった。それが噴出したのが一九九五年以降の事態である。怒れる沖縄は政府を相手に交渉し、将来的な自立のための構想を政府が支援することを約束させる。それが「国際都市形成構想」であった。そして「国際都市形成構想」で追求された「自立」という目標は、実は明治時代に「琉球処分」が行われて以来、本土（ヤマト）に同化あるいは受容するか反発するかで揺れてきた沖縄にとって、きわめて重要なテーマだったのである。

沖縄と本土の関係を考える場合、基地問題だけを見ていては決して理解できないことが多い。そして日米安保体制を揺るがす可能性もある沖縄問題は、日米両政府の政策を見ていただけでは理解できない。沖縄内部の政治も、重要なアクターとして見ておかなければならないが、それは基地問題だけではわからないのである。ここで重要になるのが、振興開発との関係である。前述のように、「基地と振興費の交換」という形が成立したため、基地問題をめぐる沖縄の動きを、より多額の振興費を得るための政治的活動ととらえる人々もいる。たしかに、本土の資金に依存する経済構造が作り上げられた結果、多くの土木業が沖縄経済の中で大きな位置を占めており、そういった業界の中に、政治家との関係を強化して多くの振興費を得ようと活動する者がいることは事実であろう。

しかし、そういった表面的なことでのみ理解して沖縄問題を考えるのは誤りである。沖縄と本土との関係は、本土の他の自治体とは異なって、もともとは独立国同士の関係から始まっている。それが一六〇九年の薩摩による琉球占領から変わっていくのであるが、そうした長い歴史の中で、沖縄と本土の関係は形成されてきたことを忘れてはならない。沖縄と本土（ヤマト）とは、明治の琉球処分以降でも、他の自治体とは異なった歩みをしており、当然そこに生まれる意識も、他の地方と同列に扱ってよいものではない。そうした歴史を背景に沖縄の考えや動きを見る際に重要なのが「自立」という問題なのである。

そこで本書は、「自立」を求めた沖縄の活動を、とくに一九九〇年代の「国際都市形成構想」に焦点をあてつつ述べたものである。その際、沖縄で「自立」に関してどのような議論が展開されたのか、本土政府との関係がどのようになっていったのかが中心的課題となる。

戦後の沖縄を考えるとき、なぜ「自立」が重要な問題なのかは、第1章以下で論じていくこととしたい。そこで戦後を語る前に、その背景となる琉球処分以来の本土（ヤマト）と沖縄の関係について、次に概観しておくことにしたい。

2 「自立論」をめぐる政治史の意味

周知のように、沖縄はかつて琉球という独立国家であった。一五世紀には近隣の日本や中国、東南アジアにも貿易船を送る交易国家として繁栄していたと言われている。[1] すなわち、中華帝国を中心とした冊封体制の中にあって、アジア海洋交易圏の中で繁栄していたわけである。[2] それは琉球すなわち沖縄の地理的特性を生かした自然の選択であったと言える。しかし、一六〇九年に薩摩による征服を受けて以来、中国と日本の両国に服属する国家として近代を迎えた。そして一八七九年には、いわゆる「琉球処分」によって尚王朝は廃され、日本の中の沖縄県として近代国家体系に組み入れられることになった。[3] こうして沖縄は、明治維新後に近代主権国家体制の下で歩み始めた日本の、一地域として生きていくことを余儀なくされたのである。

そもそも琉球にとって、明治政府による「琉球処分」という事態は寝耳に水の出来事であった。日本で明治維新があり、徳川幕府に代わる明治政府ができたことは知っていたが、それが琉球と日本との関係に大きな変化を及ぼすことになるという予想はできていなかった。琉球処分は、伝統的な華夷秩序の下にあった東アジアが、西欧で発達し世界に拡大していった近代国際システムに組み込まれる過程で行われたものだが、国際システムの大きな転換という事態について、伝統的な秩序に深く組み込まれていた琉球は敏感ではなかった。ただそれは琉球だけでなく、清国も李氏朝鮮も同様であったから、琉球だけの問題であったわけではない。[4] そして日本自体にしても、琉球をどのように扱うかについて、最初から意見が定まっていたわけではないのである。[5]
たとえば琉球問題について、井上馨大蔵大輔が「速ニ其版籍ヲ収メ明ニ我所轄ニ帰シ国郡制置租税調貢等悉皆内地一軌ノ制度ニ御引直相成一視同仁　皇化洽浹ニ至候義所仰望御座候[6]」と、速やかな日本と琉球の一体化を求めていたのに対し、左院は以下のように従来と同じく、日本と清国に両属する形で問題ないと答えていた。[7]

第七章　皇国ハ東西洋一般ニ知ル所ノ帝国ナレハ其下ニ王国アリ侯国アルハ当然ノ事ナレハ琉球ヲ封シテ王国ト為ストモ侯国トナストモ我為ント欲スル所ノ儘ナレハ藩号ヲ除キ琉球王ト宣下アリテモ我帝国ノ所属タルニ妨ケナシ

第八章　右ノ如ク我ヨリ琉球王ニ封シタリトモ更ニ清国ヨリモ王号ノ封冊ヲ受クルヲ許シ分明ニ両属ト見做スヘシ

すなわち、当初は日本でも琉球の扱いについてはさまざまな意見があったのである。これが、ロシアとの国境交渉をはじめ、近代国際体系への参入にあたり国境画定の必要があったことや、琉球島民が台湾で殺害された事件などもあり、琉球を日本国に取り込むことについて急速に意見がまとまっていく。その際、井上馨大蔵大輔が「彼国ハ我残山ノ南海中ニ起伏スル者ニシテ一方ノ要衝皇国ノ翰屏譬ハ手足ノ頭目ニ於ルカ如ク運為ノ職ヲ尽シ捍護ノ用ニ可供[8]」と、その地理的位置に注目しているように、やがて日本の国防上の必要性という観点から、琉球の日本への一体化が進められていくことになるのである。[9]琉球処分とその後の日本（ヤマト）への同化も、その根底に日本の国防上の考慮があったことは、本土と沖縄の関係を考える場合、忘れてはならない視点だろう。

さて、薩摩による支配を受けていたとはいえ、中国にも服属し、尚王朝という独自の王朝が存続していた沖縄にとって、明治の琉球処分は日本との関係をどう考えていくべきかという、沖縄のアイデンティティの問い直しを迫る事態を生じさせた。そして「ヤマト」との距離をどのように考えるべきかが、沖縄の主体性や伝統との関係で重要な課題となっていく。すなわち沖縄の自立論の背景には、強制によって「ヤマト」に組み入れられてきた沖縄のアイデンティティをめぐる問いかけという面があったのである。

とくに、沖縄の帰属が日清戦争後に日本の領土として確定されて以後、沖縄においては、日本との一体化を考える意見と、独立論をも含む自立への志向を内在した議論の二つが大きな潮流として続いていく。そして後者は、沖縄自立論という形で、さまざまな内容と意義をもって現れてくることになる。たとえば伊波普猷は沖縄学の父とも言える人物であるが、彼にしても、日本と琉球の民族的起源を探ることが重要な課題であった[10]。伊波普猷の日琉同祖論が問題とされたように、日本と沖縄は果たして同じ民族であるのかという問いかけが行われたこと自体、沖縄において「ヤマト」との距離感をめぐる議論がきわめて重要であったことを示している[11]。そして、日本と沖縄が同じ民族であるということを前提に、日本とのさらなる一体化を求める勢力と、過去の琉球国の歴史・文化の記憶を前提に、「ヤマト」への同一化を避けたいとする勢力が対立するという構図が沖縄近代の政治・思想には存在していたのである。「自立」というのは、沖縄の近現代の政治史に通底する重要テーマであった。

さて、そこで本書の構成について簡単に触れておきたい。第1章では、沖縄の本土復帰前後で、沖縄内部で議論されていたさまざまな「自立論」の内容を検討する。あわせて、本土復帰後の沖縄が、本来は長い米軍統治によって生じた本土と沖縄の経済格差解消のために行われた振興開発によって、本土経済依存体質となり、「開発庁方式」という振興開発と基地存続が密接に結びついていった過程を検討する。

第2章では、革新系の大田県政の下で、沖縄が自ら策定した「自立構想」である「国際都市形成構想」に焦点をあて、一九九五年以降の「沖縄問題」高揚の中で、同構想の実現を模索する政治過程を検討する。本論で見るように、一九九五年以降の政治状況を背景に沖縄は積極的な交渉を政府と行い、「国際都市形成構想」は閣議でも認められ、実現直前まで進んだ。政治的アクターとしての沖縄が最も活性化していた時期であり、将来的な「自立」へと最も近づいた時期でもあった。しかし、米軍基地問題や沖縄内部の分裂など、今日も続く諸問題の前に、「国際都市形成構想」は挫折するのである。

第3章は、大田県政後の保守県政と本土との関係を、振興開発と米軍基地問題の両方から見ていく。この章で扱う時期は、以前の沖縄が政府との「交渉」を行っていたのに対し、次第に政府への依存度が高まっていくのが特徴である。さらに沖縄は、県と北部自治体の関係に見られるように、政府によって「分断」された状況になっていく。それが事実上の「振興開発」と「基地受け入れ」のリンクとなり、沖縄は政府の意向の前に「掌握」されていく状況となる。そのことが逆に県民の中に不満のマグマを蓄積させ、二〇〇九年の政権交代もあって不満が噴出していく。「掌握」から「不満の噴出」への過程を追ったのがこの章である。

第4章では、沖縄本島から一転して日本最西端の離島である与那国島に焦点をあてる。実は与那国島は、「国際都市形成構想」の精神を受け継ぎ、台湾との交流に自らの「自立」をかけて活発に活動していた。与那国島の活動は、政府の「特区構想」などでは厚い壁に阻まれたものの、石垣市や竹富町といった周辺自治体にも影響を及ぼし、協力して台湾との交流の拡大を求めていくことになる。そうした時期に生じたのが自衛隊配備問題であった。中国が軍事的な「脅威」として急速に南西諸島周辺での活動を活発化させていることを背景に、日本では南西諸島の防衛力強化問題が急速に浮上する。与那国島の自衛隊配備もその一環であったが、台湾との交流に自立を求めた与那国島が、自衛隊配備賛成か反対かで二分されていくことになる。本章の後半は、小さな離島が自ら策定した「自立構想」が、政府の政策の前に内部分裂して混乱していく状況を述べている。これは沖縄自体と政府との関係に見られる構図の縮図でもある。

終章では、まず中国脅威論の増大による南西諸島防衛力強化問題において、現在語られている防衛政策の問題点を提起している。とくに、沖縄の米軍基地固定化に都合よく語られている点を中心に検討している。最後に全体を通して、沖縄と本土との関係について、改めて考え直す時期に来ていることを述べている。

以上の各章のうち、第1章と第3章は書き下ろしである。第2章、第4章、終章の第1節は、以前発表した以下の論考を土台にしているが、大幅に加筆修正を行っている。

・「南西諸島防衛強化問題の課題――法体制整備・国民保護・自衛隊配備問題を中心に」『社会科学研究』（中京大学社会科学研究所紀要、二〇一三年三月）
・「現在の中央・地方関係への一考察――沖縄における『自立論』を中心に」『日本政治史の新地平』（坂本一登・五百旗頭薫編、吉田書店、二〇一三年）
・「南西諸島における自衛隊配備問題」『別冊環⑲日本の「国境問題」』（藤原書店、二〇一二年三月）
・「東アジアにおける新しい『地域主義』の形成とその意味」『アリーナ2006年号』（中部大学）
・「沖縄自立構想と近代主権国家体制の陥穽――『国際都市形成構想』を中心に」中京大学社会科学研究所叢書『アジア・太平洋地域における「ものの考え方」』（中京大学社会科学研究所、二〇〇六年）

注

（1）　高良倉吉『琉球王国』（岩波新書、一九九三年）参照。
（2）　アジア海洋交易圏の中における沖縄の位置については、浜下武志『沖縄入門――アジアをつなぐ海域構想』（筑摩書房、二〇〇〇年）参照。

（3）琉球処分については金城正篤『琉球処分論』（沖縄タイムス社、一九七八年）。小熊英二『〈日本人〉の境界　沖縄・アイヌ・台湾　植民地支配から復帰運動まで』（新曜社、一九九八年）参照。なお同書の第一章の注（1）は、琉球処分に関する文献案内となっている。本書の琉球処分に関する叙述も小熊の著作に多くを負っている。琉球処分に関する沖縄での最新の見方については、『「琉球処分」を問う』（琉球新報社〈新報新書〉、二〇一一年）参照。

（4）下村富士男「外交編　解題」（『明治文化資料叢書　第四巻　外交編』風間書房、一九六二年）七～八頁。

（5）この点については、小熊、前掲『〈日本人〉の境界』第一章を参照。

（6）「井上大蔵大輔琉球国ノ版籍ヲ収メシムル儀ニ付建議并正院ノ下問左院ノ答議」（前掲『明治文化資料叢書　第四巻　外交編』）八頁。

（7）「琉球国使者接待并其国ヲ処置スルノ議　左院」（前掲『明治文化資料叢書　第四巻　外交編』）九頁。

（8）前掲注（6）と同じ。

（9）小熊、前掲『〈日本人〉の境界』二二～二三頁。

（10）この点については、伊波の代表的論考である『古琉球』（岩波文庫、二〇〇〇年）参照。

（11）伊波の日琉同祖論が日本の沖縄支配という歴史的な流れの中で批判された問題については、外間守善『沖縄学への道』（岩波現代文庫、二〇〇二年）第二章参照。

第1章

返還後の沖縄「統治構造」の形成

琉球政府ビル

1　沖縄返還前後の「自立論」

第二次世界大戦終了後、沖縄は米軍の統治下におかれ、本土とは異なる歩みを強いられることになった。戦争で多大の被害を受けた沖縄が、米軍の軍事拠点化が進むという現在につながる問題がこのときから始まる[1]。二七年間にわたる米軍統治下で、沖縄は日本本土復帰を求めて「祖国復帰運動」を熱心に展開するが、それは自治権拡大の要求という面も濃厚にもっていた[2]。そして一九七二年に沖縄返還が行われることが決まるころ、復帰後の沖縄のあり方についてさまざまな議論が行われ、その後の沖縄の「自立論」を考えるうえで重要な考え方も示されることになる。そこでまず米軍統治時代から沖縄返還前後までの時期に展開された自治権拡大運動と自立論の内容を検討しておきたい。

さて、戦争終了直後の沖縄では、日本からの独立を主張する勢力も存在した。たとえば社会党は米国を施政権者とする信託統治地域に沖縄がおかれることを提案し、民主同盟は琉球共和国独立を主張した。しかしながら、一九五〇年の群島知事選挙でこれらの政党は支持を得ることはできず、日本から完全に独立するという主張は戦後沖縄において支持を広げることはできなかった[3]。

それに対して、日本からの独立ではなく、日本という国の一部でありながら沖縄の「アイデンティティ」を失わないための高度の自主性（この後もよく使われる言葉である「自立」と言い換えてもよい）を求める姿勢は、「祖国復帰運動」が積極的に進められる中でもさまざまな形で議論されることになる。これは前述のように、祖国復帰運動が実質的に米国統治に対する自治権拡大要求であり、それが着実に実行されていくことと沖縄返還が連動していたということも反映していた。

たとえば自治権拡大の一端を、琉球政府と琉球列島米国民政府（以下、米国民政府）との関係に見ることができる(4)。米国による沖縄統治のために設立された機関は、最初が沖縄諮詢会、次に沖縄民政府、そして沖縄群島政府となり、一九五二年四月に琉球政府が創設されて本土返還まで続いていく。琉球政府は米軍に任命された行政主席と立法機関である立法院、司法機関である琉球上訴裁判所という三権を備え、「琉球における全権をおこなうことができる」（琉球列島米国民政府布告一三号）自治政府として設立された。しかし実際はその上に米国民政府が君臨しており、琉球政府は米国民政府の「布告、布令および指令に従う」（琉球列島米国民政府布告一三号第二条）ことになっており、しかも「民政副長官は、必要な場合には、琉球政府とその他の政治団体又はその代行機関により制定された法令規則の施行を拒否し、禁止し、又は停止し自ら適当と認める法令規則の公布を命じ、及び琉球における全権の一部又は全部を行使する」（琉球列島米国民政府布告一三号第七条）となっていた。琉球政府は三権分立を整えた自治政府という「装い」とは裏腹の、米国民政府による沖縄統治の道具として設立されたのである(5)。

しかし、沖縄側からの要求に対し米国民政府は少しずつ譲歩をしていくこととなる。まず、当初は許されなかった日の丸が祝祭日に星条旗と並んで掲揚が認められた。また一九五三年四月に現在の沖縄県庁敷地内にあたる那覇市泉崎に落成した琉球政府ビルには、三階、四階に米国民政府が、一階、二階の沖縄側部局に君臨するように入っていた。しかし沖縄住民の自治権拡大要求の増大によって、一九六八年一月には浦添市の米軍施設内に移転をすることになる。これは、琉球政府行政主席が任命制から公選制になることにともない、琉球列島米国民政府が意図する保守系候補を勝たせるための沖縄住民への歩み寄りとして実行されたものであった。しかし、一九六八年一一月に実施された行政主席、立法院議員、那覇市長の三大選挙において、本土との一体化を主張する保守陣営と、「即時・無条件・全面返還」を掲げた革新共闘陣営との対決となり、いずれも革新側候補が勝利を収める結果となったのである。革新側候補として初の公選主席となった屋良朝苗は、本土復帰後の初の沖縄県知事でもある。屋良の公選主席当選は米国統治という異民族支配に反発した沖縄自治権拡大運動の結果であり、屋良をいただく琉球政府の存在は、沖縄が自ら自治を獲得したシンボルでもあった。[6]

もちろん、米軍基地なき返還を求める沖縄県民の期待は別にして、実際の日米間における沖縄返還交渉では基地撤廃を実現することが困難であったことはたしかである。沖縄にある基地の自由使用が米国にとっては譲れない線であり、「核抜き本土並み」返還の実現は、当時の日本外交にとって大きな成果であったことは間違いない。[7] ただそれは、本土復帰によって基地の呪縛から解かれることを望んでいた多くの沖縄県民の期待に十分応えるものではなかったということもたしかなのである。[8] それは本土復帰を前に琉球政府から出された「復帰措置に関する建議書」（一九七一年一一月一八日。以下、「屋良建議書」）にも明瞭に表れていた。[9]

琉球政府は、日本政府によって進められている沖縄の復帰措置について総合的に検討し、ここに次のとおり建議いたします。

これらの内容がすべて実現されるよう強く要請いたします。

昭和四十六年十一月十八日

琉球政府

行政主席　屋良　朝苗

沖縄の祖国復帰はいよいよ目前に迫りました。その復帰への過程も、具体的には佐藤・ニクソン共同声明に始まり、返還協定調印を経て、今やその承認と関係法案の制定のため開かれている第六七臨時国会、いわゆる沖縄国会の山場を迎えております。この国会は沖縄県民の命運を決定し、ひいてはわが国の将来を方向づけようとする重大な意義をもち、すでに国会においてはこの問題についてはげしい論戦が展開されております。

あの悲惨な戦争の結果、自らの意志に反し、本土から行政的に分離されながらも、一途に本土への復帰を求め続けてきた沖縄百万県民は、この国会の成り行きを重大な関心をもって見守っております。顧みますと沖縄はその長い歴史の上でさまざまの運命を辿ってきました。戦前の平和の島沖縄は、その地理的へき地性とそれに加うるに沖縄に対する国民的な正しい理解の欠如等が重なり、終始政治的にも経済的にも恵まれない不利不運な下での生活を余儀なくされてきました。その上に戦争による苛酷の犠牲、十数万の尊い人命の損失、貴重なる文化遺産の壊滅、続く二六年の苦渋に充ちた試練、思えば長い苦しい茨の道程でありました。これはまさに国民的十字架を一身になって、国の敗戦の悲劇を象徴する姿ともいえましょう。その間大小さまざまの被害、公害や数限りのない痛ましい悲劇や事故に見舞われつつそしてあれにもこれにも消え去ることのできない多くの禍根を残したまま復帰の歴史的転換期に突入しているのであります。

この重大な時期にあたり、私は復帰の主人公たる沖縄百万県民を代表し、本土政府ならびに国会に対し、県民の率直な意思をつたえ、県民の心底から志向する復帰の実現を期しての県民の訴えをいたします。もちろん私はここまでにいたる佐藤総理はじめ関係首脳の熱意とご努力はこれを多とし、深甚なる敬意を表するものであります。

さて、アメリカは戦後二六年もの長い間沖縄に施政権を行使してきました。その間にアメリカは沖縄に極東の自由諸国の防衛という美名の下に、排他的かつ恣意的に膨大な基地を建設してきました。基地の中に沖縄があるという表現が実感であります。百万の県民は小さい島で、基地や核兵器や毒ガス兵器に囲まれて生活してきました。それのみでなく、異民族による軍事優先政策の下で、政治的諸権利がいちじるしく制限され、基本的人権すら侵害されてきたことは枚挙にいとまありません。県民が復帰を願った心情には、結局は国の平和憲法の下で基本的人権の保障を願望していたからに外なりません。経済面から見ても、平和経済の発展は大幅に立ちおくれ、沖縄の県民所得も本土の約六割であります。その他、このように基地あるがゆえに起るさまざまの被害公害や、とり返しのつかない多くの悲劇等を経験している県民は、復帰に当っては、やはり従来通りの基地の島としてではなく、基地のない平和の島としての復帰を強く望んでおります。

また、アメリカが施政権を行使したことによってつくり出した基地は、それを生み出した施政権が返還されるときには、完全でないまでもある程度の整理なり縮小なりの処理をして返すべきではないかと思います。

そのような観点から復帰を考えたとき、このたびの返還協定は基地を固定化するものであり、県民の意志が十分に取り入れられていないとして、大半の県民は協定に不満を表明しております。まず基地の機能についてみるに、段階的に解消を求める声と全面撤去を主張する声は基地反対の世論と見てよく、これら二つを合せるとおそらく八〇%以上の高率となります。

次に自衛隊の沖縄配備については、絶対多数が反対を表明しております。自衛隊の配備反対と言う世論は、やはり前述のように基地の島としての復帰を望まず、あくまでも基地のない平和の島としての復帰を強く望んでいることを示すものであります。

去る大戦において悲惨な目にあった県民は、世界の絶対平和を希求し、戦争につながる一切のものを否定しております。そのような県民感情からすると、基地に対する強い反対があることは極めて当然であります。しかるに、沖縄の復帰は基地の現状を堅持し、さらに、自衛隊の配備が前提となっているとのことであります。これは県民意志と大きくくい違い、国益の名においてしわ寄せされる沖縄基地の実態であります。

（傍点引用者）

この「屋良建議書」には、沖縄自立論との関係でも重要な考え方が主張されている。その点は後述することとして、以上のような沖縄自治権拡大運動に現れた沖縄の期待とは異なる形で本土復帰が実現しようとしていた時期に、後の自立論との関係でも重要な議論がいくつか提出されている。ここではとくに二つの議論を紹介しておきたい。それはこの二つの議論が後の自立論に大きな影響を与えたことと、いわゆる「保守」「革新」を超えて議論されていることで重要と考えられるからである。なお、以下の叙述においては、各々の主張内容を正確に伝える必要から、引用が長文になっている点をご寛恕いただきたい。

（1）平恒次「『琉球人』は訴える」

最初は著名な経済学者である平恒次イリノイ大学教授の「『琉球人』は訴える」である。[10]平の議論の特徴は、海外での自らの経験から、日本人であるという意識とは別に確固とした「琉球人」というアイデンティティがあることを土台に組み立てていることである。

英国人でないわれわれには、イングランド人も、スコットランド人も、一様に「イギリス人」として見える。ところが、「イギリス人」という単語、すなわち「イングリッシュマン」という言葉を、スコットランド人にでも使おうものなら、それこそ即座に訂正され、場合によっては、スコットランドの歴史についてお説教をこうむる羽目におちいるのである。それでいて、イングリッシュマンも、スコッツマンも、同様に、「合同王国」（英国）の王位の下にある「臣民」（サブゼクト）であることを誇りにしている。（略）日本人は、人を分類するにあたって、まずその人の所属する国名をあげ、その次にかんたんに「人」を加えて「××人」と安易に呼ぶ傾向がある。これは、日本人には、日本という国への帰属感をこえ、国家に先行する社会単位への第一次的親近感がないからであろう。日本の中の地域性については、たんに××地方、または××県の「出身」という表現で語られ、「日本人」に先行する、××地方人、××県人としての、合同王国のスコッツマンや、スイス連合国のジュネーヴ人の意識に似たものは、感じとられない。

こういう意識構造が、正常な日本人的規格であるとするならば、私自身は、この規格からはみ出したものであることを痛感せざるをえない。私は、法律的には、「日本国籍」をもっており、この属籍が与える権利、および、そのために要求される義務は、行使しかつ履行するのにやぶさかでない。だが私は、「日本国人」である前に、私にとって、もっと身近なもう一つの国の成員であるという心理状態にあるのである。

つまり私は、第一次的に「琉球人」であって、琉球という「わが国」がたまたま国際法的に、日本という主権国家に所属しているために、私も「日本国籍人」であるという意識構造をもっているのである。

（略）第一次的にはスコットランド人であり、ジュネーヴ人である人々が、第二次的にはそれぞれ、イギリス人でありスイス人であるのと同様な、国家構成の座標が、琉球と日本とのあいだにあるということを、沖縄の日本復帰過程で意識的に活用しなければ、沖縄住民の幸福は確保できないかもしれないと私はおそれるのである。もし、連合王国対スコットランドや、スイス連合国対ジュネーヴという関係が、民主的国体の一つの典型であるとするならば、日本対琉球という関係も、同様な民主的精神によって貫かれなければならないと思う。これが、日本そのもののいっそうの近代化にも通じるのである。

平はこういった「琉球人」としての意識を基礎に、一九七二年の本土復帰は、「日琉合併」であって、それは双方に納得のいく契約によってなされねばならないと主張する。

かんたんにいえば、日琉関係の近代化は、琉球が本来は独立国であるという認識から出発しなければならない。日琉関係の基礎過程は、これを二国の合併としてとらえる必要がある。国家間合併の近代的過程について、私はこう考える。第一に、両国ともまず民主主義を基調とする体制でなければならないということである。第二に、合併は双方になっとくのいく契約――条約――によって規定され、各国の国民の一般投票によって批准されなければならないということである。

しかし、多くの日本人の意識がそれを阻害すると危惧している。

普通の「日本人」の意識の中にある日琉関係は、二国間の対等なつきあいとはとうてい言えたものではない。ということは、「復帰」過程において、琉球の、一国といってもよいほどの特殊性が、過小評価されるか、無視されるかの危険があるということである。琉球の独立国的特殊性に目をつむることは、「復帰」にあたって、大国日本の中央権力による、「復帰」条件の一方的押しつけにおわる結果になることを予想させる。そういう形での「復帰」は、琉球にとって不幸であるだけでなく、日本の民主主義と地方自治体制にとっても反動的後退といわねばならないのである。

さらに、これまでの日本と沖縄の関係では、日本は沖縄を「外地」としか見ておらず、そういった日琉関係に「復帰する」必要はないと主張する。

明治体制下における沖縄の地位は、「県」とはいっても、明らかに植民地でしかなかったことは、史料があますところなく立証している。沖縄に対するこういう待遇は、日本帝国の指導者たちの側に、沖縄が本来外国であり、外国に対しては、力ずくで何をしてもよいという戦前の論理があったとでもしなければ、説明がつかないことである。

さらに時代を下ると、琉球人は、植民地住民の中でも皇民化がもっとも進んだ集団として、大東亜戦争の手伝いをさせられ、ついに一九四五年、自国を未曽有の焦土と化せしめるのである。沖縄であれほどの戦いを試みた日本帝国の指導者たちは、沖縄をサイパンやレイテと同様な外国、外地としてしか見ていなかったのではないかと、琉球人は疑うのである。そして一九五二年、最悪の戦災地沖縄は、日本政府から何の慰藉もないまま、講和条約第三条によって、ばっさりと日本国外にきりすてられるのである。

以上が近世、近代における日琉関係史の素描であるが、民主主義の原理からすれば、そこには道義的になっとくのいく何ものをも発見することができない。日琉関係史のすべては、今後の日琉関係に何らの指針をも示唆していない。そこには「復帰」すべき何ものもないのである。

一九七二年の、いわゆる「復帰」にあたって、琉球人は声高く「復帰」を否定した上で、新時代の日本と琉球というものを考えなおさなければならないのである。「復帰」という言葉にごまかされて、「復帰」さえすれば、沖縄の進むべき道は、政治的にも社会的にも、すでに前もって準備されていたかのように思うのは、はなはだしい誤りである。私は、自主的選択の余地のない政治的決定を、民主主義の名において排撃してはばからないのである。

平は、日本と琉球が合併する以上、対等の存在として互いの相違を認識しあう必要があること、そして日琉の大きな相違を理解するならば、琉球には特別の自治が与えられるべきであると説くのである。

戦前の、地方自治不在の大日本帝国において、琉球の歴史は、亡国の悲しみにはじまった、最低限の自己確保さえおぼつかない受難の歴史であった。一九七二年以降の日琉関係を、この不名誉きわまる「沖縄県」の歴史的延長の上にもどしすえることは、歴史の教訓を無視することになろう。

琉球人は、日本に復帰するものでもなく、吸収されるのでもなく、いわんや日本に「奪還」されるのでもない。一九七二年は、琉球人にとって、滅亡した故国の再建であると同時に、日本との合併を意味するものである。いやしくも二国が合併するからには、それぞれの国がらのちがいについて正直に確認しあう必要がある。

日本も琉球も、日本民族が作った文化社会であるが、両者は、武家文化と王朝文化ほどに異なった性質の社会である。薩摩の示現流に対するに空手をもってした琉球である。武と文、光と影の相互補完性を認識するのでなければ、日本と琉球の同世帯は持続しがたいだろう。日本は今や、もっとも活動力に富む高度資本主義国家として、旭日昇天の勢いにある。石原慎太郎氏の「太陽の季節」から、金森久雄氏の「力強い太陽」にいたる、一連の「日の神」崇拝は、実に現代日本の基本的性格であろう。一方、琉球は、南走途上の平家の公達が、かぎりなくその心をなぐさめたであろう洋上の落日、夜空の弓張月をもって、その精神構造の基調としているのではなかろうか。現代日本人の心が、エコノミック・アニマルとしての、現代的尚武の精神にみたされているとするならば、わが琉球人は、王家の紋に見られる、三つ巴の煩悩の相剋を、「守礼」の円周に包括した節度ある人生観をたっとぶということができるのではなかろうか。

（略）日琉合併手続きの主要部分は、合併条件の成文化である。この条件は、日本と琉球とのあいだに交渉され、取引されるべきもので、第三国、たとえばアメリカ合衆国の参加を必要とするものでないことは、いうまでもない。この点に関しては、奇怪にも、日本政府も、米国政府もかなりの誤解と思いあがりがあるように見える。

日米間の取引は、講和条約第三条の清算だけで結構であるにもかかわらず、目下進行中の日米間交渉においては、いわゆる「復帰」後、日本国が、どのように琉球を統治するかという、厳密には、日本国の国内問題に関するものまで、アメリカの指導や合意を必要にしているかのような印象をうける。つまり、琉球住民をつんぼ桟敷において、当の琉球住民をどう治めるかについて、日本と米国が秘密交渉をしているということである。これはまったくあきれたことであるが、日琉合併条件の日琉間交渉は、原則として、日本および琉球の内政に関するかぎり、合併以前の日米間交渉になんら左右されないということにしなければならない。

ともあれ、日琉政府間に、合併条件の成案が得られたとする。次は、この条件案の人民投票による批准である。私は合併過程におけるこの段階は、きわめて重要なことであると思う。私は、合併について、また合併条件について、琉球住民が、人民投票によって、一点の疑いも入れないくらいに、賛成するのでなければ、日琉合併はすべきではないと思う。

ということは、それまでには、米国による琉球統治は終了しているはずであるから、琉球はいきおい独立国としての様相をおびるようになるわけである。私は事実、そうなったほうがよいと思う。米国による琉球統治は、一日も早く、終わらせたい。だが、日本の中の琉球の新しい地位については、十分に時間をかけて検討し、採用し、執行するようにしたい。

端的に言えば、一九七二年の、琉球に対する米国施政権の撤収とともに、琉球は「琉球共和国」になるということである。琉球の現状は、米国の施設権下にあるという枠組を一応捨象すれば、すでに独立国としての資格があるといってもよいのである。現在の諸制度が一九七二年以降に延長されれば、それでもうりっぱな独立国なのである。また、もっとも紳士的な国際関係としては、一九七二年における講和条約第三条の清算の仕方を、琉球人の参加の下に、もし琉球人がその意向であれば、琉球の独立を保証するような日米間の条約にもっていくという方法が一番のぞましいと思うのである。こういう方法の法律的可能性があるかどうか、法律学者の御一考を煩わしたいところである。

（略）一九七二年に、独立国琉球の建国、ついで日琉合併という、もっとものぞましい形での琉球の「日本復帰」ができないとしても、日本における地方自治制度が、この形式に似た柔軟性を秘めていることは、せめてものなぐさみといえるのではなかろうか。

ということは、アメリカの琉球統治の終了と同時に、琉球を「沖縄県」としていきなり日本国内にとりこんで、即座に「本土なみ」に、制度、法律のよしあしにかかわらずおしまくるというのではなくて、「沖縄特別自治体」のようなもの（「琉球共和国」から、位階一等を減じたようなもの）にして、中央と地方の関係における、まったく新しい実験を試みるということにしてはどうであろうか。もし、地方自治におけるこういう新制度が、沖縄で、県制の代りに成功するならば、同制度を、希望によっては他府県にも及ぼすという可能性も考えられる（ここでも私は、スイス連合の中の各国が、それぞれ特別な自治権をもっていることを想起しているのであり、日本の地方自治制度も、積極的にスイス的な方向へおしすすめるとすれば、日本の民主主義がいかに飛躍的進歩をとげるであろうかと考えているのである）。

ということはさしあたり、沖縄だけに適用される「特別自治体設置法」を立法することになるのであるが、現行法の範囲で、これは十分に可能なことである。消極的ではあるが、憲法第九五条と、地方自治法第二六一条に、その可能性が含意されている。憲法第九五条によれば、「一の地方公共団体のみに適用される特別法は、法律の定めるところにより、その地方公共団体の住民の投票においてその過半数の同意を得なければ、国会は、これを制定することができない」。

沖縄のために、ここになにかが秘められている。特別法によって、沖縄を特別自治体として設置し、その法律を沖縄の人民投票によって制定するということは、日本国と沖縄住民とのあいだの一つの契約というふうにも解釈される。本稿の論理からいえば、この種の法律を、「日琉合併条約」らしいものに作りあげることも不可能ではなかろう。

県制が「本土なみ」におっかぶされてくるのではなくて、沖縄が日本国の一部となることについてのあらゆる条件を新たに明示した法律、しかも住民投票によって受諾されるような条件を盛った法律によって設置される「沖縄特別自治体」は、独立国琉球が日本と結びえたであろう「合併条約」の理念を十分に実現することができる制度ではなかろうか。

ここでも重要なことは、民主主義高度化への力強い実験と、民主主義社会にふさわしい政治的善意がある。この意味においても、琉球の日本国参加とともに、日本国皇太子に、プリンス・オヴ・リューキューを兼任していただくことはどうであろうか。

(2) 比嘉幹郎「沖縄自治州構想論[11]」

比嘉幹郎は琉球大学教授から保守系県知事である西銘順治の下で副知事となった人物である。比嘉の議論は、沖縄がこれまで獲得してきた自治権拡大と、自身の米国での研究を基礎としている点に特徴があった。比嘉はまず、日米で交渉されている沖縄返還の内容を「第三の琉球処分」ときびしく批判する。

沖縄の与野党が立法院の全員一致の決議で核抜きを主張し海外への自由出撃に反対してきたのにもかかわらず、返還協定のなかではこの要求さえも明文化されず、いわゆる事前協議制度の運用で無制約の基地を保持できる状態にしてあるといえよう。基地機能や規模の面からだけでなく、人的、物的損害についての対米請求権の放棄や反共宣伝施設であるＶＯＡ（アメリカの声）の存置など、返還協定の他の条項からみても、沖縄住民が犠牲と差別を一方的に押しつけられたことは否定できない。「第三の琉球処分」と言われるゆえんであり、とかく住民に重大な影響を及ぼす政策決定において民意が尊重されていないのである。

抽象的な表現を用いれば、反戦平和、人権擁護、そして自治権確立という沖縄住民の基本的要求が、これまでの沖縄での歴史で繰り返しみられたように、返還協定でも無視または軽視されたといえよう。

そして自治権に対する高い意識をもつ沖縄は、獲得した自治権を奪われるべきではないこと、そして日本の中央集権体制に安易に組み入れられるのではなく、沖縄独自の特別自治体を構想することを主張する。

異民族の支配下に置かれてきただけに、沖縄の住民は、かなり高い自治意識を持つようになったし、また曲りなりにも実質的な自治権をある程度かちとってきた。施政権返還というこの歴史的一大転機にさいして、自治構想もなく、たんに類似県なみという形で日本の中央集権体制に安易に組み入れられると、まさに悔いを千載に残すことになろう。

（略）沖縄住民の長期にわたる自治闘争の結果、琉球政府は、立法、行政、司法の各分野において実質的に大幅な権限を行使するようになった。立法院は、対内的に適用される法律を本土の法律にならって制定し、米民政府の布告、布令をしだいに整理してきた。（略）主席公選も一九六八年には実現し、沖縄におけるほとんどの許認可権は主席が握るようになった。琉球裁判所の権限も拡大され、米民政府は政治的反発をおそれてもはや干渉し得ない状態になっている。

このような琉球政府の権限も、本土政府の復帰対策要綱から判断すると、返還後には大幅に縮小されそうである。教育委員の任命制など本土の法律や制度が画一的に適用されると、沖縄の自治は後退する。主席の許認可権は本土政府に吸い上げられ、沖縄の実状をよく知らない各省庁の官僚によって行使されるとも予想される。（略）現在進行中の復帰準備作業は沖縄住民の願望する自治権確立への途を逆行しているとしか考えられない。このリバース・コースは、基本的には、復帰準備の主導権が、住民の自治と福祉の最優先を標榜する琉球政府にあるのではなく、沖縄における軍事基地の保持を第一義的に考慮する日米両政府によって握られていることに起因する。

（略）沖縄が本土政府の政策によって差別と犠牲を強制されたために生じた各面における本土との格差を是正することは国の義務である。が、この義務を果たさせるために琉球政府の行政機能や権限を国に移す必要はない。県なみ指向性の背後にはまた、本土政府の画一主義はとうてい変更できないものであるという事大主義的意識が働いているのかもしれない。

（略）沖縄の施政権は本土政府にではなく沖縄住民の政府に返還されるべきことになり、琉球政府は、その行政機構、機能、権限を本土政府へ移すことによって縮小するのではなく、逆にそれらを最大限に強化拡大する努力をしなければならないことになる。琉球政府はまた、強力な中央集権体制の日本においては、県なみを指向することが自治権の大幅な縮小につながるという危機感を持って復帰対策を策定されなければならないことになる。

したがって、施政権返還後の沖縄において地方自治を確立するためには、たんなる本土の類似県の政治・行政を模倣するのではなく、沖縄独自の特別自治体を構想する必要がある。政治においては言葉は重要な価値記号であるから、既成概念から脱皮するためにも、この特別自治体を沖縄州とでも呼ぶのが適当であろう。この呼称は、憲法で特に規定された権能を連邦政府が有し、その他はすべて州政府が留保している米合衆国における国と州の関係を参考にしたものと考えてよい。

沖縄州は、軍事や外交などに関連する特定の権能以外のすべてを保持することが望ましい。軍事、外交の分野においても、特に沖縄が密接に関与している政策については、沖縄住民の意思が十分反映されたものにしなければならないことはいうまでもない。(12)

そして最後に、比嘉は、沖縄の将来を決定するのは沖縄住民という、きわめて重要な主張で締めくくっている。

沖縄はこれまで中央政府から差別と犠牲を強制されてきた。このような差別と犠牲の排除が沖縄の自治にとって何よりも重要なことであり、特別自治体の実現はこれを可能にするだろう。

（略）沖縄の将来を決定するのは究極的には沖縄住民でしかない。諸般の情勢からみると、沖縄において自治を確立することはしごく困難なことではあるが、全住民が一致協力して主体的にその目標を達成する努力をすべきである。沖縄自治州構想論は、こんご具体的に検討し発展させなければならないが、それは沖縄住民の要求を実現するための政治姿勢に立脚したものであり、その意味では決して非現実的なものとはいえまい。

平にしろ比嘉にしろ、以上に表れた考え方は、一九九〇年代に沖縄県が提示した「国際都市形成構想」に基本的に通底するものである。また、沖縄独自の自治体を構想するという考え方は、前述のように琉球政府という自らの「政府」をもち、そのうえで自治権を拡大してきたという歴史が支えになっており、そういった感覚は沖縄の人々の中で共有されていた。たとえば、琉球大学の松田賀孝は次のように述べている。(13)

戦後の苦悩の歴史の中で、われわれはかけがえのない貴重な体験をした。それは、みずからの政府をもったということである。東京へ留学した沖縄出身の学生が、本土の友人に、〝おれのおやじは政府に勤めているんだ〟といったら、妙な顔をしたそうである。なるほど〝政府に勤めている〟との表現は、本土の人間には奇異に聞こえるのかも知れない。たしかに政府という言葉が卑近な日常会話にさまでポンポン飛び出す地域は、わが国では他に例がない。つまりそれほどまでに、戦後の沖縄では政府というものが住民の日ごろの生活に溶け込んでいるのである。

なるほど究極的な権限が高等弁務官の手にゆだねられているようでは、琉球〝政府〟とはいってもそれは形だけの擬制的な〝政府〟であって、けっして本来の意味での〝政府〟ではないという議論もあろう。しかしそれでも、他の府県の地方自治体に比べれば、はるかに〝政府〟的要素をそなえていることは否めないところである。たとえば、琉球政府は住民の税負担率や外資導入の可否を決定することもできれば公共料金を定めることもできるし、琉球警察は行政主席の統轄下に置かれているなどの点をみただけでも、このことは容易にうなずけよう。

以上のような琉球政府を持ちえたという自信が、前述の比嘉と同様に、今度は日本復帰にあたって自治権喪失への不安につながっていくのである。

復帰後は、このような権限はすべて中央政府に移され、四七番目の一地方県庁に転落し、〝三割自治〟、いや〝一割自治〟の苦杯をなめさせられる運命にあるといわれる。もしこれが現実となれば、軍政下の厳しい条件下でこれまで自治権拡大運動を進めてきた沖縄県民は、復帰によってやり場のない挫折感を味わわされることになろう。

いずれにしろ、こうした「自治政府」を持ちえたという体験が、一九九〇年代に「一国二制度」を内容とする「国際都市形成構想」を生みえた土台になっていた。その点は後に改めて述べることとしたい。

さて、以上のような沖縄独自の地方自治体を構想するという考え方に加えて、米軍基地の問題が関係した重要な主張も行われていた。それは前述の「屋良建議書」に明確に述べられている。

> 沖縄の軍事基地は、質量ともに、本土におけるそれをはるかにしのいでおり、そのため沖縄の経済社会に異常な影響を与え、第三次産業肥大化にみられるような産業構造の畸型化を招くとともに、他方、基地のもつ非人間的、頽廃的性格がいく多の社会的問題を惹起しております。
>
> また、基地の存在は、総合的統一的土地利用計画にとっても大きな障害となっており、琉球政府の主体的開発計画の策定を阻害してきております。したがって、基地の撤去を前提としない限り、真の意味で恒久的な開発計画の策定は不可能であり、自由かつ平和な社会の建設などは到底望めません。
>
> （傍点引用者）

これは、基地の存在が沖縄の将来像を描く障害になっているというとらえ方である。この視点はきわめて重要なものである。これも「国際都市形成構想」の意味を理解するうえで不可欠なものである。すなわち、復帰を前にした沖縄では、沖縄独自の特別自治体を形成すべしという考え方、それを支える「琉球政府」の存在、そして沖縄の将来像に関する振興開発の考え方として、「基地なき沖縄」という視点があったということである。これらが復帰後にどのようになったのか、次に見ていかねばならない。

2　返還後の沖縄と「開発庁方式」の定着

(1)　沖縄振興策の政治的意味

沖縄は一九七二年五月一五日に日本に復帰したが、沖縄県民として日本国民になった人々の期待に応えるためには、基地問題と経済問題という大きな二つの課題があった。基地問題は言うまでもなく、返還後も残されている広大な米軍基地による負担をいかに軽減していくかということであり、経済問題とは米軍統治下で拡大した本土との経済格差の是正である。ただ、米軍基地問題は米国との交渉が必要なため、実質的に大きく変化することはなく、経済問題への対応が、日本政府の復帰政策の主要課題となる。さらに、沖縄を日本という国家に復帰させていく、いわゆる「復帰事業」は二七年間米国の統治下にあった沖縄に本土の法制を移植する作業でもあり、容易なものではなかった。[14]別言すれば、琉球政府時代の自治権はそもそも検討されていなかったということでもある。

さて、沖縄の本土復帰にあたり策定されたのが「沖縄三法」と呼ばれる沖縄振興開発のための三つの法律であった。「沖縄開発庁設置法」「沖縄振興開発特別措置法」「沖縄振興開発金融公庫法」がそれで、復帰以後、「沖縄振興開発特別措置法」に基づき一〇年単位の振興開発計画が策定されていくことになる。この振興計画を実施していくために設置されたのが沖縄開発庁[15]であり、出先機関としての沖縄総合事務局[16]であった。

「沖縄振興開発特別措置法」は、政府が実施する沖縄振興策の基本的あり方を定めた時限立法で、「沖縄の復帰に伴い、沖縄の特殊事情にかんがみ、総合的な沖縄振興開発計画を策定し、及びこれに基づく事業を推進する等特別の措置を講ずることにより、その基礎条件の改善並びに地理的及び自然的特性に即した沖縄の振興開発を図り、もつて住民の生活及び職業の安定並びに福祉の向上に資することを目的と」して制定された。そのための主要な施策として、「高率補助」や「復帰プログラム」と総称される振興開発計画が実施された。[17]「沖縄振興開発特別措置法」に基づき、一次から三次まで実施された沖縄振興計画は、その主眼の置き方は時期によって変化したが、投入された振興開発事業費の総額は六兆円に達し、沖縄の社会基盤整備に関して、「全国平均との格差を縮小させることに貢献し、産業・経済の振興促進にも一定の役割を果たし」、「県民の生活水準も一定程度向上」するという成果を上げた。[18]三次の沖縄振興開発計画、さらに二〇一一年まで実施された「沖縄振興計画」は、沖縄県自体が「社会資本の整備が着実に進み県民の利便性が大きく向上」、「観光産業の伸びや情報通信関連産業の集積に一定の成果[19]」と評価しているように、沖縄の振興開発に重要な役割を果たしてきた点は間違いない（これまでの振興開発計画の概要については表1－1参照[20]）。ただしそれは、政府の沖縄対策で取り残された「基地問題」の固定化も同時にもたらしていくことになる。

すなわちこうした振興開発計画の進展は、後述のように西銘県政時代の、とくに一九八〇年代に「成果」が表れてくる。しかしそれは復帰後の沖縄と政府との関係について「開発庁方式」とも呼ぶべき特殊な統治構造を形成していったのである。[21]この「開発庁方式」下の沖縄と政府との関係が様々な問題を生み、現在まで続く「沖縄問題」の土台となっていると言える。

では、どのような問題があるのだろうか。順に見ていこう。まずいえるのが、沖縄振興策の策定主体に関する問題である。これは言い換えれば、沖縄の将来像を描くのはだれかということである。沖縄振興開発特別措置法には、振興開発計画の策定について以下のように定められていた。

第四条　沖縄県知事は、振興開発計画の案を作成し、内閣総理大臣に提出するものとする。

表１－１　沖縄振興開発計画・振興計画の概要

項目	第一次沖縄振興開発計画	第二次沖縄振興開発計画	第三次沖縄振興開発計画	沖縄振興計画
策定時期	1972年12月18日	1982年８月５日	1992年９月28日	2002年７月10日
計画時期	1972～1981年	1982～1991年	1992～2001年	2002～2011年
計画目標	・本土との格差是正 ・自立的発展の基礎条件整備 ・平和で明るい豊かな沖縄県の実現	・本土との格差是正 ・自立的発展の基礎条件整備 ・平和で明るい活力ある沖縄県の実現	・本土との格差是正 ・自立的発展の基礎条件整備 ・平和で活力に満ち潤いのある沖縄県を実現 ・広くわが国の経済社会及び文化の発展に寄与する特色ある地域として整備	・自立的発展の基礎条件の整備 ・平和で安らぎと活力のある沖縄県の実現 ・わが国ひいてはアジア太平洋地域の社会経済及び文化の発展に寄与する特色ある地域としての整備
基本方向	・社会資本の整備 ・社会福祉の拡充及び保健医療の確保 ・自然環境の保全及び伝統文化の保護育成 ・豊かな人間性の形成と県民能力の開発 ・産業の振興開発 ・国際交流の場の形成	・特色ある産業の振興開発と基盤整備 ・豊かな人間性の形成と多様な人材の育成及び文化の振興 ・住みよい生活環境の確保と福祉・医療の充実 ・均衡のとれた地域社会の形成と活力ある島しょ特性の発揮 ・地域特性を生かした国際交流の場の形成	・自立化を目指した特色ある産業の振興 ・地域特性を生かした南の交流拠点の形成 ・経済社会の進展に対応した社会資本の整備 ・明日を担う多様な人材の育成と学術・文化の振興 ・良好で住みよい環境の確保と福祉・医療の充実 ・都市地域の整備と農山漁村、離島・過疎地域の活性化	・民間主導の自立型経済の構築 ・アジア・太平洋地域の発展に寄与する地域の形成 ・世界的水準の知的クラスターの形成（大学院大学を中心として） ・安らぎと潤いのある生活空間の創造と健康福祉社会の実現 ・持続的発展のための人づくりと基盤づくり ・県土の均衡ある発展と基地問題への対応
振興施策の展開 ※以下の項目は一～三次に共通 ・交通通信体系の整備 ・水資源の開発及びエネルギーの確保 ・生活環境施設等の整備 ・産業の振興開発 ・離島の振興 ・自然環境と国土の保全及び公害防止	・社会福祉の拡充と保健医療の確保 ・教育及び文化の振興 ・余暇生活の充実と観光の開発 ・職業の安定と労働福祉の向上	・観光レクリエーションの振興 ・教育及び文化の振興 ・社会福祉の拡充と保健医療の確保 ・職業の安定と労働者福祉の充実 ・国際交流の場の形成と推進	・南の国際交流拠点の形成 ・観光・リゾート地の形成及びレクリエーションの振興 ・教育及び学術・文化の振興 ・都市・農山漁村の総合的整備と生活環境施設等の整備 ・社会福祉の充実 ・保健医療の確保 ・職業の安定と労働者福祉の向上	・自立型経済の構築に向けた産業振興 ・科学技術の振興と国際交流・協力の推進 ・駐留軍用地跡地の利用の促進 ・環境共生型社会と高度情報通信社会の形成 ・持続的発展を支える基盤づくり ・多様な人材の育成と文化の振興 ・雇用の安定と職業能力の開発 ・健康福祉社会の実現と安全・安心な生活の確保
フレーム	（計画期間中）			
①総人口	100万人を超える	1991年　120万人を超える	2001年　130万人を超える	2011年　約139万人程度
②就業者数	46万人	1991年　51万人を超える	2001年　約63万人	2011年　約67万人
③労働力人口	―	1991年　約53万人	2001年　約65万人	2011年　約70万人
④県内総生産	１兆円程度	1991年度　おおむね２兆4000億円	2001年度　およそ４兆9000億円	2011年　約４兆5000億円
構成比				
第一次産業	５%	1991年度　３%	2001年度　およそ３%	2011年度　２%
第二次産業	30%	1991年度　24%	2001年度　およそ22%	2011年度　16%
第三次産業	66%	1991年度　73%	2001年度　およそ75%	2011年度　82%
⑤一人当たり県民所得	33万円から３倍近く	1991年度　約200万円	2001年度　310万円を超える	2011年度　270万円を超える

出所：内閣府の資料をもとに筆者作成。

2　内閣総理大臣は、前項の振興開発計画の案に基づき、沖縄振興開発審議会の議を経るとともに、関係行政機関の長に協議して、振興開発計画を決定する。
3　内閣総理大臣は、振興開発計画を決定したときは、これを沖縄県知事に通知するものとする。

（傍点引用者）

前記の条文傍点部によれば、振興開発計画案策定の主体は沖縄県知事にあるように見える。しかし実態はそうではない。第2項にあるように、計画の最終決定権は内閣総理大臣にある。沖縄振興開発審議会と多数の関係行政機関の協議を経て計画が決定されるということは、それら諸機関が了承可能な範囲での計画案となる。したがって沖縄県が独自な計画を作成しようとしても、沖縄開発庁や沖縄総合事務局との調整を行っていくうちに、諸機関の了解内の計画にならざるをえないのである。振興開発計画が本格的に軌道に乗って行った西銘県知事時代に副知事を務めた前述の比嘉幹郎は以下のように語っている(22)。

（沖縄）総合事務局とはいうものの日本官僚制の一つの特徴であるセクショナリズム・縦割りの弊害がみられた。各省庁からの出向ですから、その出先機関みたいなものなんですね。例えば土木建築部の用務だったら、総合事務局の担当官のところへ行き結局は建設省に行くとか、こういった形になっていた。だから、総合的にやろうとしても縦割り行政になって、総合事務局の段階で総合的な企画ができない。予算の獲得にしても、知事のほうが自由裁量でもって優先順位を決めてある政策を推進しようとしても、省庁内の調節が難しい。
そればかりではなくて、沖縄の場合には基地問題を抱えているんですね。基地の担当はだれかと言ったら、総合事務局にはいないと言うんだな。開発庁に行きますと、うちの管轄じゃないと言う。外務省か防衛庁の所

管だと逃げる。（略）

第二次振興開発計画の策定の段階で文言の調整にかなり難渋しました。米軍基地の計画的整理縮小を主張し、その「計画的」という語句を入れるために大激論しましたが、結局受け入れてくれませんでした。

また、首里城復元の問題で、今は復元されたから誰も問題にしませんけれども、当初、開発庁に行ったらどこの県が、県の城を政府の金で復元したかと言う。沖縄県は特別だと。なぜ特別かといったら、もし首里城の下に日本軍の司令部がなかったならば、京都、奈良みたいに残されていたはずだと。何言っているんだと。いや、だれがそう言ったかと聞くので、米軍が空からビラを落としていましたと言ったら、そのビラ持ってこいと。開発庁でも、文化庁でもさんざん言われたことを今でも覚えています。

その反面、よくやってくれる省庁もありましたけどね。だから、総合事務局や開発庁自体の問題というより、担当する役人の問題と言えるかもしれませんね。例えば（昭和：引用者注）六二年の沖縄国体がありましたね。国体は実現したけれども、その実現にこぎつけるまでには、随分苦労しました。国体をやりたいと言ったら、文部省の横柄な一課長が、若夏国体というのがあって沖縄はやったんじゃないかと。あれは復帰の特別国体であって、本格的なものじゃないと言ったら、何を言っている、あれも国体だよと言って。それで、しょうがないから当時の大里喜誠沖縄県体育協会会長と相談して別の角度から攻めていろいろ交渉して、やっと実現したんですよね。先の首里城復元の問題でも、しょうがないから外堀を埋めようと西銘知事と相談して、城の周囲の塀をつくってだんだん攻めてきて、政治的配慮でやっと実現したようなものでね。

このように、中央政府との関係でかなり厚い壁がありました。開発庁の中には、親身に沖縄のことを考えてやってくれた人もおりますけれども、しかし一般的に官僚というのは、なかなか思い切ったことをしないし、二、三年無難に過ごして異動します。

だから、私は沖縄総合事務局や沖縄開発庁が沖縄県民の要求を抑制する機関になるのではないかと懸念したのです。

日本政府からすれば、本土復帰を果たした沖縄の経済振興が第一であり、そのために沖縄に特別な高率補助等を認めていたわけだが、本土の一自治体にすぎない沖縄県が他の自治体とは異なる計画を作成したとしても、それが容認されることはなかった[23]。まして、日米安保問題の根幹にかかわる基地問題を沖縄が訴えても、振興開発計画を主管する開発庁は外交問題に関する権限をもっておらず、如何ともしがたかった。沖縄側からしても、基地問題のような重要な「政治」課題について強く求めても多数の関係官庁にまたがる開発庁では混乱するだけであり、それよりも効率的に振興開発計画を実施して沖縄の経済力を向上させるためには、積極的に「開発庁方式」の下で振興開発に取り組むほうが効果的であるというのが西銘県政時代の姿勢であった。言い換えれば、沖縄県が米軍基地問題などを踏まえた独自の計画を立案しようと考えても、それは到底実現できない仕組みとして「開発庁方式」は作用したのである。

ところで、沖縄開発庁について考える場合、開発庁長官の政治的役割も検討しておく必要がある。すなわち、開発庁について設置法で定められた権限だけではなく、どのような政治家が長官を務めたのかということである。いわゆる政治的力量が認められる政治家であれば、官庁間の調整についても政治力を発揮することができるが、そうでない場合は行政のルールに従うだけというのが日本政治の特徴である。沖縄に対する「特別」な処置を望んだとしても、沖縄を所管する担当大臣にそれだけの力量があるのかというのは重要な問題であろう。

そういった点から沖縄開発庁長官を見た場合に言えるのは、閣内において低い位置に置かれた、いわゆる「伴食大臣」的ポストであったということである。開発庁長官について記した表１－２を参照していただきたい。まず言

表1－2　歴代の沖縄開発庁長官

代	氏名	内閣	在任期間	兼務等	以前の大臣経験	その後	備考
1	山中貞則	佐藤③	1972.5.15－1972.7.7	総理府総務長官	総務長官、環境庁長官	防衛庁長官、通産大臣	沖縄復帰の準備を担当
2	本名武	田中①	1972.7.7－1972.12.22	総理府総務長官	無		
3	坪川信三	田中②	1972.12.22－1973.5.28	総理府総務長官	建設大臣		
4	小坂徳三郎	田中②	1973.5.28－1974.12.9	総理府総務長官	総務長官	経企庁長官、運輸大臣	
5	植木光教	三木	1974.12.9－1976.9.15	総理府総務長官	無		海洋博開催、「沖縄ファンクラブ」
6	西村尚治	三木	1976.9.15－1976.12.24	総理府総務長官	無		
7	藤田正明	福田	1976.12.24－1977.11.28	総理府総務長官	無	参議院議長	
8	稲村佐近四郎	福田	1977.11.28－1978.12.7	総理府総務長官	無	国土庁長官兼北海道開発庁長官	
9	三原朝雄	大平①	1978.12.7－1979.11.9	総理府総務長官	文部大臣、防衛庁長官		
10	小渕恵三	大平②	1979.11.9－1980.7.17	総理府総務長官	無	官房長官、外務大臣、総理大臣	
11	中山太郎	鈴木	1980.7.17－1981.11.30	総理府総務長官	無	外務大臣	
12	田邊國男	鈴木	1981.11.30－1982.11.27	総理府総務長官	無		
13	丹羽兵助	中曽根①	1982.11.27－1983.12.27	総理府総務長官	国土庁長官	労働大臣	
14	中西一郎	中曽根②	1983.12.27－1984.11.1	総理府総務長官（1984.6.30まで）	無		
15	河本敏夫	中曽根②	1984.11.1－1985.8.14		郵政大臣、通産大臣、経企庁長官		
16	藤本孝雄	中曽根②	1985.8.14－1985.12.28		無	厚生大臣、農水大臣	
17	古賀雷四郎	中曽根②	1985.12.28－1986.7.22	北海道開発庁長官	無		
18	綿貫民輔	中曽根③	1986.7.22－1987.11.6	北海道開発庁長官・国土庁長官	無	建設大臣、党幹事長、衆議院議長	
19	粕谷茂	竹下	1987.11.6－1988.12.27	北海道開発庁長官	無		
20	坂元親男	竹下	1988.12.27－1989.6.3	北海道開発庁長官	無		
21	井上吉夫	宇野	1989.6.3－1989.8.10	北海道開発庁長官	無	国土庁長官	小渕内閣で再度、開発庁長官
22	阿部文男	海部①	1989.8.10－1990.2.28	北海道開発庁長官	無		
23	砂田重民	海部②	1990.2.28－1990.9.13	北海道開発庁長官	文部大臣		病気で途中退任
24	木部佳昭	海部②	1990.9.13－1990.12.29	北海道開発庁長官	建設大臣	党総務会長	
25	谷洋一	海部②	1990.12.29－1991.11.5	北海道開発庁長官	無	農水大臣	
26	伊江朝雄	宮澤	1991.11.5－1992.12.12	北海道開発庁長官	無		沖縄出身
27	北修二	宮澤	1992.12.12－1993.8.9	北海道開発庁長官	無		
28	上原康助	細川	1993.8.9－1994.4.28	北海道開発庁長官・国土庁長官	無		沖縄県選出、社会党
-	羽田孜	羽田	1994.4.28	総理大臣による事務取扱			
29	佐藤守良	羽田	1994.4.28－1994.6.30	北海道開発庁長官	農水大臣		
30	小里貞利	村山	1994.6.30－1995.1.20	北海道開発庁長官	労働大臣	震災対策担当大臣、総務長官	
31	小沢潔	村山	1995.1.20－1995.8.8	北海道開発庁長官・国土庁長官	国土庁長官		
32	髙木正明	村山	1995.8.8－1996.1.11	北海道開発庁長官	無		
33	岡部三郎	橋本①	1996.1.11－1996.11.7	北海道開発庁長官	無		
34	稲垣実男	橋本②	1996.11.7－1997.9.11	北海道開発庁長官	無		
35	鈴木宗男	橋本②	1997.9.11－1998.7.30	北海道開発庁長官	無		
36	井上吉夫	小渕	1998.7.30－1999.1.14	北海道開発庁長官・国土庁長官（1998.10.23以降）			
37	野中広務	小渕	1999.1.14－1999.10.5	内閣官房長官	国土庁長官	党幹事長	
38	青木幹雄	小渕	1999.10.5－2000.4.5	内閣官房長官			
39	青木幹雄	森①	2000.4.5－2000.7.4	内閣官房長官			
40	中川秀直	森②	2000.7.4－2000.10.27	内閣官房長官	科学技術庁長官	党政調会長、官房長官、党幹事長	
41	福田康夫	森②	2000.10.27－2000.12.5	内閣官房長官		総理大臣	
42	橋本龍太郎	森②	2000.12.5－2001.1.5				

注：内閣の丸数字は第何次かを示す。

出所：筆者作成。

えるのは、一九七二年五月から二〇〇一年一月に廃止されるまで四二代の長官がポストについており、平均在任期間は約八カ月程度である。この程度の在任期間で何か大臣としての仕事を残すことは困難であろう。

全長官を見ると、一九八四年に総理府が行政機構改革で総務庁に分かれるまでは、沖縄開発庁長官と総理府総務長官が兼任されており、古賀雷四郎長官のときから北海道開発庁長官との兼任となることが多くなる。総理府総務長官兼任時代は、沖縄開発庁長官の後も大臣を歴任する有力政治家もいるが、北海道開発庁長官兼任時代は、そのほとんどは開発庁長官が初入閣であり、その後の大臣経験がなく終わっている。沖縄復帰後に屋良知事、平良知事と革新系知事が続く中で沖縄振興開発を軌道に乗せ、さらに海洋博や国体を実施するといった特別な施策を行うには政治的力量を持った政治家が求められたために総理府総務長官兼任となったと考えられる。そして西銘県政の下で「開発庁方式」が定着していくことで、「政治」がかかわることが大幅に減少したことで沖縄開発庁・北海道開発庁の両長官兼任、さらに初入閣人事での大臣ポストということが行われていたものと考えられる。

一九九五年以降、沖縄問題が紛糾し、村山・橋本両政権を経て小渕内閣のときには沖縄県も革新系の大田県知事から保守系の稲嶺知事となっていく。その時期には官房長官が開発庁長官を兼ねており、まさに沖縄がもつ政治的位置づけが沖縄開発庁長官人事にも表れている。またこうした沖縄開発庁長官人事に表れていることは、初代の山中貞則が復帰前から沖縄復帰事業にかかわっていたこともあって沖縄問題にずっと関係していたのを例外として、沖縄出身の一部の政治家を除いて、沖縄問題に深く関与する政治家が育たなかったことも意味していた[24]。沖縄出身の政治家で、国会議員となった者のうち、最も大臣ポストに近づいたのは西銘順治であったが、彼は県知事になることで大臣になることはなかった。沖縄は何かあると山中を訪ねて依頼するということで問題を処理しようとし、沖縄出身の国会議員が本土の有力政治家となるよう後援したり、山中以外の有力政治家にパイプを作るといった活動は一九九〇年代後半までなかったと言える。この点は沖縄問題が政治課題となっていく時期に重要になっていく問題であり、後で改めて検討したい。

以上見てきた「開発庁方式」は、沖縄復帰にあたって主要課題であった経済振興問題と基地問題のうち、経済問題にのみ対応したものであった。復帰した沖縄に対する政府の施策は、第二次大戦で戦場になったことや県民に多くの被害が出たこと、長期間の米軍統治下におかれたことなどを考慮した「償いの心」から行われたとされている(25)。しかし結果として基地問題が取り残されたままになっており、そのことが「開発庁方式」による振興開発計画の進展が沖縄における米軍基地の固定化につながっていくという見方も生んでいくのである(26)。

ちなみに、米軍基地とのかかわりという点で言えば、「軍用地料」問題も見逃すことはできない。これは復帰後の沖縄に対する処置として、日本政府からすれば状況改善のための施策であったものが後に問題になっていくものである。すなわち、米軍統治下にあって「銃剣とブルドーザー」によって土地を接収された地主の多くは、農業地を奪われた代償として与えられた低い借地料に甘んじていなければならなかった。それが復帰によって、日本政府が軍用地料を支払うことになると地料は次第に上昇し、地主は安定した収入を得られるようになっていく。たとえば一九七二年から九一年まで地料は六〜一〇%台の上昇率で推移し、バブルがはじけて土地価格が下がる時期になっても、軍用地料は上昇していった。軍用地が安定した「商品」として売買の対象になっていくだけでなく、県軍用地等地主会連合会（土地連）は、島ぐるみ闘争のときには住民運動の母体となっていたが、復帰後は地主の利益団体となっていく。返還の可能性が低い土地ほど高額での取引の対象となることもあり、土地連の存在が基地固定化にもつながっていったのである(27)。

では、西銘県政時代の基地問題と振興開発の関係はどのように考えられるのであろうか。振興開発を重視した西銘知事も、基地問題にまったく手を付けなかったわけではない。西銘知事時代の基地問題への具体的取り組みについては次章で述べることにするが、結論的に言えば、基地返還への取り組みが振興開発の問題とうまく連動できなかったのである。すなわち、対米要請行動を中心とした西銘知事の取り組みは、返還合意を達成できた施設もあるが、部分的にとどまり、しかも返還実施まで時間を要したために跡地の有効利用が難しかったのである。こういったこともあって、基地の返還に伴う跡地利用が沖縄の経済活性化につながるという認識はなかなか拡大しなかった。北谷町のアメリカン・ビレッジや、那覇新都心の再開発といった実績が目に見える形になるのは、まだ先のことであった。

さて、それではこうした沖縄振興開発計画が策定・実施されている中で、復帰前後にさかんに議論されていた「自立論」はどうなったのであろうか。沖縄復帰後の本土との一体化の進展の中で、完全に埋没していたのであろうか。実はそうではなく、以前の「自立論」を継承しつつ、新たな議論も行われていた。その点について次に見ていきたい。

(2) 復帰後の自立論

振興開発計画は順調に進んだわけではなかった。たとえば復帰後に政府主導で進められた沖縄海洋博覧会開催は観光客誘致や観光施設開発で沖縄に一時的な好景気をもたらしたが、海洋博終了後、観光需要の急速な落ち込みで急増したホテルが軒並み倒産するなど景気は急速に落ち込み、さらに石油ショック後の本土の不景気の影響をまともに受けて沖縄経済は大きく停滞することになった。第一次振興開発計画(一次振計)は、沖縄県側からすると所期の効果を達成しえなかったのである[28]。時限立法であった「沖縄振興開発特別措置法」の延長が求められ、二次振計が実施されていくことになる所以である。こうした状況が、後述の「沖縄特別県構想」(自治労)や「琉球自治共和国憲法案」、「沖縄自治憲章」などが生まれる背景となっていく。沖縄における振計が効果を発揮し、社会基盤整備が本格的に進められていったのは、三期一二年にわたって保守県政を率いた西銘順治知事の時代に入ってから

図1－1　一人当たり県（国）民所得の推移と所得格差

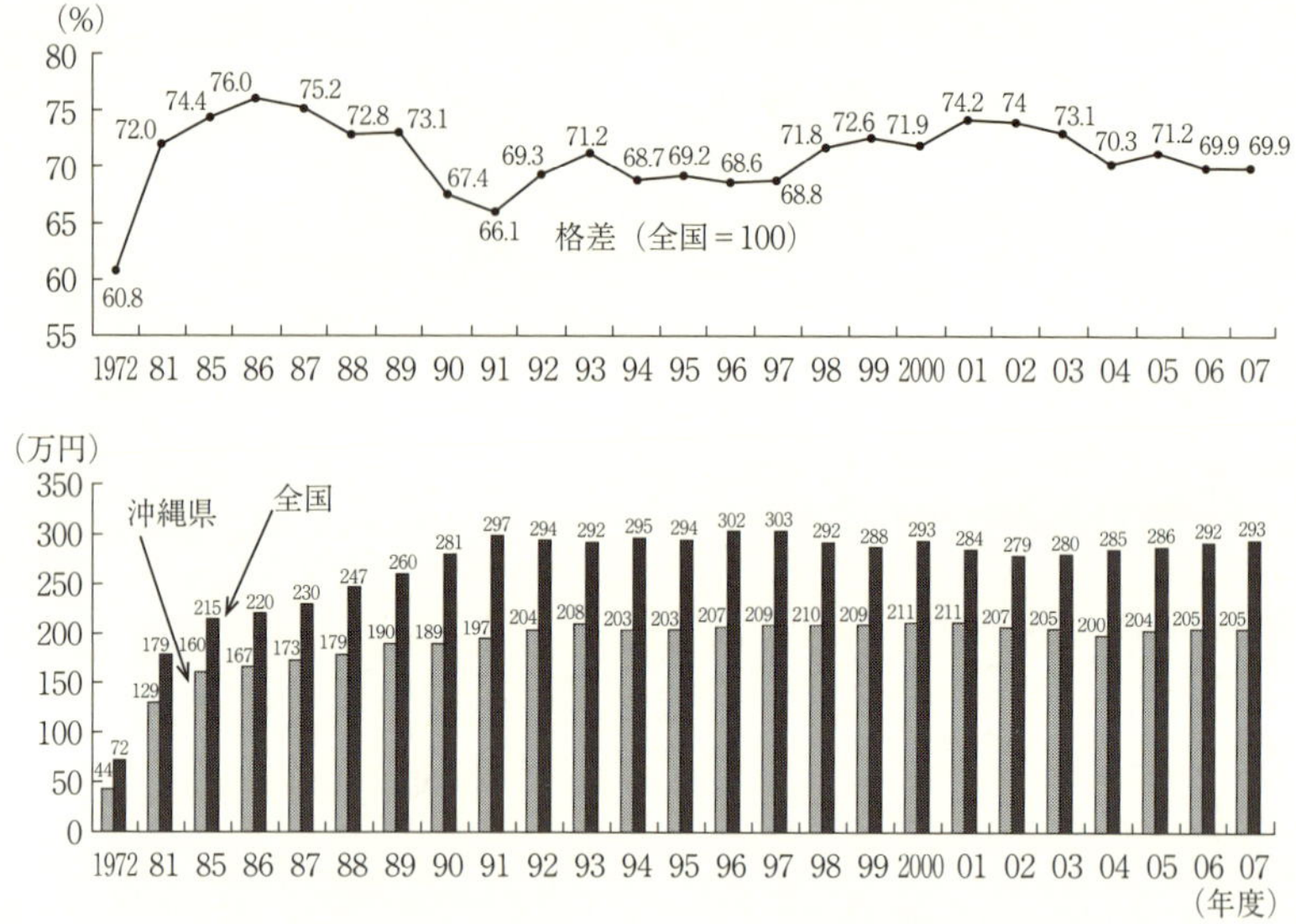

出所：沖縄県「沖縄振興計画総点検報告書」（2010年４月）95頁。

表1－3　本土復帰についての沖縄県民の感想

	1973	1975	1977	1982	1987	1992	2002		2012
(1)非常によかった	7.1	7.1	6.7	13.7	19.9	21.1	21.0		22.9
(2)まあよかった	30.5	36.2	33.5	49.4	55.8	60.2	55.2		55.3
(3)あまりよくなかった	37.1	37.3	40.4	25.4	13.6	9.6	11.1		11.4
(4)非常に不満である	15.4	13.4	14.9	6.8	4.4	1.0	2.2		3.3
(5)わからない、無回答	9.9	6.0	4.5	4.8	6.3	8.1	10.6	＞	7.1

出所：河野啓「本土復帰後40年間の沖縄県民意識」『NHK 放送文化研究所年報2013』127頁。

であった[29]。つまり、一次振計の効果は一九七〇年代には沖縄県民には実感されず、八〇年代に入ってようやく安定的な傾向が出てきたのである。本土との所得格差も、一九八〇年代半ばにようやく最高七六％に達することになり（図1－1参照）、本土復帰を評価する意見が沖縄県民の中で増加していくのも八〇年代であった（表1－3参照）[30]。

さて、以上のような事情を背景として一九八〇年代に入ると再び沖縄の「自治」のあり方を問う議論が表れてきた。復帰後の振興開発の進展は、沖縄経済がそれに頼る経済構造を生むことにもなり、そのままでは本土依存が一層進むだけではないかという批判があった。それが七〇年代の深刻な経済危機の影響で裏づけられる結果となっていた。そこで、本土経済から自立する必要性への認識は高まっていったのである[31]。しかも振計策定の実質的主体が政府であることが、県庁実務家や自治労、沖縄県の研究者等には次第に明らかになっていったことが、復帰前に独自の自立論が議論されていた沖縄に影響を及ぼさないはずはなかった。

したがって、このときの自治論は日本の地方自治制度に大幅な転換を迫るもので、沖縄県を日本国憲法の下にありながらも別の自治制度におくことを求めるものであった。たとえば自治労沖縄県本部は一九八一年に「特別県構想」を発表した[32]。これは以下のように、本土復帰によって沖縄が求めたものが得られなかったという観点に立ち、本土復帰が「第四の琉球処分」ではないかという、復帰のあり方に根本的な疑問を提起するものであった。

沖縄の願いは、平和（軍事基地の撤去）と繁栄（経済の自立的発展）である。この願いがアメリカの軍事占領下にあっては「祖国復帰」の一大運動へと凝縮され、一九七二年の「復帰」をもたらしたのであったが、今は、復帰一〇年をむかえ、どれほど実現されたか（略）。それは、「復帰」の事実はまちがいなく存在し、沖縄の「本土化」は生活・文化・社会の各面で急激に進行しつつも、「復帰」を求めた「沖縄の心」は、いまや荒廃の危機に瀕しているといってもよい状況をもたらしている。

このような状況は、いま「沖縄の心」を心とする人びとのなかにいったい「復帰」とはなんだったんだろうかという真剣な疑問をよびおこしている。（略）

「復帰」時の本土政府の約束ごとであった「本土並み核抜き」が反故にされ、核兵器と軍事基地の重圧のもとで、主食の米をはじめ生活必需品の圧倒的部分を本土からの移入に依存し、そのうえ連年六％におよぶ失業者を構造的にかかえているという、沖縄の「軍事植民地」的ないしは「内国植民地」的な現状は、沖縄の「復帰」が、沖縄にとってはまぎれもなく祖国復帰であったにもかかわらず、本土政府にとっては第四の「琉球処分」であったということを示しているといってよいように思われる。

そして、重要なことは、この「処分」が第一次沖縄振興開発計画の策定にあたって、本土政府が表明した沖縄県民の戦中戦後に払った多大な犠牲にたいする「償いの心」をもってなされたところにこそ問題があるということである。いってみれば、この沖縄県民への「償いの心」が復帰一〇年に一兆二四九二億円にのぼる「沖縄振興開発事業」費を投入させたのであるが、それが沖縄の「本土化」（内国植民地化）をもたらし、「沖縄の心」を、平和（軍事基地の撤去）と繁栄（経済の自立的発展）という沖縄の願いをふみにじり、荒廃させつつあるのである。

このような状況を改めるために、沖縄は「復帰」時にさかのぼって、「復帰措置」を問い直すことがいまどうしても必要だというのが私たちの基本的な考えである。

そのこころは、本土政府のいう「県民への償いの心」が償いの心として働くように、制度・機構・政策が展開されてこなかったのではないか、そうだとすれば、償いの心を心とする制度・機構・政策とはいったどのようなものであった筈だし、なければならないかを問う、というところにある。いいかえれば、いまこそ本土政府と国民の沖縄への「償いの心」に信頼して、沖縄の願い――平和（軍事基地の撤去）と繁栄（経済の自立的発展）――が着実に実現されていくような制度・機構・政策を復帰時の措置とその後の経過の反省のうえにたって確立していくということである。これはいわば、第二次復帰運動を「復帰」一〇年をへて、国民ぐるみ、県民ぐるみで展開していくことである。

以上の視点に立って、憲法九五条を用いて特別法を制定すること、それは現行の沖縄三法の根本的見直しのうえに制定されるべきことを主張している。[33]

この運動の基本的な形態として、私たちは、憲法第九五条にもとづく「沖縄の自治にかんする特別法」の制定運動を提案したい。（略）この特別法制定の要求運動は、「復帰」時における沖縄振興開発措置法をはじめとする沖縄開発三法による「復帰措置」が結局のところ沖縄の自治を破壊し、沖縄の願い――平和（軍事基地の撤去）と繁栄（経済の自立的発展）――をふみにじる結果になったということにたいする反省にたつものであり、沖縄の自治の運動上、制度上の確立なしに沖縄の平和的発展はありえないという現状認識のうえに構想されるものでなければならない。

言い換えれば、沖縄振興計画の主導権を政府から沖縄に取り戻し、本土の地方自治とは異なる制度に沖縄をおいたうえで自立を図ろうとするものであった。そこで「特別県」の内容として以下のようなことが構想されていた。

（一）特別県は、市町村の連合組織とし、公選の長および公選の議員よりなる県議会をおくこととするほか、市町村長および市町村議会議員よりなる県参事会をおくこととすること。

吉元政矩

（二）特別県は、本土の都道府県の有する自主立法権、自主執行権、自主組織権および自主財政権を有することとするほか、沖縄振興開発計画の策定、実施権を有することとする。

（三）特別県には、沖縄本島、宮古・八重山の三圏域に各支庁をおき、支庁長および支庁議会をおくこととし、特別県の権限および財源を大幅に支庁に委譲することとすること。

（四）特別県および県内市町村の権限の執行、事務事業の実施に要する経費については、国はその財源を最大限に保障することとすること。この場合、国は地方税、地方譲与税および地方交付税の総額に相当する金額を特別県に一括配分し、その配分については特別県の自主性に委ねること。

（五）特別県および特別県内市町村の実施する個別の事業（公共事業等）に要する経費にかかる補助金等については、沖縄振興開発計画にもとづく事業計画につき、毎年度予算編成にあたって特別県および特別県をつうじて関係市町村と協議し、国の特別会計に一括計上することとし、年度当初に特別県に一括交付し、配分はその自主性に委ねること。このため国は沖縄振興開発交付金特別会計を設けること。

（六）特別県内市町村にたいする国の監督は、特別県を経由しなければならないものとすること。

（傍点引用者）

（二）の傍点部のように、沖縄振興開発計画に関する自主権が明記されているほか、（四）のように現在の地方分権論議を先取りしたものもありきわめて興味深い内容となっている。

また、当時はこの特別県構想のほかにも、「琉球共和国憲法」といったものまで作成された[34]。著名な経済学者である玉野井芳郎が「沖縄自治憲章」を作成したのもこの時期である[35]。こういった日本の地方自治制度内における画一化された一自治体ではない特別の自治権を求める構想自体は復帰時点から現れていたが、それがこの時期に再度高揚したわけである。

さて、当時の沖縄県政は西銘知事の保守県政時代であり、県自体が自治構想に積極的であったわけではないし、本土復帰を評価するという県民意識も増大していた。したがって、こうした自立論が沖縄の中で多くの賛同を得たということではなかった。しかし、自治労の「特別県構想」のように、後の「国際都市形成構想」につながる、沖縄をアジアの交流拠点としてとらえなおすという考え方は、実は当時の県庁の中でも検討されていた。そしてその検討にあたったのが、後に副知事として大田昌秀知事を支え、「国際都市形成構想」立案の中心となった吉元政矩であったことは重要である[36]。しかもその検討グループには、高良倉吉など後に同構想にも影響を与える人々も協力していた[37]。こうして、沖縄をアジアの交流拠点として位置づけたうえで沖縄の将来像を描くという視点と、かつての独立国であり戦争や米軍統治という特別事情から日本の地方自治制度の中でも特別の自治を許されるべきだという「自治州」的構想がこの時期から明確になっていったのである。

しかし、当時の西銘県政時代では、本土との同一化のほうにより力点が置かれていた。西銘知事は衆議院議員時代田中派に属し、同派の開発政治の手法を沖縄に導入し、沖縄経済の振興を図ったのである[38]。前述のように、西銘県政時代に沖縄は本土復帰後の混乱を脱していく。無論、本土との経済格差は大きく、米軍基地の存在も依然として大きかった。しかし本土との距離を広げる「自治州」的構想が再び表に出るまでには、新たな政治状況の変化が必要だった。すなわち野党・革新系の大田知事誕生による県政の変化と、基地問題の重大性が改めて認識される事態の出現まで待たねばならなかったのである。

注

(1) 米軍基地拡大については以下を参照。明田川融『沖縄基地問題の歴史——非武の島、戦の島』(みすず書房、二〇〇八年)、鳥山淳『沖縄/基地社会の起源と相克』(勁草書房、二〇一三年)、平良好利『戦後沖縄と米軍基地——「受容」と「拒絶」のはざまで　1945〜1972年』(法政大学出版局、二〇一二年)、NHK取材班『基地はなぜ沖縄に集中しているのか』(NHK出版、二〇一一年)、林博史『米軍基地の歴史——世界ネットワークの形成と展開』(吉川弘文館、二〇一一年)。

(2) たとえば、戦後沖縄を重要な研究対象としてきた鹿野政直は「戦後沖縄の政治史は、復帰運動史である以上に、自治権拡大闘争史の観をも呈しています」と述べている。鹿野『沖縄の戦後思想を考える』(岩波書店、二〇一一年)五二頁。

(3) 比嘉幹郎『沖縄——政治と政党』(中公新書、一九六五年)一一五〜一一七頁。

(4) 琉球政府については大城将保『琉球政府』(ひるぎ社〈おきなわ文庫〉、一九九二年)参照。大城将保は沖縄史料編纂所、県教育庁、県立博物館に勤務した歴史家であり、嶋津与志のペンネームを持つ作家でもある。琉球政府については、それが果たした役割の重要性に比して十分な研究がなされているとは言いがたい。

(5) 大城、前掲『琉球政府』八六頁。「琉球列島米国民政府布告一三号」の全文は、南方同胞援護会編『沖縄復帰の記録』(南方同胞援護会発行、一九七二年)四九八〜四九九頁参照。

(6) 大城、前掲『琉球政府』一二〜一四頁および一四八〜一四九頁。

(7) 沖縄返還についてはかなりの研究成果が蓄積されてきた。とくに、河野康子『沖縄返還をめぐる政治と外交——日米関係史の文脈』(東京大学出版会、一九九四年)、我部政明『沖縄返還とは何だったのか——日米戦後交渉史の中で』(日本放送出版協会、二〇〇〇年)、中島琢磨『沖縄返還と日米安保体制』(有斐閣、二〇一二年)などがある。返還問題にかかわった人物の回想として、若泉敬『他策ナカリシヲ信ゼムト欲ス』(文藝春秋、二〇〇九年)が新装版として刊行されたほか、栗山尚一『外交証言録　沖縄返還・日中国交正常化・日米「密約」』(岩波書店、二〇一〇年)、中島敏次郎『日米安保・沖縄返還・天安門事件』(岩波書店、二〇一二年)は実務担当者の貴重な証言である。

(8) 本土復帰をどう評価するかという沖縄県民の意識調査によれば、「よかった」と評価する者は三八%にすぎず、「よくなかった」が五三％と過半数を超えていた。本書終章、図終-5参照。

(9) この建議書は、日本政府と琉球政府との間で復帰に関する協議が進み、「復帰対策要綱」がほぼ決まるという段階になって、屋良主席サイドから提示された。この作成には屋良主席を擁立する沖縄の革新系の人々が中心になったといわれている。沖縄からの代表も出て協議し、復帰対策要綱が決まりかけていた段階で、同要綱に反する内容が織り込まれて提示された建議書は少なからぬ波紋を呼んだといわれる。櫻井溥『沖縄祖国復帰物語』（大蔵省印刷局、一九九九年）二〇三～二一一頁参照。「屋良建議書」の全文は、沖縄県公文書館ウェブサイトから全文のダウンロードが可能である。http://www.archives.pref.okinawa.jp/collection/2012/12/post-455.html

(10) 平恒次「『琉球人』は訴える」（『中央公論』一九七〇年一一月号）。平は一九二六年沖縄生まれ。スタンフォード大学大学院で経済学の博士号を取得。ワシントン大学、ＩＬＯ、スタンフォード大学を経てイリノイ大学教授となった。平はこの論文での考え方をさらに発展させて『日本国改造試論——国家を考える』（講談社現代新書、一九七四年）を上梓した。後述の沖縄自治研究会の講演にも呼ばれているように、後に大きな影響を残したと言える。

(11) 比嘉幹郎「沖縄自治州構想論」（『中央公論』一九七一年一二月号）。

(12) 比嘉幹郎は、沖縄独自の特別自治体について「沖縄州」という呼称を与えていることについて、後年、米国における連邦と州との関係、さらに沖縄復帰時の情勢との関連で、以下のように話している。

特に復帰の時点では復帰運動をどう推し進めるかということが大きな問題だったので、日本政府の実態をあんまり批判することは施政権返還を難しくするのではないかという懸念もありました。そうした懸念はあってもスムーズな返還がまず大事だと思っていました。その反面、この論文にも書いてありますように、復帰の意味するものについても深刻に考えていました。復帰は思想的に見ると、最初はナショナリスト的な動きだったと思います。つまり、沖縄は日本国固有の領土であり、沖縄の住民は日本国民であると主張し日の丸の旗が復帰願望の象徴で、保守・革新問わずみんな日の丸の旗を掲げていました。

その後、経済面を重視した「軍用地問題」が政治・心理面を強調した「基地問題」に変わり、一九六五年頃から本土政府の介入もあって、それに反対するような、革新的なものに変容していく。そしてもっと広く言えば、復帰運動というのは、沖縄に対する差別と犠牲の強要の撤廃だというふうなものの考え方に、復帰運動の内容が変わってきたんじゃないかというようなことを書いたことはありますけれども。

こういったことを背景に、そして皆さんに考えてもらいたいのは、それでは自治とは何かということです。自ら治めることです。ここで強調しておきたいことは、住民自治という民主主義の原点です。

特にキャラウェイ高等弁務官のころ、自治は権限の委譲であると言ったんです。キャラウェイ高等弁務官が、自治というのは権限の委譲でしかないし、沖縄が独立しなければ自治は神話であると。これが彼の言いたかったことだと私は解釈している。

独立しなかったら、日本復帰しても、権限の委譲ぐらいしかないよというようなことです。だから、そこらあたりをどう考えるか。先ほどアメリカ留学の話もしたんですけれど、アメリカで教育を受けただけに、この論文の中で戦前から繰り返しみられそうなパターン、法則を認めると同時に、やはりアメリカの連邦政府と州の関係が念頭にありました。自治権はもともと州が持っていて、連邦政府は州が委譲するものしか持ってないと。

だから、そういった考えでやることだというのが大事ですから、沖縄県というよりは、名は体を表すという意味で言葉自体を州に変えたほうがいいんじゃないかというようなことで、沖縄自治州構想論にしました。

（沖縄自治研究会「復帰時の沖縄自治州構想について」）

「沖縄自治研究会」は、沖縄の研究者やジャーナリスト、実務家らも参加した研究フォーラムである。本書でも触れた比嘉幹郎や吉元政矩らのインタビューや研究者の研究発表を行っており、沖縄の自治・自立を検討するうえで重要な論考や資料を公表している。本書でも同研究会の活動成果に多くを負っている。「沖縄自治研究会」の活動内容については、下記URLで閲覧できる。

http://plaza.rakuten.co.jp/jichiken/

(13) 松田賀孝「地方自治を考える――琉球政府よ、復帰後も〝政府〟であれ」（「沖縄タイムス」一九七〇年一〇月一四日）。

(14) 沖縄の復帰に伴う特別措置に関する法律（一九七一年制定）で実施。復帰事業の実施状況については、復帰前後の約一〇年間、関係の行政事務に携わった櫻井溥の回想『沖縄祖国復帰物語』（大蔵省印刷局、一九九九年）に政府側の状況が若干描かれている。しかし、「復帰事業」が櫻井の述べるように「(先例のない)臓器移植」のような困難かつ膨大な作業であったにもかかわらず、「復帰事業」自体に関する総合的な研究は残念ながら十分とは言えない。

(15) 沖縄開発庁は総理府の外局として設置され、開発庁長官は国務大臣をもって充てられた。その所掌事務の範囲は下記のとおり広範囲にわたっていた。

第四条　沖縄開発庁の所掌事務の範囲は、次のとおりとし、その権限の行使は、その範囲内で法律（法律に基づく命令を含む。）に従つてなされなければならない。

一　沖縄振興開発特別措置法（昭和四十六年法律第百三十一号）に基づく沖縄振興開発計画（以下「振興開発計画」という。）

の作成及びその作成のため必要な調査を行うこと。
二　振興開発計画の実施に関する事務を推進すること。
三　振興開発計画の実施に関し、関係行政機関の事務の総合調整を行うこと。
四　関係行政機関の振興開発計画に基づく事業に関する経費の見積りの方針の調整を行い、及び当該事業で政令で定めるものに関する経費（政令で定めるものを除く。）の配分計画に関する事務（科学技術庁又は環境庁の所掌に属する事務を除く。）を行うこと。
五　前各号に掲げるもののほか、沖縄振興開発特別措置法の施行に関する事務を処理すること（他の行政機関の所掌に属するものを除く。）。
五の二　沖縄県における駐留軍用地の返還に伴う特別措置に関する法律（平成七年法律第百二号）の施行に関する事務を処理すること（他の行政機関の所掌に属するものを除く。）。
六　沖縄県の区域内における位置境界不明地域内の各筆の土地の位置境界の明確化等に関する特別措置法（昭和五十二年法律第四十号）による駐留軍用地等以外の土地に係る各筆の土地の位置境界の明確化等に関すること。
七　南方同胞援護会法（昭和三十二年法律第百六十号）及び沖縄振興開発金融公庫法（昭和四十七年法律第三十一号）に基づく内閣総理大臣の権限に属する事項について内閣総理大臣を補佐すること。
八　多極分散型国土形成促進法（昭和六十三年法律第八十三号）に基づく内閣総理大臣の権限に属する事項（振興拠点地域の開発整備に関する部分（同法第九条の規定に基づき同意基準を定めることを除く。）で、沖縄県の区域内の地域に係るものに限る。）について内閣総理大臣を補佐すること。
九　前各号に掲げるもののほか、法律（法律に基づく命令を含む。）に基づき沖縄開発庁の所掌に属させられた事務。

(16)　沖縄総合事務局は、沖縄の振興開発に関する広範な分野を所管するもので、他の道府県にはない組織である。所掌範囲は沖縄開発庁設置法に下記のように定められている。

総合事務局は、沖縄における次に掲げる事務を分掌する。
一　第四条第一号、第二号、第六号及び第九号に掲げる事務
二　次に掲げる地方支分部局その他の地方行政機関（以下「地方支分部局等」という。）において所掌することとされている事務

イ　公正取引委員会の事務総局の地方事務所
ロ　財務局
ハ　地方農政局
ニ　通商産業局
ホ　地方運輸局
ヘ　港湾建設局
ト　地方建設局」

沖縄開発庁が廃止された後は、沖縄振興に関する施策は内閣府の所管となり、沖縄総合事務局も現在は内閣府の下に置かれている。

(17)　百瀬恵夫・前泊博盛『検証「沖縄問題」――復帰後30年　経済の現状と展望』（東洋経済新報社、二〇〇二年）四一頁。

(18)　安里進・高良倉吉・田名真之・豊見山和行・西里喜行・真栄平房昭『沖縄県の歴史』（山川出版社、二〇〇四年）三一三～三一四頁。

(19)　「沖縄振興のこれまでの取り組み」沖縄県資料。沖縄県ウェブサイト http://www.pref.okinawa.jp/site/kikaku/chosei/kikaku/documents/p4.pdf

(20)　三次にわたる沖縄振興策が、産業構造や財政依存構造に変化をもたらすことができず、政府による日米安保政策の一環として作用したという批判もある。この点は後述したい。百瀬・前泊、前掲『検証「沖縄問題」』四八～四九頁。

(21)　百瀬・前泊、前掲『検証「沖縄問題」』三八～四六頁。

(22)　沖縄自治研究会「復帰時の沖縄自治州構想について」。

(23)　元沖縄総合事務局調整官の宮田裕は、沖縄振興の特徴と政府の姿勢について次のように述べている。「沖縄振興の特徴は、①政府が沖縄振興法を制定する、②内閣総理大臣が沖縄振興開発計画を策定する、③沖縄にわがくに最高の高率補助を適用する、④沖縄振興開発予算は内閣府が一括計上する――の四点セットからなる」（宮田裕「沖縄経済の特異性はどうしてつくられたか」宮里政玄・新崎盛暉・我部政明編著『沖縄「自立」への道を求めて――基地・経済・自治の視点から』高文研、二〇〇九年、一一六頁）。

(24)　山中は沖縄県名誉県民第一号となる。山中と沖縄の関係を示すエピソードは多数あるが、沖縄復帰を担当する総務長官に就任する際の佐藤首相と山中のやりとりについて、櫻井、前掲『沖縄祖国復帰物語』一二五～一二七頁参照。

(25) 宮田、前掲「沖縄経済の特異性はどうしてつくられたか」は、「沖縄復帰関連法の立法趣旨は、沖縄に対する『贖罪意識』すなわち『償いの心』が原点になっている」とし、沖縄復帰にあたって山中貞則総理府総務長官が沖縄県民への深い償いの心を以て復帰対策にあたったことを紹介している(一一四～一一七頁)。

(26) たとえば、百瀬・前泊、前掲『検証「沖縄問題」』三八～四六頁。

(27) 琉球新報社編『ひずみの構造　基地と沖縄経済』(琉球新報社、二〇一二年)一七～二四頁。米軍による土地の収奪や島ぐるみ闘争については、前掲注(1)の基地関係研究の文献を参照。なお、軍用地主が基地の固定化を望むという構図は現在変化しつつある。その点は後述する。

(28) 本土の二倍といわれる失業率を見ると、海洋博後の不況で一九七〇年代後半には失業率はかなり高まり、これが低下していくのは八〇年代に入ってからであった(図1－2参照)。

(29) 西銘順治は沖縄を代表する保守政治家である。一九二一年生まれ、二〇〇一年死去。沖縄社会大衆党の結成に参加。那覇市長、衆議院議員(田中派)などを経て一九七八年から九〇年まで沖縄県知事を務めた。西銘の政治的事績については、日記等をもとに書かれた『西銘順治日記　戦後政治を生きて』(琉球新報社、一九九八年)参照。

図1－2　完全失業率の推移

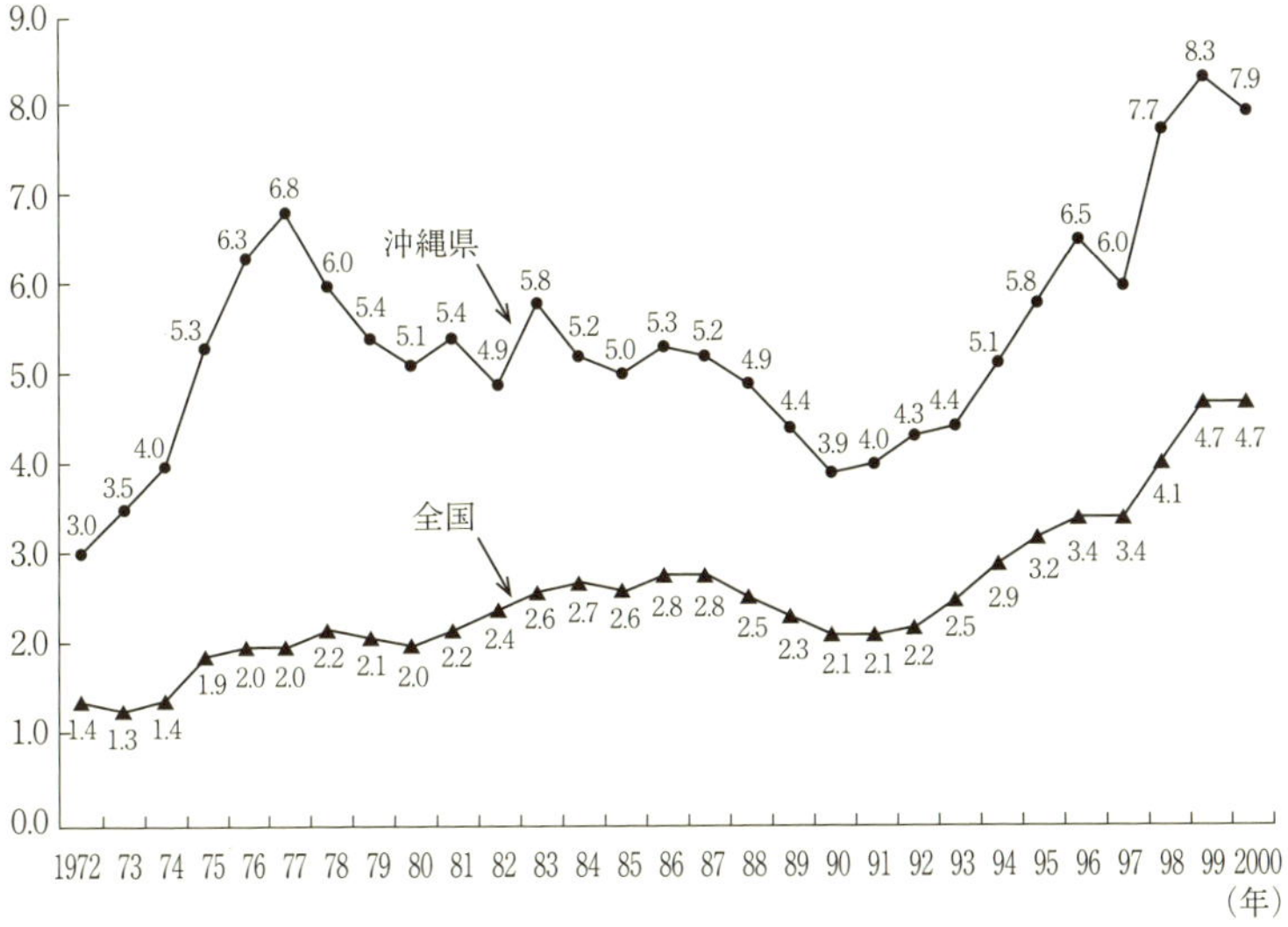

出所：沖縄県「沖縄振興計画総点検報告書」(2010年4月)102頁をもとに筆者作成。

(30) NHK世論調査によれば、本土復帰五年目の一九七七年までは復帰に否定的な評価が多いが、一〇年目となる八二年の調査では逆転している。この点について分析した沖縄県の研究者は「海洋博ショックへの対応を含めて昭和五三、五四年度の旺盛な公共事業の進展によって格差是正もかなりの実績をあげている。この間に、革新県政から保守県政への移行にみられるように、社会状況もかなりマイルドなものとなっていることも見逃せない。また観光客の急速な増大、野菜類や花きなどの本土移出などの経済的な明るい現象も背景として大きく作用しているであろう」と述べている。沖縄地域科学研究所編『沖縄の県民像——ウチナンチュとは何か』(ひるぎ社、一九九七年)二一二頁。

(31) たとえば沖縄の二大新聞である琉球新報と沖縄タイムスは、それぞれ沖縄の自立を目指して特集を組み、それを『自立への胎動——沖縄経済の活路をさぐる』(琉球新報社、一九七八年)、『あすへの選択　沖縄経済——実像と展望』(沖縄タイムス社、一九七九年)という単行本にまとめている。このこと自体、当時の沖縄ですでに本土経済に依存しない自立した沖縄経済が模索されていたことを意味している。

(32) 自治労沖縄県本部「沖縄の自治に関する一つの視点——特別県構想」(一九八一年六月)。

(33) 憲法第九五条の条文は次のとおりである。
一の地方公共団体のみに適用される特別法は、法律の定めるところにより、その地方公共団体の住民の投票においてその過半数の同意を得なければ、国会は、これを制定することができない。

(34) このときの憲法案は、無政府思想、理想主義的平和論等が土台になっており、現実的実現性には乏しかったと言える。多分に思考実験的要素が大きいが、本土(ヤマト)との完全な一体化を拒否するこうした考え方が真剣に議論されていくこと自体に、本土との距離感が大きな意味をもつ沖縄の思想的伝統が引き継がれていると言える。なお、このときの憲法案については「風游」サイトで閲覧できる。「風游」サイト http://www7b.biglobe.ne.jp/˜whoyou/index.htm

(35) 玉野井芳郎「生存と平和を根幹とする『沖縄自治憲章』(案)」『地域主義からの出発』(鶴見和子・新崎盛暉編、学陽書房、一九九〇年)。

(36) 吉元政矩は一九三六年沖縄県与那国生まれ。沖縄県祖国復帰協議会事務局長、沖縄県職員労働組合書記長・同委員長など戦後沖縄における労働運動の中心人物のひとりであった。吉元については『吉元政矩オーラルヒストリー』(政策研究大学院大学COEオーラル・政策研究プロジェクト、二〇〇四年、以下『吉元オーラル』と略す)参照。

(37) 本土復帰後の沖縄の位置づけに関連して、国が作成した第一次沖縄振興開発計画に「国際交流拠点形成」という言葉がすでに入っていた。しかし一次振興計画の時点ではそれが積極的に推進されたわけではなかった。西銘県政になって、第二次振興計画となりその中で具体化が図られていくわけである。前掲『吉元オーラル』四七～四八頁参照。

(38)　西銘県政を含む沖縄戦後政治の大きな流れについては、江上能義「55年体制の崩壊と沖縄革新県政の行方――『68年体制』の形成と崩壊」『年報政治学・55年体制の崩壊』（日本政治学会編、岩波書店、一九九六年）参照。

第2章

「国際都市形成構想」をめぐる政治力学

交易時代の進貢船

1　大田県政の登場と「国際都市形成構想」

(1)　大田県政の成立と展開

①大田知事登場の背景

西銘順治知事は一九七八年一二月の最初の知事選挙では二八万四〇四九票対二五万七九〇二票（投票率八〇・九三%）と二万六一四七票差であり、復帰後の混乱も記憶に新しく、ようやく第二次振興開発計画（第二次振計）が始まるという八二年一一月の二期目の選挙では、二九万九〇二二票対二八万五七〇七票と一万三三一五票差（投票率八一・七二%）まで対立候補に詰め寄られる苦戦の選挙戦であった。それは本土よりも沖縄のほうが保守対革新という対立構造が鮮明であり、本土では低調であった組合活動も沖縄においては未だ大きな政治的影響力をもっていたことなどが考えられる。加えて、何よりも復帰後の混乱もあって、沖縄県民のかなりの割合で本土復帰を肯定的にとらえることができていない当時の状況では、保守勢力が安定していくことは困難が伴ったということもあったと思われる。

しかし、前述のように沖縄振興開発が、本土に比べて立ち遅れていた経済的インフラの整備等には効果をあげ、沖縄が復帰直後の混乱から脱した一九八〇年代半ばになると、沖縄政治においても保守政治が安定的な基盤を築いていく。それは西銘知事の三期目の知事選挙で、三二万一九三六票対二五万二七四四票（投票率七四・一一%）と六万九一九二票差をつけて対立候補を破ったことに象徴されている。沖縄における自民党の支持率も、一九七八年二七・九%、八二年二五・八%であったのが、八七年には三五・四%と上昇している（表2-1参照）。西銘知事は、田中派に属していた元衆議院議員という経験を生かして「沖縄と本土との一体化」を推進していったのである。

西銘知事の推進した「本土との一体化」路線においては、振興開発の推進が第一課題であり基地問題は置き去りにされていた。ただ、西銘知事も基地問題に手を付けなかったわけではなかった。沖縄の米軍基地に関しては、復帰直後に三回にわたって日米安全保障協議委員会（安保協）が開かれ六三件、四八三二・九ヘクタールの整理統合・返還計画が了承されていた（いわゆる「安保協事案」[1]）。その後は、整理統合・返還に向けて具体的な調整が行われることになったわけだが、移設を前提にしたものもあり、整理統合には時間がかかっていた。そうした中で、県民の一層の基地返還を求める声にこたえる形で西銘知事も動いたわけである。

西銘知事は一九八五年と八八年の二回にわたり訪米し、米国に対し合計七事案の返還要求を行った（いわゆる「知事事案」）。また、沖縄県知事と、米

表２−１　沖縄県民の支持政党の推移

	1970	1972	1975	1977	1978	1982	1987	1992	1995	2002	2012		2012全国
(1)民主党										2.7	9.3		11.7
(2)自民党	27.9	24.7	21.7	19.6	27.9	25.8	35.4	24.5	12.7	15.2	12.9	＜	17.8
(3)公明党	3.6	3.7	4.0	4.7	3.7	2.9	4.7	4.5	1.8	3.4	2.8		2.7
(4)みんなの党											1.3		2.0
(5)共産党（70年は沖縄人民党）	4.7	4.4	3.1	4.3	2.3	3.2	3.1	1.4	2.0	2.2	1.8	＞	0.8
(6)社民党										2.7	3.4	＞	0.5
(7)たちあがれ日本											0.3		0.1
(8)新党きづな											0.1		0.0
(9)国民新党											0.4		0.1
(10)新党大地・真民主											0.0		0.0
(11)新党改革											0.1		0.0
(12)社会大衆党	16.5	13.2	5.4	5.2	5.9	3.1	2.1	2.4	2.0	0.5	0.6	＞	0.0
(13)その他の政治団体	1.6	0.3	1.1	0.0	0.3	1.1	0.6	0.3	0.1	0.2	0.1		0.5
(14)特に支持する政党はない	23.8	30.6	44.2	41.2	35.7	37.5	31.9	44.3	54.3	58.6	59.6		61.5
(15)わからない、無回答	17.3	18.3	6.7	11.0	10.1	10.5	8.6	10.2	17.0	12.4	7.4	＞	2.2
（社会党）	4.6	4.9	11.8	11.4	11.3	12.6	12.6	10.6	8.2				
（上記以外の政党）	0.0	0.0	2.0	2.8	2.9	3.3	1.0	1.7	1.9	2.0			

出所：河野啓「本土復帰後40年間の沖縄県民意識」『NHK 放送文化研究所年報2013』140頁。

軍基地所在市町村の長によって構成される「軍用地転用促進・基地問題協議会（軍転協）」も、知事訪米と同時期の八六年に政府に対して二〇事案の返還要求を行った（いわゆる「軍転協事案」）。こうした沖縄からの働きかけで、日米合同委員会で、「安保協事案」で未解決なもの、「知事事案」と「軍転協事案」、加えて米側から申し出がなされた三事案（「いわゆる「米側事案」）が合わせて検討されることになり、一九九〇年六月に「一七施設二三事案」、約一〇七二ヘクタールについて返還が進められることになったのである。(2)

ただ、返還に関してはすべてが即時になされたわけでは当然なく、移設を条件にしているものなど調整が必要であり、その後の沖縄における事態の推移の中で時間をかけて返還が行われていく。ただし、これらの中には普天間基地、嘉手納飛行場（主要部分）、ホワイトビーチといった主要施設は含まれていない。なお、二三事案に関しては、表2－2のとおりである。

さて、以上の状況は三つの意味をもっていた。第一に、基地返還は決まったとしても、即時には進まなかったということである。たとえ返還合意が日米政府間でできたとしても、その後の調整に多くの時間を費やすことになったからである。これは後の普天間基地の事例が象徴的存在となる。

第二に、返還されてもすぐに跡地利用には結びつきにくかったことである。前述の吉元政矩は次のように述べている。(3)

一番問題なのは、基地の問題、アメリカ軍がもういらんよ、と言って返された後どうするかという問題です。これが、那覇の中心部とつながっている天久住宅地というところの広大な部分を、準備できない段階で返してきた。しかも返し方が一括でなく、利用できなかったんです。

表2-2　米国に対して返還を要求した23事案（2007年1月1日の状況）

施設名	範囲	面積(ha)	種別				備考
			安保協	軍転教	県知事	米軍	
【返還済】							
陸軍貯油施設	浦添・宜野湾市間のパイプライン	4			◎		1990.12.31返還
キャンプ瑞慶覧	地下通信用マンホール等部分（登川）	0.1		◎			1991.9.30返還
北部訓練場	国頭村(伊部岳)地区、東村(高江)地区	480		◎			1993.3.31返還
	県道名護国頭線以南の一部	(256)	◎				〃
キャンプ・シュワブ	国道329号線沿いの一部（辺野古）	1	◎				〃
牧港補給地区補助施設	全　部	0.1				◎	〃
那覇冷凍倉庫	全　部	建物	◎				〃
砂辺倉庫	全　部	0.3				◎	1993.6.30返還
八重岳通信所	南側（名護市）及び北側（本部町）	19	◎				1994.9.30返還
恩納通信所	全　部	62			◎		1995.11.30返還
	東側部分	(26)	◎				〃
嘉手納飛行場	南側の一部（桃原）	2		◎			1996.1.31返還
知花サイト	全　部	0.1				◎	1996.12.31返還
キャンプ・ハンセン	金武町内の一部（金武）	3		◎			〃
嘉手納弾薬庫倉庫	国道58号線沿い東側部分（喜納～比謝）、南西隅部分（山中エリア）	74	○				1999.3.25返還
	嘉手納バイパス（国道58号線西側）	3	○	◎			〃
	旧東恩納弾薬庫部分の一部（ごみ焼却施設用地（倉浜））	9	○				2005.3.31返還
	旧東恩納弾薬庫部分の一部（陸上自衛隊の覆道式射場等）	58	○				2006.10.31返還
トリイ通信施設	嘉手納バイパス	4		◎			1999.3.31返還
工兵隊事務所	全　部	4	◎				2002.9.30返還
キャンプ桑江	東側部分の南側	2	○	○			1994.12.31返還
	北側部分（伊平）	38		◎			2003.3.31返還
	国道58号線沿い	(5)	○				〃
	16施設、18事案	765	6	7	2	3	
【返還合意済】							
キャンプ桑江	東側部分の北側（桑江）	0.5	◎				2001.12.21変更合意（跡地利用計画策定時点または南側部分返還時点のいずれか早い時点での返還予定）
キャンプ瑞慶覧	泡瀬ゴルフ場	47			◎		1996.3.28返還合意（嘉手納弾薬庫地区にゴルフ場を移設後返還）
普天間飛行場	東側沿いの土地（中原～宜野湾）	4		◎			1996.3.28返還合意（巡回道路等移設後返還）
嘉手納弾薬庫地区	旧東恩納弾薬庫部分	43	◎				1996.3.28返還合意（弾薬庫を移設、泡瀬ゴルフ場整備後残地を返還）
キャンプ・ハンセン	東シナ海側斜面の一部（名護市）	162	◎				2004.2.12変更合意（移設条件なし、地元の利用計画策定時点または2008年末のいずれか早い時点での返還）
	5施設、5事案	256	3	1	1	0	
合　計	17施設、23事案	1,021	9	8	3	3	

注：1　面積欄（　）内数字は、直上の範囲と重複しているもので内数。
　　2　種別欄○印は、整理上同一の事案を複数の項目に分けて記載しているもののうち比較的軽易の項目について便宜的に表示している。
　　3　計数は、四捨五入によっているので符合しないことがある。
出所：『防衛施設庁史』（防衛省、2007年）225頁。

吉元の証言中にある天久は現在、再開発されて新都心となっている。しかしそこまでいくには、地籍の確認や跡地利用計画の策定など多くの課題があり、相当の年月がかかっていた。すなわち、返還が沖縄の将来を見通した長期計画と有機的な関係をもてなかったということである。

第三は、こういった返還要求に関しては日本政府が主体的に動くことはなく、沖縄県が要求して初めて実現していったということである。この点が、沖縄側の政府に対する不信感を蓄積させていく大きな要因となったのである。

以上のような事態は、基地問題を重視する革新系勢力からすればきわめて問題であった。すなわち保守県政が続く限り、こうした事態の打開は困難と受け取られていたのである。したがって、三度にわたり保守勢力に負けた知事選挙において、次回こそ県政を奪還することが革新勢力としても重要な課題であった。そのために保守側候補への対立候補に立てられたのが、琉球大学教授で沖縄の戦争や本土との歴史について研究してきた大田昌秀であった。大田については、前回の知事選挙でも候補に担ぐ動きがあったがそのときはタイミングが合わず、次回一九九〇年の選挙でいよいよ立候補となったのである。大田を知事候補として担ぎ出す中心となったのが吉元であった。(4) 吉元はその経緯を次のように述べている。(5)

大田さんに絞り込んだというのは理由があります。復帰直後の知事というのは、復帰前の琉球政府の最後の主席でありました屋良さんですが、一期目で終わりました。健康上の問題が主要な理由でした。同時にこの時期（屋良氏は）「自分が果たす役割はあったけれど、その後二期以降は沖縄作りであり、沖縄県をどうするかということだ。そういう面では自分には対応できない」ということでありました。

その段階で一時期いろいろな学者の名前も出ましたが、私たちはむしろ沖縄県の健全な将来像を描くためには、財政問題から地方自治などをきちんと踏まえなければならない。そういうリーダーがいま必要だと思って、前回も話したように、当時県議会議長だった社会大衆党の平良幸市さんを説得して出てもらった経緯があります。そのときに条件として付された仲吉良新もしくは吉元政矩を副知事にということについて、応えきれなかった。そのことによって過激な仕事の中で、任期途中で病に倒れたということがありまして、相当ショックを受けました。したがって、ただ単に知事として選べばいい話じゃなく、どういうバックアップ体制を作るのかということと、同時にどういう副知事、出納長を含めた三役体制を作ったらいいのかということで、ここは本当に身につまされたというか、反省させられました。

しかしながら、その時期に次の選挙には十分な人を立てることができなかった。結果として西銘順治さんが当選したのです。（略）西銘さんの一期、二期を見ていますと、少し問題が出ている。沖縄問題というのを日本の一県という次元で取り組まれていくんじゃないかと。つまり、沖縄が抱えているいまの問題とこれからのことに十分対応していない、という厳しい批判をしていました。（略）こういう知事の下、こういう県政の下では沖縄は大変なことになるぞということで、政治家よりはむしろしっかりした理念を持った人を選ぼう、担ごうということで、大田さんの名前を出して、大田さんを説得した経緯があるんです。結果として、これは不発に終わりました。（略）西銘さんが三期目に入り、いよいよ行政の中でもいろいろな矛盾が出た。取り巻きを作って行政を私物化する動きが出たり、顕著なものが出始めたんです。それで県民的な批判も出始めた。特に沖縄県の公共事業、とりわけ入札制度を下手をすると私物化しているような入札結果が表れたりして、これは相当業界の中でも話題になりました。

そういう意味で、これはいよいよのっぴきならないところまで腐敗し始めたなという危機感を持っていましたから、大田さんに強力な説得をした。大田さんもそのときはほぼ覚悟しておったんですね。大学の仕事も一段落したということであったし、あとは大田さんが出て当選していけるような条件整備といいますか、そういうものをどう作っていくかということでしたから。そういう意味では担ぎ出すことに成功したわけです。

さて、沖縄振興開発計画を推進し、本土との一体化を進める西銘県知事は、一九九〇年一一月の知事選挙で、革新系の大田昌秀に三三万九八二票対三〇万九一七票と約三万票差で敗北する。しかし、これは保守から革新へ県民の支持が動いたというわけではなく、西銘県政が長期化したことで保守側の内部分裂が起きたことが大きな要因であった。後に知事の座を大田と争う稲嶺恵一が社長を務める「琉球石油」（一九九一年に商号を「株式会社りゅうせき」に変更）や、沖縄最大の建築会社「國場組」といった沖縄県内の保守系の経済界が大田支持に回るなど西銘知事は保守勢力をまとめきれなかったのである。[6] すなわち、「保守の自滅ではあっても、革新の勝利とはよび難かった」のである。[7] したがって、大田知事が選挙戦で述べた基地返還への取り組みも、一気に進めるという情勢にはなく、むしろ県政を安定的に運営するためには保守勢力とも一定の妥協をしていく必要に迫られたのである。

大田県政スタートにあたって、保守系の人物を副知事として迎えたり、公告縦覧の受け入れといったことも、政府とのパイプを重視しつつ県庁自体を新しい県政に協力する体制にしていくための苦渋の決断であった。吉元は当時の状況を次のように述べている。[8]

知事は非常に苦しい立場だった。それは何かというと、一つは知事自身の発言によると――これは事実ですよ――部長連中をはじめ庁内がまったくＯＫしないんです。協力しない。このままでは県政全体に影響を与えていくおそれを知事は感じたんですね。そこが一つの問題だった。

ですから、知事自身は県庁全体が協力する体制を作れない中で、自分の政策だけを押しつけて決めるという形で、本当に国とのパイプはうまくいくのかという不安を持ったんですね。

大田知事のこういった姿勢は、本来の支持基盤である革新系からは批判もあったが、西銘県政三期一二年で形成された県庁内の体制や、進行中の三次振計などでの政府との関係からするとやむをえない選択であった。さらに、基地問題について政府が沖縄の意向をくんで積極的に対応するという約束をしていたと吉元は語っている(9)。

（代理署名に：引用者注）どうしても知事がＯＫしないものだから、国の方から妥協案が出てきたんです。これは文字通り向こうの防衛庁長官が記者会見して発表したメモですが、そのメモの原典の部分が私の方に示されてきた。私はそれを見て、「駄目です、作り変えます」ということで全部作り変えるんです。ほぼ内容が沖縄ベースになって作り変えたものを、最終段階で国の方からいいですよと返事がくる。その中の一つは、基地の整理縮小を真面目に進めるということです。もう一つは、基地問題について、基地の跡地利用も含めて、僕らは「特別措置」という表現をした。ところが、この言葉は「特別な仕組み」という言葉に直された。必ずしも法律を前提にしたものではないと逃げられたけれど、しかしそれに近いもので大筋合意した。そして基地の整理縮小を国は真面目に、積極的にやります。それから「特別法」を作ります。関係省庁ではそのための組織を作ります、という三つの約束なんです。もともと、その三つの内容に、なっていなかったんですね。

基地問題については、国から縮小をアメリカに申し出たことはない、これが一つです。これを将来にわたって、やはり国から縮小せよとアメリカにいう協議の場を作りなさいということ、これが狙いです。

もう一つは、基地の地主が跡利用にするまでの間、放ったらかしですからね。あるいは補償について不十分ですから、これをどうするのか、特別法を作れということです。

もう一つは、私たちが基地問題を開発庁に言うと、開発庁は「日米安保の担当者ではありません、関係ありません」という。外務省にいうと「聞きおきます」という。防衛庁にいうと「聞きおきます」という。まったくなしのつぶてなんです。これは困るぞ、受け皿を作れといっている。これは関係省庁で作りますといって作ったんです。課長クラスで作って走ったんですが、これもお座なりで空中分解する。全部空中分解する。結局大田さんが苦渋の選択をしたというのは、詰めて詰めて、俺は駄目だよといったときに最終的に出てきたのがその内容だったわけです。本当にそれはやっていけますねということで、ＯＫさせたにもかかわらず、それがパーになったということが、次の拒否する理由につながるんだが、もちろんそのときは、国がそこまでやるのだったらいいだろうということだった。

しかし、沖縄の米軍基地に関する状況が固定的なまま推移していた一方で、沖縄全体に関わる政治状況は、本土における五五年体制の崩壊と非自民政権成立や村山社会党首班内閣の成立、そして冷戦後の東アジア情勢の変化といった流れの中で、大きく変化していくのである。

②政治的争点化する「沖縄問題」

後述のように、大田県政成立と同時に「国際都市形成構想」の策定が進められていく。その一方で、沖縄を取り巻く環境は変化していた。日本政治では一九九三年に五五年体制が崩壊し、自民党が野党となり細川護煕非自民連立内閣が誕生した。その後、一九九四年四月には非自民の羽田孜内閣が成立するが短命に終わり、六月には自民・社会・さきがけの三党連立内閣が誕生、首相には社会党委員長の村山富市が就任した。社会党はそれまで日米安保反対、基地撤廃の観点から沖縄の問題にかかわってきており、革新の大田知事としても社会党委員長の首相就任は歓迎すべきことと考えられた。

しかし、社会党首班内閣の出現で、沖縄が望む基地問題解決への方向に進んでいったかというと決してそうではなかった。宝珠山昇防衛施設庁長官による「沖縄は基地共存が宿命」という発言が沖縄県内で大きな反発を招いたことや、村山首相による「自衛隊合憲」答弁など、政権与党となった社会党自体がこれまでと大きく方針を変えていく状況に、沖縄も振り回されることになったのである。[10]

さらに沖縄の基地問題への逆風と受け取られたのが一九九五年二月の米国防省による「東アジア・太平洋安全保障戦略」（ＥＡＳＲ：通称「ナイ・レポート」）の発表である。これはアジアにおける米軍一〇万人体制の維持を表明しており、これでは沖縄の米軍の存在が固定化されると受け止められたのである。それが大田知事による代理署名拒否という問題に発展していくことになる。[11] その背景には、大田知事の一期目で「代理署名」に応じた際に、基地問題について政府との間で取り交わしていた約束が守られなかったことに対する不満もあったという。[12]

（代理署名拒否は：引用者注）少女暴行事件の後で決意したように見られていますが、そうではなくて、大田さんの決意の一つは、最初にあれだけ約束していながら国が約束を反故にしたということへの怒り、もう一つは「ナイ・レポート」によって沖縄基地がどうなっていくかということに対する危機感、それと抱き合わせの基地の提供のための土地収用という問題は慎重であるべきだという判断が先にありました。その間、アメリカに行って何回要請しても、「基地の整理縮小というのは日本政府が言って来ないので、日本政府から提案があれば検討します」というところまでは言うけれど、それ以上は言わない。ですからどうにもならないということを何度も感じていたわけですね。

そして沖縄をより大きな激動に巻き込んでいったのが、一九九五年九月四日の米海兵隊員による少女暴行事件であったことは言うまでもない。大田知事は九月議会で「代理署名拒否」を表明、一〇月二一日には八万五〇〇〇人を集めた県民集会が開催され、沖縄は全県で基地撤廃運動が盛り上がっていく。こうした沖縄県民による米軍基地に対する強い憤りを背景に一一月四日に大田知事・村山首相会談が実現した。沖縄で反米軍基地運動が高揚することは日米安保体制の根幹を揺るがす事態であった。そこでようやく日本政府は重い腰を上げたのである。大田知事・村山首相会談は同月一五日にも行われ、そこで「基地返還アクションプログラム」の素案および「国際都市形成構想」の枠組みが提示されるのであった[13]。「国際都市形成構想」が政治の場に躍り出た瞬間であった。ただし、「国際都市形成構想」はこの時点ではまだ形成途上であった。とくに、後に批判の対象となる産業政策の分野などはこれからという段階であった。しかし、「基地返還アクションプログラム」とともに沖縄県から政府に提起され、それによって一一月二〇日に「沖縄における施設及び区域に関する特別行動委員会」（ＳＡＣＯ）の設置が決まった以上、基地問題との関連を明確にした形で「国際都市形成構想」の立案も急がなければならなくなった。従来の予定を大幅に前倒しして策定されることになったのである。それはまた基地問題が大きく政治問題化している中に、沖縄の将来構想の問題が正面から入っていくことを意味していた。したがってこれ以降の「国際都市形成構想」は政治との関連で語らなければならない。そこで、この後「国際都市形成構想」をめぐってどのような政治過程が展開していくかを述べる前に、同構想の内容と性格について概観しておきたい。

（2）「国際都市形成構想」の策定と内容

①「国際都市形成構想」の策定

「国際都市形成構想」は、後に述べるように、一九九五年の少女暴行事件後、政府との交渉の中で突然現れたかのような印象を与えたが、実際にはそのずっと前から検討されていた。すなわち、一九九〇年一一月県知事選挙において革新系候補である大田昌秀が勝ち、前述の吉元が一二月に政策調整監として県政の中心に入ったときに動き始めたと言ってよい[14]。吉元は、機動性がきく政策調整監というポストを利用して米軍基地撤退後の沖縄の将来図を描く作業を行ったのである。この作業の特徴は三点あった[15]。

第一に、基地が多数存在する現状ではなく、沖縄に基地がないという「白紙」の状態を想定して描かれた将来像であった。日本の全米軍専用施設の七五％（当時）に相当する米軍施設・区域が集中する沖縄は、市民生活に重大な支障・障害を及ぼしていただけでなく、県土構造にもさまざまな「歪み」をもたらしていた[16]。そこで、基地区域がない状態を想定し、その場合に沖縄はどのような将来像を描けるかを構想したのである。それこそが、歴史と伝統、地理的特性を生かした沖縄の将来像になるという考え方であった。これは「屋良建議書」で示されていた考え方でもある。基地がない状態を想定するということの構想を実現しようとした場合、当然のことながら現実の基地の存在をどうするのかという問題が生じる。それが後の「基地返還アクションプログラム」につながっていくのである[17]。

第二に、そこで描かれた将来像が過去の琉球国の繁栄を投影したものであった。すなわち、沖縄の自立のためには、琉球国がかつてそうであったように、アジアにおける海洋ネットワークを生かした交易の拠点として生きていくしかないということになったのである。一次振計以来の「南の交流拠点」という発想を現実化したものでもあり、具体的には、新しい国土総合開発計画（次期全総）の中に位置づけるべく「亜熱帯交流圏」という考え方を導入していた。そしてこのことは、後述するように「開発庁方式」からの脱却も意味していた。

第三に、以上のような沖縄の将来像を描くにあたっては、自治であるとか日本政府との役割分担といった問題が生じてきた。そうした課題を考えた場合、中央政府との関係も考慮する必要があり日本全体を見渡す視野も重要となる。したがって、当時の沖縄だけでそういった計画を策定するには難があり、東京に所在するシンクタンク等も活用していくことになった。それが財団法人都市経済研究所（都市経済研）であり、以後都市経済研は沖縄県と一緒に国際都市形成構想立案に深くかかわっていくのである[18]。吉元は都市経済研に依頼するにあたって、「新しい沖縄のあり方を考えたい。参考としては、シンガポール的都市国家、ハワイのメイン・ランドとの機能分担、プエルトリコにおける特別自治制度もある。このようなことも視野に入れながら新しい沖縄独自のあり方を考えてみたい」と伝えていた[19]。

さて、「国際都市形成構想」の策定は、一九九二年の本島中南部に関する基礎調査から始まった[20]。沖縄は北部・中南部・宮古・八重山という四つの圏域に分かれており、その中でも「中南部は沖縄全体のコアになる圏域で、かつ基地が最も集中して」いた[21]。そこの調査がまず行われたわけである。また、当初は国際都市の基本的な考え方について、有識者を集めて議論が行われた。これが「国際都市ＯＫＩＮＡＷＡ懇談会」で一年以上をかけて各界からの意見が集約されていく[22]。この作業はさまざまな分野から沖縄の将来像についての見方が提起され、のちの「国際都市形成構想」策定にあたって重要な基礎を作っていった。その作業が一九九二年から九三年にかけて行われたわけである。

翌一九九四年に入ると、基礎調査から次の新しい国土総合開発計画（次期全総）の中に「国際都市形成構想」を位置づける作業に入った。それが「亜熱帯交流圏の国際貢献拠点地域形成調査」であった。実はこのことは、これまでの沖縄開発庁を中心とした沖縄振興開発のあり方自体に大きな修正を迫るものであった。この点については後述する。

一九九四年の重点的な調査として、「那覇空港国際機能等整備拡充調査」「国際都市新ターミナル地区形成構想」も行われた。前者は、国際拠点空港化を実現目標とする那覇空港への国際機能導入を検討するということと、空港の沖合展開等を念頭にした空港拡張整備のあり方について検討するものであった。後者は、那覇新都心のバスターミナル地区（古島地区）整備と、本島中南部における新たな交通結節機能の創出、沖縄における「ターミナル」および「駅前空間」形成のあり方について検討するものであった[23]。

一九九五年になると、県庁の企画調整室に「国際都市形成推進班」が設置されるなど（四月一日）、県庁内の体制も整備されていく。そして基地問題との関連づけもこの時期から行われるようになる。すなわち、基地返還プログラムの素案作成のプロセスに入っていくのである。沖縄に基地が存在しないという「白紙」の状態で描かれたプランは、基地が存在するという現実の前には「絵にかいたモチ」にすぎない。それを現実のものにしていくには、当然基地返還問題の実現が必要になってくる。しかし、従来の経緯からも、そう簡単に基地のすべてが返還される見通しはない。そこで、実現可能性を考慮して段階的な基地返還を要請する案の作成が行われていくのである。これがのちの「基地返還アクションプログラム」となっていくことになる。[24]従来、沖縄の革新勢力は「即時全面返還」を求めていたが、それは実現困難だということで政府も基地問題に取り組んでこなかった。また、沖縄でも、大部分の人々には基地問題は変化しないものだという「あきらめ」に似た感情も芽生えていた。とくに、直接問題にあたる行政関係者にはそういった感情が強かったようである。[25]

さて、こうした「国際都市形成構想」の策定が進められる一方で、沖縄を取り巻く環境は大きく変化しつつあった。日本政治では一九九三年に五五年体制が崩壊し、九四年六月には自民・社会・さきがけの三党連立の村山内閣が誕生、そしていよいよ激動の九五年となっていく。そこで、この後の政治過程に入る前に、「国際都市形成構想」の内容について見ておきたい。

②「国際都市形成構想」の特徴

国際都市形成構想全体は多分野にわたっており、「自立」をめぐる沖縄政治史を対象とする本書では、その内容を細部にわたって紹介するよりも、どういった特徴をもっていた構想であるのかを示したほうが有益であろう。そこで同構想の有する三つの重要な問題について、その意味をまとめておくことにしたい。

開発庁方式の修正　前述のように、「国際都市形成構想」は次期全総の中での位置づけを意識して「亜熱帯交流圏」という考え方を導入していた。実は沖縄の振興開発は前に述べたように沖縄振興開発三法の下で本土の政府主体で行われていた。すなわち、形式上は沖縄県の要望を受けて政府が振興開発計画を策定する形になっているものの、実質上は政府に策定を依存し、開発庁を通じて実施してもらうという構造になっている。沖縄側からは「どこの世界に、自分の目標を他人に立ててもらい、他人の金をもらって、他人に努力してもらう地域があるだろうか」という批判がある一方で、安易な依存型経済が続いてきたのも事実である。しかも、振興開発と基地問題が結び付き、開発庁方式は「基地（国益）維持装置」という見方も生まれていた。[26] したがって「基地なき沖縄の将来像」を念頭においた「国際都市形成構想」としては、従来の開発庁方式の下での政府主導の振興開発計画にするわけにはいかなかった。すなわち「沖縄の将来像を描くのは誰か」という問題だったのである。この点について、前述の都市経済研の上妻毅は次のように語っている。[27]

事業計画を作っているわけではないんですよね。事業計画を立てて、すぐに予算を組んで、ここに道路を通じてという類の話ではなくて、構想ですね。まず県土の実態として、基地による虫食い県土になっていることは事実ですね。（略）けれども、虫食い県土を前提に新都市だなんだといっても、要は残地に絵を描くしかないわけです。嘉手納町の新しいまちづくりであれば、残りの一五パーセントの非軍用地に描くしかない。（略）もちろん、嘉手納基地がその時点で還ってくるなどというリアリティーは私自身も持っていませんでしたし、普天間が基地返還の最大の焦点になるであろう認識はありましたが、基地返還のスケジュールが見えているというような状況で描いたわけではありません。むしろ、還ってくることが前提あるいは現実となったときにはじめて計画に着手するようでは逆に遅いですね。

一方当時の沖縄振興開発計画の中で基地問題の扱いは、ご承知の通り、確か「県土利用の制約になっている」という書き方ですね。聞くところ、県案に「振興開発の阻害要因になっている」と書いたら、国、つまり開発庁に上げたときに切られたと。沖縄計画の中でまとめられているのは、結局、基地を除いた残地の中での振興開発事業を体系的に整理しているものですから、それと同じものを作る気はなかったわけです。

もう一つは、沖縄の場合、いい悪いは別にしまして、他の都道府県と違って総合計画というのがないわけです。沖縄県が県案としてまとめた沖縄振興開発計画が国に上げられて、内閣総理大臣の印を押されて、開発庁経由で国の成案になって、そこに振興開発予算が特別枠で確保される。一方総合計画というのは、沖縄以外の都道府県は全て作っているわけです。それは、あり方論も含めてですね。（略）そういう総合計画を作ろうということと決してイコールではありませんが、沖縄県としてあるべき将来像を、まず沖縄本島中南部という県土の核に絞って、国際都市という方向、コンセプトでまとめるということでしたので、そこは非常に強く意識してました。

しかしながら、「構想」としてまとめられたものであっても、最終的には事業計画として実現されていかなければ意味がない。そこで考えられたのが、国土庁の全総計画と「国際都市形成構想」を結びつけるという考え方であった。

そもそも全国法として国土総合開発法があり、それに基づいて全総計画がある。そして各ブロックに分かれていく。沖縄振興開発法もそのブロックの一つに位置づけられる。つまり、すべての地域づくりの最上位の計画が全総計画であった。「国際都市形成構想」はブロック計画である沖縄振興開発計画を越えて直接全総計画と結びつくことで沖縄振興開発計画、言いかえると開発庁方式からの離脱を図ったのである。ではそれがなぜ「亜熱帯交流圏」

であったのか。全総計画を所管する国土庁と交渉した上妻毅は次のように述べている[28]。

その頃は四全総が生きていた時期でしたが、四全総の見直し作業が始まっていた頃なんです。（略）この頃、全総計画が一つのテーマにしていたのは、多極分散型の国土づくりとして、地域を主体とする新しい国際交流圏を作ろうという考え方なんです。たとえば、新潟だったら環日本海交流圏、北海道だったらオホーツク交流圏でしたか。では沖縄でどういう交流圏が考えられるかという話になりまして、「亜熱帯交流圏」で進めていきますかという話にしたわけです。

こうして沖縄の「構想」と国土庁の全総計画との接点が形成されていった。一九九四年に国土庁が予算を出し、沖縄県に委託して「亜熱帯交流圏の国際貢献拠点地域形成調査」を作成したことにそれがよく示されている[29]。こうした手法は従来の開発庁方式から逸脱するものであり、当然開発庁側の反発も呼んだ[30]。しかしこの時期、沖縄側は政府主体の振興開発計画策定からの離脱を本気で考えていた。それは次に述べる自治県制の問題が関係していたからである。

自治県制構想との関連　沖縄で広範な自治を求める議論が復帰前からあったことは前述のとおりである。しかし、西銘県政の下で「本土並み」の掛け声とともに本土依存体質が強まる中で、自治の議論は深まっていたわけではなかった。しかし、自治論議の主体の一つが労働組合であり、革新系の大田県政誕生で労組出身の吉元が県政中枢に入り、「国際都市形成構想」策定の中心に座るにあたって自治の考え方が再び表面に出てきたのである。しかもこの自治は、吉元が「『自治制構想』を私たちは『自治政府』と言い換えています[31]」と語っているように、従来の日本の地方自治制度の枠組みからは大きくはみ出すものであった。

後でも述べるが、「国際都市形成構想」では大幅な規制緩和を求めており、後にはそれが「全県フリーゾーン」の要求へと拡大した。吉元が「日本政府には私たちは、特に官邸にはそれは明確に言ってあるんです。国際都市形成構想と基地返還アクションプログラム、そして特別全県フリーゾーン。これは一国二制度ですよと」と述べているように、[32]「国際都市形成構想」の推進は一国二制度の導入に結びつくものになっていく。後述するように、「全県フリーゾーン」は「国際都市形成構想」がつまずく一つの要因ともなっていくが、いずれにしろ中国は「特区」という形で一国二制度を導入し、それを経済発展に結びつけた。果たして日本政府が従来の地方自治制度を大幅に変更し、一国二制度の導入を認めるか否かという、日本自身の国家像にも変更を迫るという意義を「国際都市形成構想」は内在させていたのである。

それでは自治政府のような広範な自治権を取得して形成する「国際都市」とはどのような内容なのか、次にそれを見ていこう。

アジア・太平洋の結節点としての沖縄　「国際都市形成構想」の前提になったのは、前述のように琉球国時代の海洋交易国家である。すなわち沖縄が周辺各地域の結節点（ＮＯＤＥ）になっていることを利用し、さまざまな交流の拠点となることで自己の位置を高めていこうとするものである。具体的には当時、「東アジア経済交流圏」「亜熱帯文化交流圏」「環太平洋交流圏」の三つがすでに沖縄周辺に形成されていると考えられていた（図２－１参照）。

さらに沖縄と共通の環境特性をもった新たな交流圏として「亜熱帯環境交流圏」の設定が考えられた。この交流圏では広義の「環境」を交流基盤として、沖縄の環境特性を生かした交流が可能であり、「共生」に向けた技術協力の推進などが期待されたわけである（図２－２参照）。

図２－１　沖縄を取り巻く３つの国際交流圏

◆東アジア経済交流圏：
NIEs（台湾、韓国、香港）、華南地域等の中国沿海をカバーする。経済交流を主体に結ばれる圏域であり、環黄海経済圏、長江沿岸経済圏、華南経済圏等の局地経済圏を含む。

◆亜熱帯文化交流圏：
東アジア経済交流圏よりも広域的かつ緩やかに結ばれている。海域を通じて歴史的に文化・学術・技術・交易等の国際交流が繰り広げられた圏域である。

◆環太平洋交流圏：
東・東南アジアからオセアニア、さらに北米、中南米までを包括するマクロ的圏域である。特に近年は APEC に見られるように多国間の協力と連携が強化されつつある。

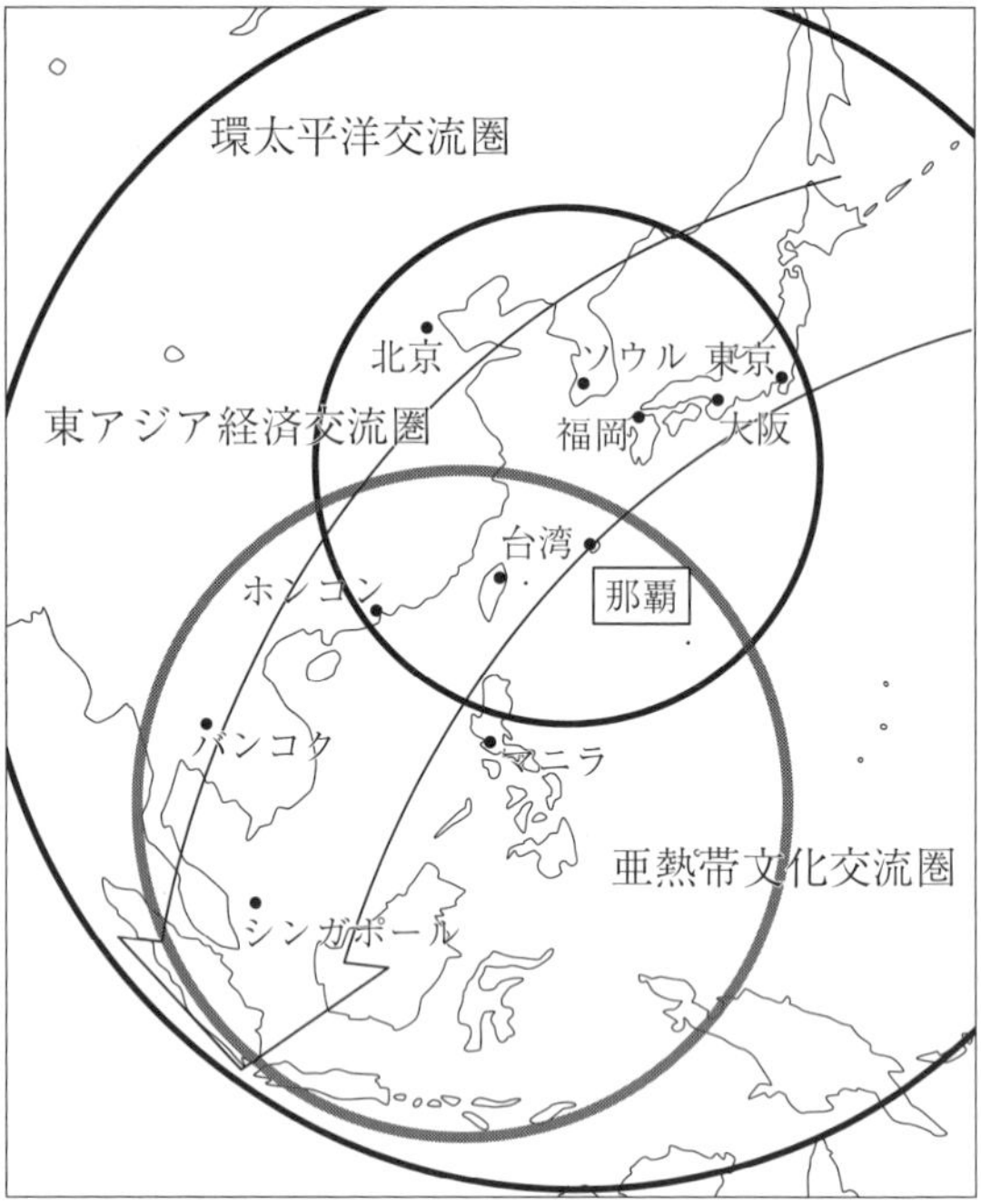

出所：沖縄県「21世紀・沖縄のグランドデザイン（調査報告書概要版）」（1996年４月、７頁）をもとに作成。

以上のような交流圏を前提に沖縄の特性を生かした交流を多元的に進め、新しいネットワークを形成することが構想された。それが図２－３に見るようなネットワークである。

そして、北部・中南部・宮古・八重山という四つの圏域を図２－３のネットワークの中に位置づけたものが図２－４である。このように、沖縄全県を国際ネットワークの中に位置づけることで全体の活性化を図るというのが「国際都市形成構想」の中核的な考え方であった。

以上のような構想を現実のものとするためには、地域の国際交流を許容するように大幅な規制緩和が行われなければならず、また「自治体外交」の推進が必要であった。それは霞が関の大きな壁を崩さねばならないということであり、また前述の大きな構想をさらに産業政策の次元まで詳細化・具

図2－2　亜熱帯環境交流圏

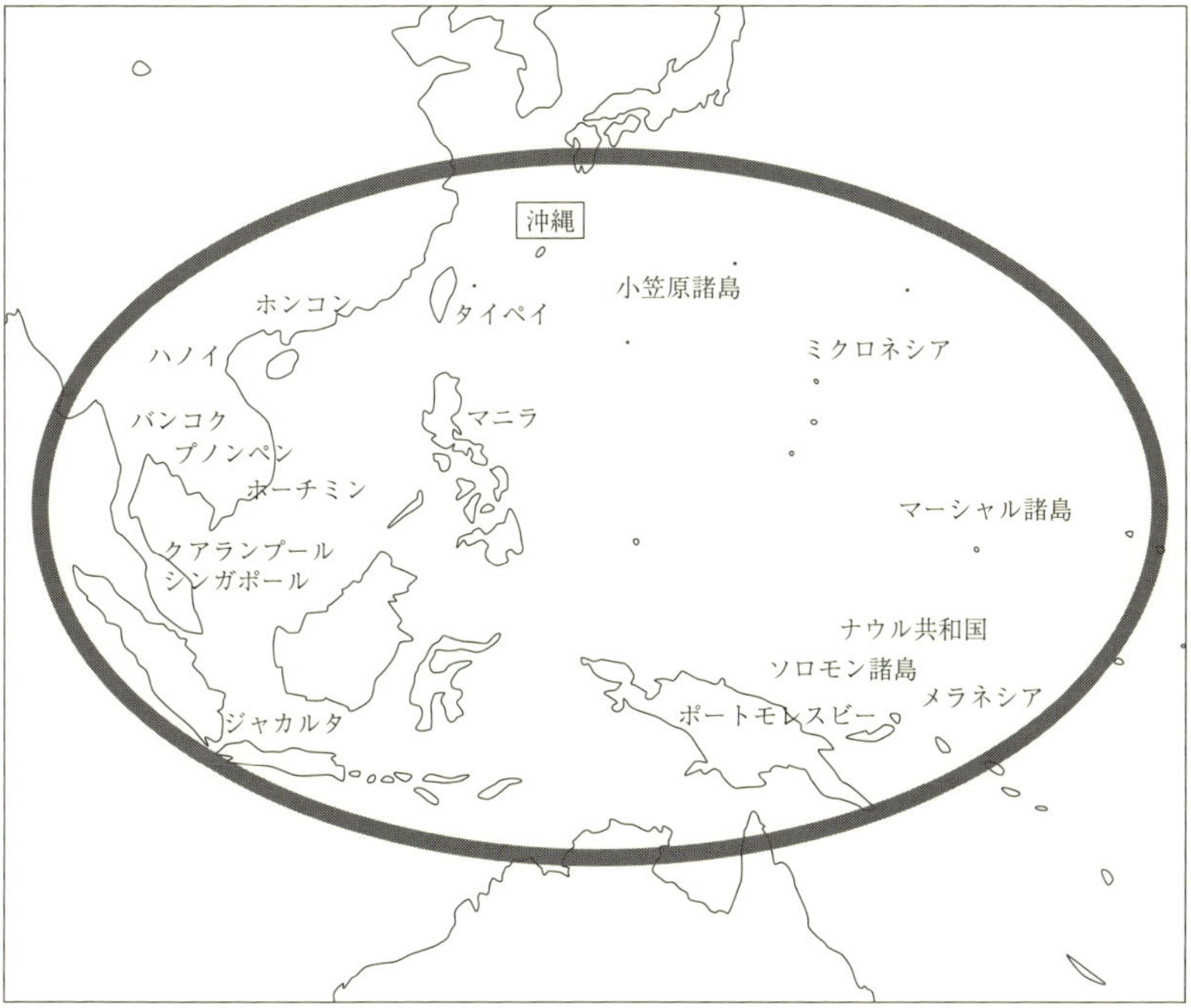

出所：沖縄県「21世紀・沖縄のグランドデザイン（調査報告書概要版）」（1996年4月、4頁）をもとに作成。

体化していく作業も必要であった。実際、「国際都市形成構想」の基本的な方針の策定が進むと同時期に、県庁の別の部署（商工労働部）では産業政策が「沖縄県産業創造アクションプログラム」として策定中であった。

しかし沖縄が政治的激動期に入る一九九五年には、本計画の具体化は依然として本島中南部が中心であり、未だ全県にわたる計画の詳細化には時間を要する状況であった。そのような時期に、「国際都市形成構想」は知事と首相の会談という場で表面化していくのである[33]。それは県の正式計画としての承認もまだの段階であった。そして計画の具体化、県の正式計画化、政府との折衝という重要な作業を同時に、しかも基地問題の高揚という政治状況の混乱の中で進めていかなくてはならないことになるのである。

図２−３　沖縄の結節(NODE)機能を利用した交流圏の形成と新たなネットワーク展開

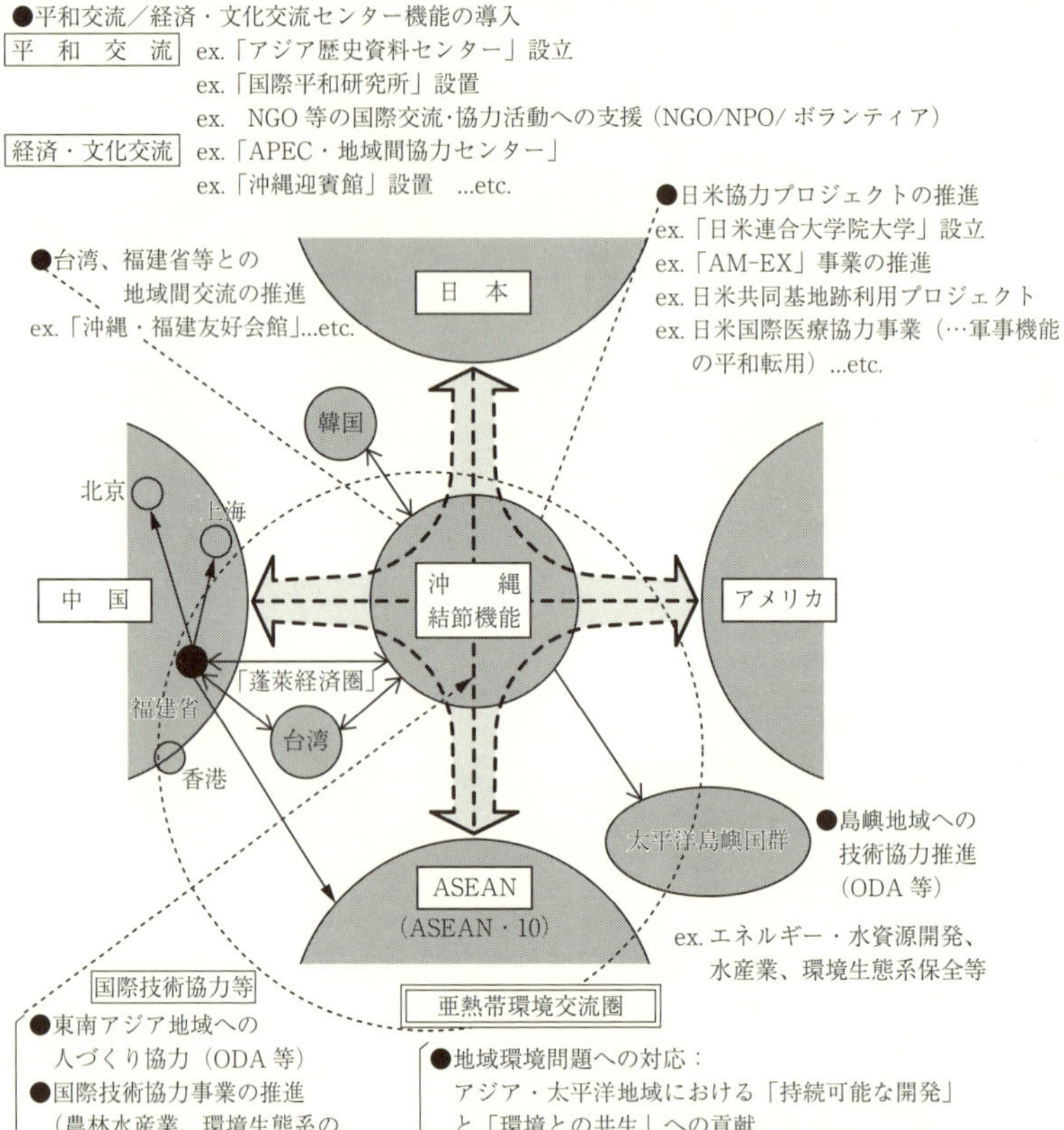

出所：沖縄県「21世紀・沖縄のグランドデザイン（調査報告書概要版）」（1996年４月、５頁）。

図2－4　新たな県土構造の拠点配置

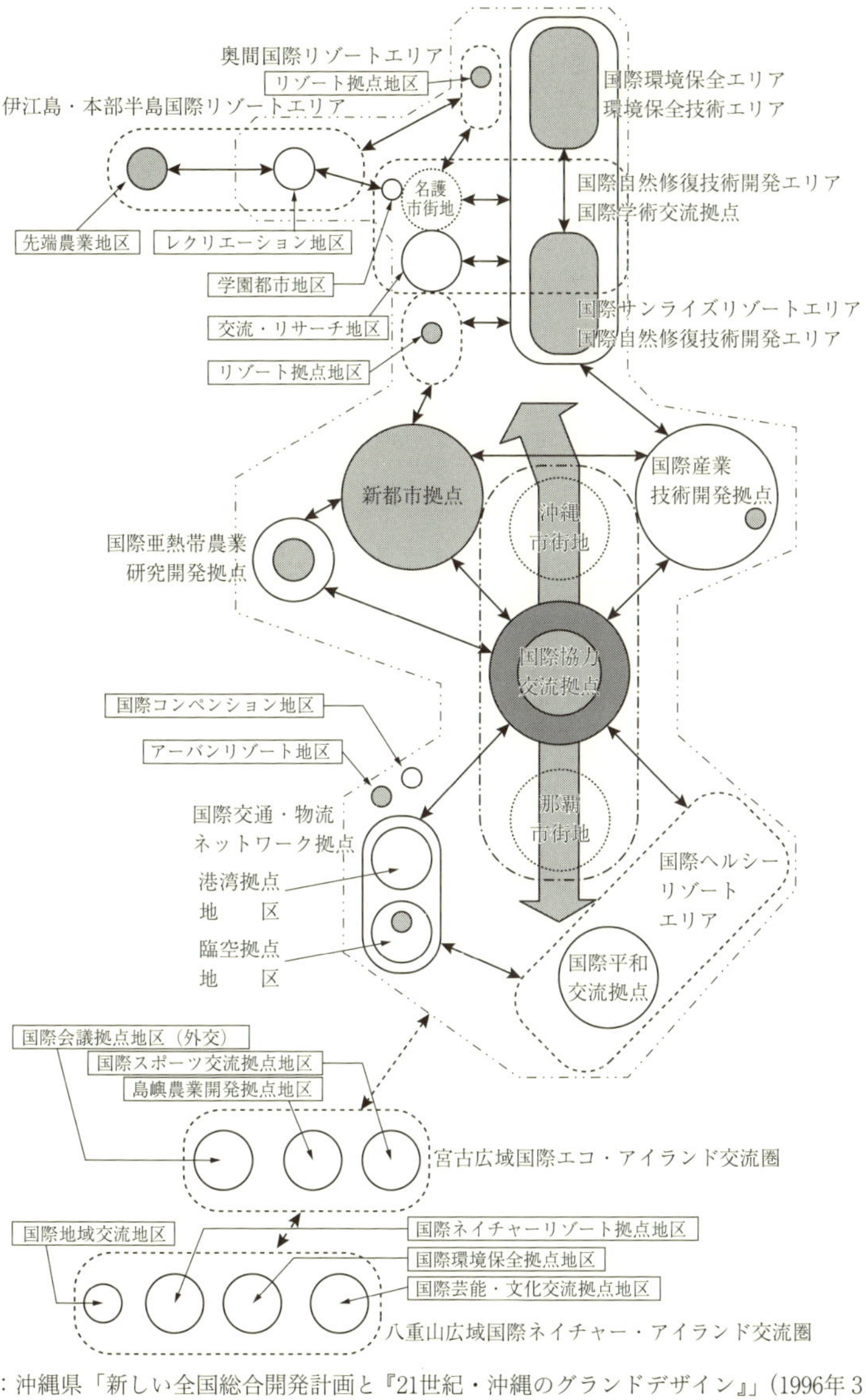

出所：沖縄県「新しい全国総合開発計画と『21世紀・沖縄のグランドデザイン』」(1996年3月、10頁)。

2 「政府対沖縄」の政治過程

(1)「国際都市形成構想」と「沖縄政策協議会」

一九九五年一一月一五日、村山首相と大田知事の会談で「基地返還アクションプログラム」の素案が示され、基地問題に対応するための「沖縄基地問題協議会」の設置が同月一七日に閣議決定された。そして前述のように、「基地返還アクションプログラム」と同時に、米軍基地返還後の沖縄を構想したものとして「国際都市形成構想」の枠組みも提示さたのである。県庁では「国際都市形成及び基地返還促進対策プロジェクトチーム」が設置され[34]、県庁内部でも「国際都市形成構想」と「基地返還問題」を関連づけて作業に入る仕組みが作られることになった。これまでは「基地対策室」として別個の存在であったのが、「国際都市形成」と結びついたわけである。そもその同構想の発想からすれば自然の流れであるが、県庁という組織の中で制度改変が行われ、正式の仕組みとなったことの意味は大きかった。つまり、基地の整理縮小と沖縄の将来構想を一体のものとして動かしていく組織が成立したわけである。

ただし、当初、政府が重視したのは「基地返還アクションプログラム」のほうである。基地問題という日米安保体制の根幹にかかわる事項であるから当然であり、ただちに「沖縄基地問題協議会」の設置が閣議決定されたのは前述のとおりである。そして沖縄に所在する米軍施設・区域にかかわる諸課題に関し協議することを目的としてSACO(Special Action Committee on Okinawa「沖縄に関する特別行動委員会」)が日米両政府によって設置された。

しかし沖縄側としては、「基地返還アクションプログラム」と「国際都市形成構想」はセットになるべきものであり、したがって基地問題のみ協議する「沖縄基地問題協議会」では不十分であった。そこで「国際都市形成構想」を政府にも認めさせ、さらに支持・協力を得るための枠組みを別に設けることが必要であった。そのためにも、まずは計画の具体化・詳細化と県の正式計画化を同時に進めなければならなかった。そして一九九四年度末にまとめられたのが、「二十一世紀・沖縄のグランドデザイン」(「国際都市形成構想」がまだ沖縄県の正式承認に至っていないのでこの名称がつかわれた)であった。

また、このとき沖縄の「自立・分権・自治の確立」を求めた「国際都市形成構想」を推進するためには特別の措置が必要であるという考え方から、都市経済研究所およびそのブレーンによって一〇項目にわたる「沖縄特別措置大綱(案)」が同年三月に起草されている。[35] これは沖縄県の正式文書ではないが、それまでの沖縄の自治論やその後の経過を考えるとき重要な内容を含んでいた。たとえば第一項は「日本国憲法に直接基づいて他の国法に優先する特別措置を立法化し、かつ、適切に行政を運営するための基本的事項は、以下の大綱による。この大綱に沿って、沖縄に関する基本的・包括的立法である『沖縄特別措置法』(仮称)を、憲法九五条の住民投票を経て制定するものとする。ただし、各項目につき必要な単独立法又は現行法の改正によることを妨げないものとする」となっており、沖縄に関する特別立法制定や、憲法九五条の利用など、これまで沖縄の自治に関する議論で語られていた内容が盛り込まれていた。

さらに第三項では、次のように後述の「沖縄政策協議会」のアイデアが示されていた。

沖縄に関する外交・防衛及び内政の基本は、内閣総理大臣及び沖縄県知事の両者をもって構成する「沖縄基本政策会議」によって定めるものとし、その枠組みは、次の通りとする。

沖縄基本政策会議：内閣総理大臣及び沖縄県知事。関係閣僚の陪席可。

沖縄基本政策審議会：主要省庁次官級、沖縄県副知事及び学識経験者
事務局：内閣官房及び沖縄県知事公室
政策運営の指示・要請：内閣総理大臣から関係機関等へ、並びに沖縄県知事から関係部局及び自治体等へ

さて、「二十一世紀・沖縄のグランドデザイン」が本来の「国際都市形成構想」として県の正式計画という承認を得るためには、さまざまなアクターへの説明と了解を得る必要がある。そのための体制作りがまず行われた。たとえば、「国際都市形成等市町村連絡協議会」発足のための課長会議である「国際都市形成に係る市町村担当課長会議」、部長級で構成される「沖縄県国際都市形成庁内連絡協議会」の設置などである。こうした組織が作られ、同構想の内容の周知が図られていく一方で、県内各アクターへの説明も行われていく。すなわち、軍用地主連合会、沖縄県経済団体連合会、県工業連合会、中小企業団体連合、商工会議所、経営者協会、建設業会などの団体である。こういったアクターへの説明を一九九五年度（平成七年度）末から翌九六年度にかけて頻繁に行っていく。そして一九九六年度が始まってすぐの四月一日、国際都市形成推進室が発足する。

こうした「国際都市形成構想」の説明と具体化、県の正式計画化が進められていく一方で、基地をめぐる協議も進展していた。前述の「基地問題協議会」の発足やＳＡＣＯの設置に示されるように、この時期は沖縄県側の積極的な提案や発言に日米両政府側が押される形で、基地問題の対応に追われていたように思われる。一方で、国政でも大きな変化が生じていた。一九九六年一月の村山内閣の退陣と、橋本内閣成立である。(36) 橋本龍太郎首相、梶山静六官房長官のコンビ誕生は、さまざまな政治案件が本格的に動いていく契機となっていた。その象徴が、同年四月一二日の橋本首相・モンデール大使による普天間基地返還合意である。(37)

また、橋本内閣の成立は沖縄にも関係する新しい政治課題も提起させた。行政改革である。すなわち橋本首相は

内外の政治課題に対応するために「規制緩和、地方分権、首都機能移転、中央省庁の改革」などを内容とする思い切った行政機構改革の断行を自らの政治課題に掲げていた[38]。そこで、開発庁方式からの脱却を模索する沖縄は、政府における行政機構改革の方向を探るとともに、沖縄開発庁が果たしている役割や問題などを政界有力者や関係官庁にも説明し理解を得るべく活動していた。この時期都市経済研究所は政策立案にとどまらず沖縄の求めに応じて東京で政治家や官僚への接触、情報収集など多様な仕事にあたっていたが、このとき同研究所が接触した政治家には、当時、自民党総務会長であった塩川正十郎などもおり、塩川は開発庁のもつ限界についても理解していた。知事と首相、副知事と官房長官の度重なる直接会談だけでなく、こうした水面下の活動が、沖縄県の考え、とくに「国際都市形成構想」にかかわる沖縄自立への期待を永田町に広めていくのに役立っていたと考えられる[39]。

以上のような経緯を概観すると、この時期は明らかに沖縄側が主導権を握っていた。従来、開発庁方式で本土依存が進んでいたはずの沖縄で、自らの手で将来構想をまとめ、しかも米軍基地即時全面撤廃といった政府から見れば非現実的なプランではなく、段階的な基地撤去のプランを提出するなど、これまでの沖縄とは異なる姿勢に政府がとまどっていたと見るべきであろう。そしてこの時期の政府と沖縄の交渉を通じて、政府側は吉元副知事を交渉可能な相手とみなし、また沖縄側も吉元を窓口に政府との交渉を進めていくのである[40]。こうした沖縄側からの働きかけや主張が一九九六年九月の「沖縄問題についての内閣総理大臣談話（閣議決定）」（以下「橋本談話」）という大きな成果を得ることになったといえよう。これは画期的な内容を述べているので、以下に全文を引いておきたい[41]。

沖縄問題についての内閣総理大臣談話

平成八年九月十日（火）

閣議決定

私は、過ぐる大戦において沖縄県民が受けられた大きな犠牲と、沖縄県勢の実情、そして今日まで沖縄県民が耐えてこられた苦しみと負担の大きさを思うとき、私たちの努力が十分なものであったかについて謙虚に省みるとともに、沖縄の痛みを国民全体で分かち合うことがいかに大切であるかを痛感いたしております。

また、地位協定の見直し及び米軍基地の整理・縮小を求める今回の県民投票に込められた沖縄県民の願いを厳粛に受けとめております。

日米安全保障条約は、日本の安全のみならず、アジア・太平洋地域の平和と安全を維持していく上で、極めて重要な枠組みであります。米軍の施設・区域はその中心的な役割を果たすものであり、その安定的使用を確保することが重要であると認識しております。

政府としては、普天間基地の返還・移設や県道一〇四号線越え実弾射撃訓練の本土移転などの諸課題について、米国と協議を進めるとともに、各地域住民の御理解と御協力を得ながら、その解決に向けて全力を尽くしてまいります。

さらに米軍施設・区域の七十五％が沖縄県に集中し、住民の生活環境や地域振興に大きな影響を及ぼしている現状を踏まえ、引き続き米国との間で米軍の施設・区域の整理・統合・縮小を推進するとともに、地位協定上の課題について見直しを行い、一つ一つその改善に努力してまいる考えであります。

私は、今年四月のクリントン米大統領との共同宣言で明らかにしたように、今後とも、アジア情勢の安定のための外交努力を行うとともに、米軍の兵力構成を含む軍事態勢について、継続的に米国と協議してまいります。

豊かな自然環境や伝統、文化を生かしつつ、県土構造の再編、産業経済の振興及び生活基盤の整備等を進め、平和で活力に満ち、潤いのある地域の実現を目指した「二十一世紀・沖縄のグランドデザイン」は、沖縄県がその願いを込めた構想であると承知いたしております。

政府としては、この構想を踏まえ、通信、空港、港湾の整備と国際経済交流、文化交流の拠点の整備を行うとともに、自由貿易地域の拡充等による産業や貿易の振興、観光施策の新たな発掘と充実、亜熱帯の特性に配慮し、医療、環境、農業等の分野を中心とした国際的な学術交流の推進とそれに伴う関連産業の振興等のプロジェクトについて沖縄県と共に検討を行い、沖縄県が地域経済として自立し、雇用が確保され、沖縄県民の生活の向上に資するよう、また、我が国経済社会の発展に寄与する地域として整備されるよう、与党の協力を得て全力を傾注してまいります。

私は、このような趣旨に沿った沖縄のための各般の施策を進めるために、特別の調整費を予算に計上するよう大蔵大臣に検討を既に指示いたしました。

また、内閣官房長官、関係国務大臣、沖縄県知事などによって構成される沖縄政策協議会（仮称）を設置し、沖縄に関連する基本施策について協議していただき、それを踏まえて政府として、沖縄に関連する施策の更なる充実、強化を図ってまいる所存であります。

重ねて、沖縄問題について国民の皆様の御理解と御協力をお願いするものであります。

（傍点引用者）

重要な部分に傍点を付したが、この談話によって、基地問題だけでなく沖縄に関する問題を全般的に協議する「沖縄政策協議会」の設置、沖縄振興特別調整費の計上、そして沖縄が構想した「二十一世紀・沖縄のグランドデザイン」を政府が認め、推進していくことを約束したのである。すなわちこれで沖縄側の構想で今後、沖縄の振興開発計画が進められるレールが設定されたわけである。そして一九九六年九月一七日に「沖縄政策協議会」が閣議決定に従って設置され、開発庁には「沖縄振興プロジェクトチーム」が設置された。

大田昌秀知事ら県幹部と、沖縄政策協議会設置を表明する橋本龍太郎首相
（1996年９月17日沖縄コンベンションセンター、琉球新報社提供）

「沖縄政策協議会」は前述のように「沖縄特別措置大綱（案）」にそのアイデアが示されていたものである。このことに関し都市経済研の上妻は「現・沖縄政策協議会は、（「沖縄特別措置大綱（案）」の：引用者注）三にある「沖縄基本政策会議」を具体化するものとして設置された。（と筆者は認識している）。従って、三については六〇％程度（？）は達成した、というのが当時（九六年九月）の受け止め方であった」と回想している[42]。上妻が「六〇％」と述べているように、『沖縄基本政策会議』構想すべてが実現していたわけではなかった。しかし、総理大臣を除くほとんどすべての閣僚と沖縄県知事によって構成する会議の設置は、他の自治体と政府との関係、すなわち明治以来の日本の中央集権的地方自治のあり方から考えると画期的な組織であった。「沖縄政策協議会」にはその下部組織として「幹事会」が設置され、そこは官房長官の下、関係省庁幹部、沖縄県副知事で構成されており、実質的に沖縄に関する主要問題を具体的に協議する場となっていた。吉元副知事はこの場を利用して、行政の責任者と沖縄問題を実質的に討議していったのである。この沖縄政策協議会は一〇月四日にスタートし、一方で沖縄県は一一月一一日「国際都市形成構想」を決定し、同日の沖縄政策協議会幹事会および翌日の沖縄政策協議会で同構想の説明を行った[43]。

以上の展開に見られるように、このときの沖縄はその後の「地方分

図2-5　国際都市形成（グランド・デザイン）の実現を目標とする県・基本政策体系

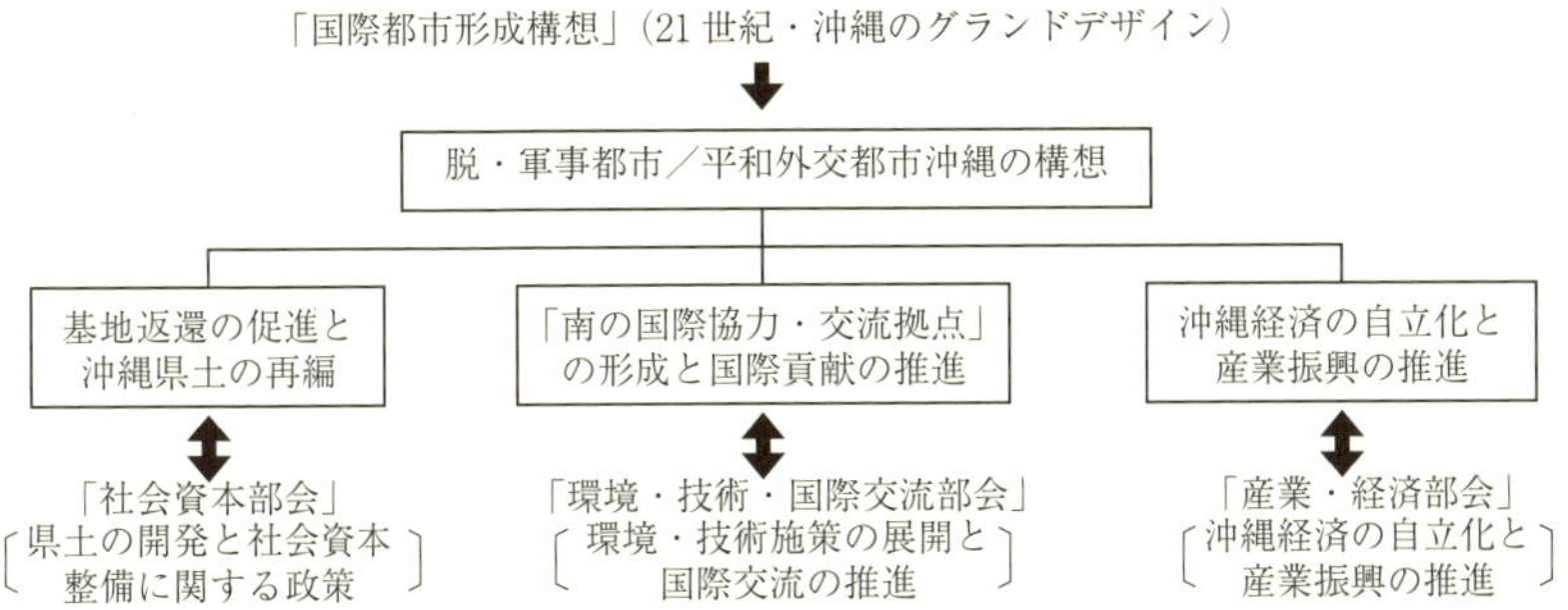

出所：「『国際都市形成推進計画』策定の基本的考え方――政策的視点からの検討」（都市経済研究所、1997年）24頁。

権」論議から見ても、全国に先駆けた議論を展開していたのである。しかしやがて沖縄は、全国的な地方分権の議論が行われる段階になると、このときに先頭ランナーであったことが不思議なほど議論が停滞していく。この点については次章で述べることにしたい。

さて、ここまでは順調に見えた「国際都市形成構想」だが、並行して進んでいる基地問題については、普天間基地返還が県内移設問題によって暗礁に乗り上げつつあった。実際、沖縄問題が重要案件化した時期は、朝鮮半島の核問題や台湾海峡問題などを背景に日米安保体制強化の時期と重なっており、決して米軍がそのプレゼンスを低下させると約束したわけではなかった。このあと普天間基地問題は代替ヘリポート・海上施設案などをめぐって混迷していくことになる[44]。また、「国際都市形成構想」のほうも、具体化の過程で大きな障害に逢着していた。次にそれを見ていくことにしたい。

(2)「国際都市形成構想」の正式決定

前述のように「国際都市形成構想」は沖縄県庁で正式決定され、また閣議決定された首相談話でも今後の沖縄振興計画の基礎に据えられることになった。しかし、結果的に見ると「国際都市形成構想」は沖縄の中でも評価が分かれていき、やがて県知事の交代に伴って葬られていくことになる。実際、このあとは少しずつ「国際都市形成構想」を推進する勢いが失速していき、沖縄側によって握られていた主導権が政府側に移っていくのである。ではそうした事態はなぜ生じたのか、その理由を考えていきたい。

第一に、構想の具体化・詳細化とともに政府が関与する度合が増大したことである。前述の「橋本談話」にあるように、政府は沖縄が構想した「二十一世紀・沖縄のグランドデザイン」（すなわち「国際都市形成構想」）を踏まえ、「沖縄のための各般の施策を進めるために、特別の調整費」を計上することになっていた。これが五〇億円であり、具体的にどのような事業に使用されるべきか早急に検討されることになったのである。

各省庁が出してきた事業案を、「国際都市形成構想」の実現を考えた場合に重点的な政策領域となるものをまとめていく必要があり、そのための基本方針が図2－5のように考えられた。三つの重点政策領域を三つの部会で構成し、それをさらに具体化し細に見ていくと図2－6のような連関となる。そしてそれぞれの政策領域をさらに詳ていくと一〇のプロジェクトチームで担当する三四の政策分野に分けられることになった。そしてそれぞれの政策分野を担当する中央省庁が振り分けられていくことになったのである（図2－7参照）。

こうして中央省庁が正面から分担して沖縄政策に取り組む一方で、それに対応する沖縄側は国際都市形成推進室ということになり、いわば「オール霞が関」vs「沖縄県庁（とくに国際都市形成推進室）」という様相を呈することになったのである。国際都市形成推進室には県庁内から優秀な人材が集められたが、個別・具体的案件になったとき、当該案件に習熟した霞が関官僚と正面から渡り合うのはかなり厳しかったといえるだろう。また、「橋本談話」にある「沖縄振興特別調整費」の五〇億円は、突然降ってきた大きな予算であった。それを具体的事業に展開していく作業は沖縄県庁全体にかかわる問題であり、国際都市形成推進室は県庁内での調整にも追われることになった。「事務方もかなり混乱して、八八のプロジェクトをどうこなすとか、ついた五十億をどう使うかが目的といいますか、一つの要件になってしまった。そういう実態が現場」に生じたのである。[45] こうした沖縄県側の状況につ

図2－6　新たな基本政策推進のための前提条件

- 基地返還の促進と沖縄県土の再編
- 南の国際協力・交流拠点の形成と国際貢献の推進
- 沖縄経済の自立化と産業振興の推進

〈都市政策〉	在沖米軍基地の整理縮小についての日米政府間協議が継続的に実施されるとともに、県「基地返還アクションプログラム（案）」をふまえた基地の計画的返還が遂行されること
	21世紀・沖縄のグランドデザインの実現に向けて、県土再編の見地から、基地返還と連動する開発整備の促進等、総合的な開発整備が推進されるとともに、沖縄全域の発展を担う新たな拠点の形成をすすめること
	沖縄の経済的自立の前提となる空港、港湾、幹線道路網等の基幹インフラの早期整備について、特段の政策的配慮をもって総合的推進が図られること（拠点形成と基幹インフラ整備の同時最適化）
〈産業政策〉	沖縄経済の自立化へ向けて、国際化時代に対応する新しい産業振興政策が総合的に推進・実行されること
	特に、県「国際都市形成に向けた産業振興策の展開」のための新たな制度的条件等が整備されること（「全県自由貿易地域制度の創設」等）
〈環境政策〉	沖縄の豊かで貴重な自然生態系の保全等、環境と共生する持続可能な発展のための新たな制度・機構の確立を図ること
	県土全体の均衡ある発展のための離島地域の活性化・自立化等、島嶼地域の諸条件と特性をふまえた総合的な振興策を推進すること
	わが国唯一の島嶼県であり、国境政策上・物流上極めて重要な海域を抱える本県の特性を鑑み、国の責務として、島嶼地域の振興に対する総合的支援を明確に図ること
〈文化政策〉	沖縄の歴史と文化に立脚した総合的な文化振興を図る見地から、地域の伝統文化の保護、育成に努めること
	21世紀・沖縄の発展を担う人材の育成と国際的な学術交流の推進、教育・科学の振興を図ること
〈社会福祉政策〉	沖縄の歴史的経緯、基地の存在による歪められた生活環境、島嶼県としての立地的不利性等をふまえた国による福祉政策の充実が図られること
	潤いに満ちた豊かな社会生活環境の創造に向けた社会福祉・医療等の充実を図るとともに、沖縄の優れた地域特性を活かし、国際的視野に立った健康・長寿の地域づくりを推進すること
	経済的自立に向けた産業政策と連動する雇用の確保・創出を図るとともに、地域社会の活力維持のための総合的施策を推進すること
〈地域外交政策〉	沖縄の歴史的・地理的特性等を鑑み、アジア・太平洋地域との独自の地域間交流の推進を是認し、必要な支援策を講じること
	沖縄の特性を活かしたアジア・太平洋地域との国際交流機能の整備等を通じ、わが国の平和外交／国際貢献の一翼を担う国際協力拠点の形成を図ること
	特に、「国際南北センター」「亜熱帯総合研究所」「国際緊急医療センター」については、国の国際協力外交の一翼を担う３大事業（国家プロジェクト）として位置づけ、早期の整備を図ること

出所：「『国際都市形成推進計画』策定の基本的考え方――政策的視点からの検討」（都市経済研究所、1997年）27頁。

いて、上妻は次のように述べている(46)。

県は八八のプログラムのプライオリティー付けすらできなかった。（略）県庁にしては初めての経験ですよね。県の側が国が出したものを評価するとか、取捨選択してこんなものはあまり重要ではないとか、そういうことも含めて、従来の発想では考えられないことかも知れません。そうやって県がプライオリティーを付けていくべきだったと思いますけれども、そもそもの話として、まずプロジェクトチームを一〇設営してそこにプロジェクトをぶら下げるというやり方よりも、テーマを設定し、それに相応しいプロジェクトチームを県主導で編成する。たとえば、港湾の問題だったらいままで開発庁オンリーだったわけですが、運輸省がちゃんとテーブルについてくださいと。国策としての港湾問題であるから、取りまとめ官庁は開発庁ではなくて運輸省にお願いする、と。一部、そういう議論はありましたが。

しかし、財源とか制度の問題について議論できなかったのは残念です。これについては部会も何も作れなかったので、大蔵省を巻き込めていないわけです。だから、五〇億という調整費の予算措置だけをして、あとはプロジェクトチームにぶら下げただけになってしまい、県庁職員が忙殺されて数十冊の報告書が上がった。でも、報告書すら出来上がっていないものもあった。

では、この時期、「国際都市形成構想」の司令塔である吉元は、こういった事態にどう対応していたのであろうか。実は吉元は、普天間基地移設問題が混迷してきた時期でもあり政府との対応に時間を割かなくてはならず、構想具体化の個々の案件にかかわっている余裕はなかった。また、県の正式な計画として「国際都市形成構想」が議会で承認を得るための調整も必要であり、そこは吉元が中心となってやらざるをえなかったのである。

図２－７　県・基本政策方針から見た沖縄振興策（プロジェクト）の整理

脱軍事都市／平和外交都市沖縄の構築

			取りまとめ省庁
基地返還の促進と沖縄県土の再編			
社会資本部会			
	総合・地域計画プロジェクトチーム（第１PT）		
		次期全国総合開発計画と沖縄県の役割	国土庁
		第３次沖縄振興開発計画（後期）の推進	沖縄開発庁
		多極分散型国土形成促進法に基づく振興拠点地域制度の活用	国土庁
		沖縄振興策推進体制の整備	内閣官房
	基地跡地の利・転用プロジェクトチーム（第２PT）		
		普天間飛行場返還跡地整備に関する調査	沖縄開発庁
		普天間飛行場以外の米軍施設・区域返還跡地整備に関する調査	沖縄開発庁
		米軍施設・区域返還跡地整備に関する制度・手法の研究	沖縄開発庁
		米軍施設・区域返還跡地整備推進のための組織の整備	沖縄開発庁
	通信・空港・港湾等のインフラ整備プロジェクトチーム（第３PT）		
		通信インフラ整備の推進	郵政省
		空港インフラ整備の推進	沖縄開発庁
		港湾インフラ整備の推進	沖縄開発庁
		総合交通体制整備の推進	沖縄開発庁
沖縄経済の自立化と産業振興の推進			
産業・経済部会			
	国際貿易・物流基地の形成プロジェクトチーム（第４PT）		
		産業・経済振興に係るコミュニケーション方策の推進	通商産業省
		自由貿易地域制度の拡充・地域の拡大	沖縄開発庁
		港湾流通機能の拡充整備	運輸省
	産業創造・雇用開発プロジェクトチーム（第５PT）		
		産業立地促進・活性化の支援	通商産業省・農林水産省・沖縄開発庁
		中小・ベンチャー企業の支援	通商産業省・農林水産省
		雇用の促進・人材の育成	労働省
	情報通信産業集積プロジェクトチーム（第６PT）		
		「マルチメディアアイランド構想」推進体制・組織の整備	通商産業省
		情報通信による公共サービスの推進	郵政省・通商産業省
		情報通信産業の集積への支援	通商産業省・郵政省
	国際観光・保養基地の整備プロジェクトチーム（第７PT）		
		観光資源開発及び観光施設の一体的整備	厚生省・通商産業省・運輸省
		芸能、工芸等の振興	通商産業省
		観光産業に係る人材育成	運輸省
		来沖人口増加のための制度を含めた環境整備	外務省・運輸省
南の国際協力・交流拠点の形成と国際貢献の推進			
環境・技術・国際交流部会			
	環境共生型地域の形成プロジェクトチーム（第８PT）		
		やんばる地域等の自然環境の保全活用	環境庁
		リサイクル・新エネルギー利用の推進	通商産業省
		海洋深層水研究の推進	科学技術庁
	亜熱帯特性等を活用した研究開発の推進プロジェクトチーム（第９PT）		
		亜熱帯総合研究所（仮称）の整備等	沖縄開発庁
		高等教育機関の充実	文部省
		国際化に対応できる人材育成	文部省
	国際協力・交流の拠点整備プロジェクトチーム（第10PT）		
		沖縄国際南北センター（仮称）、国立組踊劇場（仮称）等国際協力・交流の拠点整備	外務省・文部省
		国際会議の誘致及び関連施設等の整備	運輸省
		経済・技術面での国際協力の推進	外務省

出所：「『国際都市形成推進計画』策定の基本的考え方――政策的視点からの検討」（都市経済研究所、1997年）31頁。

さて、次に「国際都市形成構想」失速の理由の一つとして考えられるのが、「全県フリーゾーン」の問題であった。そもそも、「国際都市形成構想」は大幅な規制緩和を求めていたとはいえ、当初「全県フリーゾーン」は含まれていなかった。これが入ってきたのは、一九九六年八月に沖縄県が「規制緩和等産業振興特別措置に関する要望」を政府・与党に提出し、それを具体化するために九七年四月に沖縄県が設置した「産業・経済の振興と規制緩和等検討委員会」（座長・田中直毅）で「全県フリーゾーン」案が提案されてからである。[47] 沖縄県としては、県が正式に依頼した委員会で出された案であり、受け入れて推進せざるをえないという立場であった。しかしこの提案は政府・沖縄内部両方に衝撃を与えた。[48] 政府については、この提案が前述のように「一国二制度」を象徴的に表すものであるため、既成制度に挑戦するものと受け取られた。とくに貿易に伴う関税問題は大蔵省の所管事項であり、自民党税調と大蔵省が一緒になって反対するという形になった。[49]

また、沖縄県内でも漁業関係者などが反対の声を上げたのをはじめ、構想全体に産業政策の視点が足りないといった批判なども現れた。[50] 沖縄県内で「国際都市形成構想」についての評価が分かれる事態となったのである。「県内からの批判も相次いで、それまで国際都市形成に対して好意的、あるいは好意的まではいかなくてもニュートラルな見方をしていた人たちまで、『何だ、我々の暮らしはどうなるんだ?』という懸念が拡がってしまった。（略）それが、『全県フリーゾーン』という言葉が一人歩きしていった中で、（略）逆風を招いてしまった」という状況になったのである。[51]

ただし一九九七年末の段階では「国際都市形成構想」はさまざまな批判は生じていたものの、県内では沖縄の将来に希望を与えるものという受け取り方をする者が多く、[52] 主要経済団体も賛同していた。政府与党でも推進にあたって協力的な体制であった。しかし、その最終段階で、同構想推進にとってきわめて大きなダメージとなる事態が二つ出来した。第一は、これまで同構想の推進役であった吉元が副知事への再任を議会で拒否されるという事態となったのである。[53]そのため同構想を強く支える力が大きく失われたことは間違いない。[54]大田県政自体、吉元が県庁を去ったあとは基地問題でも大きく混乱していく。吉元の再任拒否は与党勢力内の分裂が決定的な要因であった。沖縄は国際都市形成構想推進と後述の普天間移設問題への対応というきわめて重要な政治的局面で分裂し、舵取り役を失ってしまうのである。

そして第二が、普天間基地の移設候補地としてあがっていた名護市の住民投票問題である。この問題での紛糾は、沖縄県と政府との対立を決定的にしていく。そこで次節でこの問題について見ていこう。

3　「国際都市形成構想」の終焉

国際都市形成構想が県の正式な計画として承認され、その具体化が論議されていたのは、普天間基地移設候補地として名護市辺野古がクローズアップされ、その受け入れをめぐって名護市で市民投票が実施されていく時期と重なっていた。そして、一二月に行われた住民投票の結果は移設受け入れ拒否であった。そして名護市の比嘉市長は、移設受け入れを表明した後に市長を辞任するという事態となる。そして大田知事も移設反対を表明することで一九九八年は基地問題をめぐる政府と沖縄県、すなわち大田知事との対立が鮮明になっていくのである。[55]以後、政府と沖縄県の対立は厳しさを増していき、沖縄政策協議会は開店休業状況となり、そのまま沖縄県知事選まで、政府と沖縄県の間には大きな溝が生じた状況になっていくのである。こうした事態の変化は、大田知事の敗北、稲嶺県政の誕生まで待たねばならず、また稲嶺県政の登場は同時に「国際都市形成構想」の退場も意味することになったのである。そこで本節では、普天間基地問題と沖縄の振興開発問題の関係を中心に見ていくことにしたい。

三次にわたって実施されていた沖縄振興開発計画と異なり、「国際都市形成構想」は基地問題とリンクして考えられてきたことは前述のとおりである。したがって、沖縄県にある米軍基地の返還を求める「基地返還アクションプログラム」が村山内閣に提示されたとき、「国際都市形成構想」の考え方も示されたわけである。「基地返還アクションプラグラム」は、第一期（二〇〇一年まで）、第二期（二〇〇二〜二〇一〇年）、第三期（二〇一一〜二〇一五年）の三期に分けたうえで、米軍基地に優先順位を付けて返還を求めようというプランであった[56]。無論、こうした要求が容易に認められるとは沖縄側、とくに策定の中心であった吉元が考えたわけではなかった。橋本内閣が成立し、橋本・大田会談が行われる中で大田知事からとくに普天間について強く要請していたものの、実現には多くの困難があると予想されていた。それだけに普天間返還の日米合意ができたことは驚きをもって迎えられた。ただ、普天間返還は別の移設地を探すことがセットになっていた。しかしこの機会を逃すべきではなく、「まずは返還という日米間の合意を先にとれ[57]」ということで沖縄県も受け入れることになったのである。沖縄側は、少女暴行問題を契機とする沖縄の動きが基地問題全体に波及することを懸念し、日本政府よりもアメリカのほうが動いたと見ていた。それは、普天間基地は「基地返還アクションプログラム」の第一期に位置づけてあり、しかも市街地の中心に位置する危険性からしても高い優先度をもっているが、日米政府の公式の組織であるSACOの最終合意において、沖縄県の「基地返還アクションプログラム」のうちの第二期にあたるものまでが返還対象とされていたからであった[58]（SACO最終合意における返還施設は表2－3参照）。

ちなみに、普天間の移設候補として、吉元は当初、嘉手納基地への統合を考えていた。本土移設の可能性が低い以上、現地の自治体が合意してくれることを条件として、米軍基地内での整理統合がベターであるという考えであった[59]。嘉手納統合案は結局まとまらなかったが、嘉手納統合案から名護市辺野古へと移設候補地が動いていく経緯についてはすでに多くの著作で触れられているので、詳細は省きたい。ここでは、基地問題と振興開発計画のリンクという問題と、名護市住民投票問題をめぐる沖縄・政府間関係の二点を中心に見ていきたい。

表２－３　SACO（沖縄に関する特別行動委員会）最終合意における返還施設

普天間飛行場	付属文書のとおり
北部訓練場	以下の条件の下で、2002年度末までを目途に、北部訓練場の過半（約3,987ha）を返還し、また、特定の貯水池（約159ha）についての米軍の共同使用を解除する。 ・北部訓練場の残余の部分から海への出入を確保するため、1997年度末までを目途に、土地（約38ha）および水域（約121ha）を提供する。 ・ヘリコプター着陸帯を、返還される区域から北部訓練場の残余の部分に移設する。
安波訓練場	北部訓練場から海への出入のための土地および水域が提供された後に、1997年度末までを目途に、安波訓練場（約480ha）についての米軍の共同使用を解除し、また、水域（約7,895ha）についての米軍の共同使用を解除する。
ギンバル訓練場	ヘリコプター着陸帯が金武ブルー・ビーチ訓練場に移設され、また、その他の施設がキャンプ・ハンセンに移設された後に、1997年度末までを目途に、ギンバル訓練場（約60ha）を返還する。
楚辺通信所	アンテナ施設および関連支援施設がキャンプ・ハンセンに移設された後に、2000年度末までを目途に、楚辺通信所（約53ha）を返還する。
読谷補助飛行場	パラシュート降下訓練が伊江島補助飛行場に移転され、また、楚辺通信所が移設された後に、2000年度末までを目途に、読谷補助飛行場（約191ha）を返還する。
キャンプ桑江	海軍病院がキャンプ瑞慶覧に移設され、キャンプ桑江内の残余の施設がキャンプ瑞慶覧または沖縄県の他の米軍の施設および区域に移設された後に、2007年度末までを目途に、キャンプ桑江の大部分（約99ha）を返還する。
瀬名波通信施設	アンテナ施設および関連支援施設がトリイ通信所に移設された後に、2000年度末までを目途に、瀬名波通信施設（約61ha）を返還する。ただし、マイクロ・ウェーブ塔部分（約0.1ha）は、保持される。
牧港補給地区	国道58号を拡幅するため、返還により影響を受ける施設が牧港補給地区の残余の部分に移設された後に、同国道に隣接する土地（約３ha）を返還する。
那覇港湾施設	浦添埠頭地区（約35ha）への移設と関連して、那覇港湾施設（約57ha）の返還を加速化するため最大限の努力を共同で継続する。
住宅統合（キャンプ桑江およびキャンプ瑞慶覧）	2007年度末までを目途に、キャンプ桑江およびキャンプ瑞慶覧の米軍住宅地区を統合し、これらの施設および区域内の住宅地区の土地の一部を返還する。（キャンプ瑞慶覧については約83ha、さらにキャンプ桑江については35haが、それぞれ住宅統合により返還される。このキャンプ桑江についての土地面積は、上記のキャンプ桑江の項の返還面積に含まれている。）

出所：『平成22年版　防衛白書』427頁の「資料51」を元に作成。

まず基地と振興開発のリンク問題である。従来、基地問題と振興開発問題はリンクしないというのが政府、沖縄双方の公式見解であった。リンクしているとなれば、基地とカネのバーターという姿が露骨に表れ、政府にとっても沖縄にとってもそれは認めたくない事態だった。実際、沖縄振興開発計画は、米軍統治下にあった沖縄が本土に追いつくための経済措置を時限的に行うという性格のものであり、基地問題とは切り離されて定義づけられていた。しかし、米軍基地の整理縮小が進まない中で三次にわたる振興開発計画が実施され、しかも振興開発費として本土からくるカネの多くが本土企業へと還流していくことで沖縄経済の「自立化」は進まなかった。沖縄開発庁を中心とする沖縄振興開発の構造が、本土依存型経済を作っていく一方で基地問題固定化をもたらしていると批判されたのは前述のとおりである。

こうした中で、「国際都市形成構想」が策定されたわけだが、その実現のためには、基地返還をめぐる政府との難しい交渉が必要であった。その交渉の窓口が吉元副知事だったわけである。吉元は政府との妥協可能な線を探りながら、「国際都市形成構想」への政府支援を取り付けるという困難な作業を、主として梶山官房長官との交渉を土台に行っていった。その結果、政府・自民党内でも吉元への信頼感が高まっていったのは前述したとおりである。一方で一九九五年以来の事態は、政府にとっても沖縄基地問題と振興開発問題の関係を再認識させるに十分であったと言える。その結果、沖縄が求める「国際都市形成構想」を認めた「橋本談話」を出すことになり、その推進のための特別調整費五〇億円の計上にもつながった。しかしこの五〇億円の特別調整費が「国際都市形成構想」にマイナスの影響をもたらしたのは前述のとおりである。ただ、「国際都市形成構想」が順調に推進されていれば、沖縄県の主導の下に、自らの将来像を描いていくためのレールは敷かれつつあったと言える。

その一方で問題となったのが、基地所在北部市町村に対する振興開発問題であった。これは一九九六年八月に梶山官房長官の下に設置された、「沖縄米軍基地所在市町村に関する懇談会」（以下「沖縄懇談会」）が翌九七年六月九日に出した提言に基づいて創設された有識者による懇談会で（「沖縄米軍基地所在市町村に関する懇談会提言の実施に係る有識者懇談会」、以下「有識者懇談会」）、「沖縄懇談会」が出した「提言の進展振りについて確認するためのフォローアップ機関として設置された」ものであった。(60) 島田晴雄慶応義塾大学教授（当時）が座長を務めたので通称「島田懇談会」とも呼ばれる。(61) 「島田懇談会」は一九九七年六月一七日に沖縄のハーバービューホテルで第一回会合を開催し、作業部会の設置を決めて以来、一一回の作業部会、八回の懇談会を開催して精力的に活動した。その結果と意味については次章で改めて検討することにしたいが、ここで指摘しておきたいのは、「島田懇談会」が現地調査を含めて活発に活動を始めた時期が、名護市の市民投票の時期と重なっていたことである。「島田懇談会」のメンバー自体にはその意識はなくても、北部市町村、とくに名護市では基地移設問題と振興開発の問題が結び付けられて考えられることになった。政府は積極的に名護市市民投票で移設容認という結果が出るように働きかけをしており、そこでは当然、「振興開発」か「基地拒否」かという選択肢になるわけである。吉元によれば、そもそも北部は中南部に比べて振興開発が遅れているという意識があったという。そこに北部市町村を対象とした振興開発費がもたらされることになれば、当然、基地受け入れとリンクする事態となるわけである。(62)

この北部振興策によって、北部自治体には巨額の振興開発費が来ることになり、それによって基地問題も大きな影響を受けるだけでなく、沖縄内部の政治にも大きな変化をもたらすことになる。その点はさらに次章で検討したい。

次に名護市住民投票問題をめぐる沖縄・政府間関係に移ろう。まず、一九九七年一二月二一日、海上ヘリ基地建設に関する名護市民投票が行われた。投票率は八二・四五％もの高率に上り、結果は、「条件付き反対」が五二・八五％、「条件付き賛成」が四五・三％であった。投票結果は基地建設拒否であったが、政府や自民党は市長や知事の判断を待つという姿勢であり、基地建設推進派の名護市活性化推進市民の会の新垣誠福会長も市長、知事に最終判断を求める意向を示していた。この住民投票では二つの問題が生じた。一点は投票への政府・自民党の関与であり、もう一点は市長・知事の判断をめぐる混乱であった。

第一点は、基地移設賛成が多数となるように、政府・自民党が那覇防衛施設局職員を戸別訪問させるなど、積極的に関与したことである。建設業が多い賛成派も、組織的動員を行ったり、食事の供与を行ったりと、「公選法違反ではないが、道義上問題」（沖縄県警）とされる事態も多く表れる状況となったことは、その後の沖縄での「民意」の反映という点で禍根を残したと言えよう。また、こうした政府介入などが賛成派と反対派の対立をあおり、地元の亀裂を深める結果にもつながった。振興開発問題も関係したこうした世論工作は、その後も続く基地移設問題で、沖縄内部の意見対立を強める要因にもなっていくのである。

第二点の市長・知事の判断問題に移ろう。投票結果を受けて、比嘉市長は大田知事の判断を聞く姿勢を示し、大田知事はいつ判断を下すかについて明言を避けていた。このとき知事がしばらくあいまいな態度をとっていたことが政府に期待を抱かせ、のちの対立をより深刻にしていった一因であった[63]。そして一二月二四日、首相官邸で橋本首相との会見を終えた比嘉市長が、海上基地受け入れと自らの辞任を表明した。大田知事はその後もしばらく判断を迷っていた。結局、翌一九九八年一月一二日の定例記者会見で受け入れ拒否を「示唆」し、正式に受け入れ拒否声明を行ったのは二月六日であった。その二日後の八日、名護市長選挙が行われ、前助役の岸本建男が、受け入れ反対派が擁立した玉城義和を一一五〇票差で破り当選した[64]。岸本は、ヘリ基地問題は国と県の課題であるとして選挙の争点化するのを避けていたが、基地受け入れか北部振興策かという構図が選挙戦の基礎にあったことは間違いない。いずれにしろ、大田知事の受け入れ拒否で政府と沖縄の関係は決定的な亀裂が入り、この年秋の県知事選挙で、三選を目指す大田に対して政府は保守系対立候補を立てて争うという運びとなる。

海上基地受け入れをめぐる名護市の住民投票が決まり、反対派が多数となった時点で、受け入れ拒否声明以外の選択肢はなかったのであろうか。実はいくつかの案が模索され、さらに不幸な事態も重なって沖縄県と政府との関係は深刻な対立へと向かっていったのである。たしかに、吉元副知事も、住民投票が条例で決まった時点で、その結果に従うというのが原則であると考えており、その旨を県庁幹部にも伝えていた[65]。しかし、その吉元自身が、この時期に副知事再任を県議会に拒否されるに至り、県と政府をつなぐパイプ役が一時的にいなくなってしまった。吉元不在は、橋本首相が「吉元さんの比重は大きかった。影響を計りかねる」と述べるほど、当時の沖縄＝政府関係に深刻なダメージを与えた[66]。しかも、吉元と深い関係を築いていた梶山官房長官も、この年の七月、内閣改造で閣外に去っていた。大田知事は基地使用期限を設定することで妥協する道も模索していたといわれるが、前年からのアジア通貨危機や大蔵省金融不祥事事件等の重要な案件を抱え、吉元という東京が信頼するパイプ役が不在の状況では、大田知事と政府との意識にはズレが生じていたと考えられる[67]。ちなみに、基地に関して「期限」を付けるということについては、大田知事の後継となる稲嶺知事の選挙公約となって、沖縄と政府の間での対立事項となる。その点は次章で述べることとして、この時期に梶山官房長官から別の考え方も示されていたことを紹介しておきたい。

それは梶山が、吉元との会談で「基地を三年担げないか」と発言していたということである[68]。それに対し吉元は、一応基地建設を受け入れても、環境アセスなどで三年はかかり、その間に東アジア情勢も変化し沖縄海兵隊が移動する可能性もあることを示唆したのではないかと見ていた。残念ながら梶山が亡くなった現在ではその意図は確認しようがない。一方で吉元は、県内移設が無理となった状況から県外への移設可能性を探っていた。その具体的な候補地は、北海道の苫東であった。ここは民主党の鳩山由紀夫の選挙区であった。吉元は民主党の菅直人や鳩山とは彼らが「さきがけ」の時代から交流を持っており、菅や鳩山が沖縄問題への関心を深めることで相互の連絡も増えていた。普天間の県内移設が暗礁に乗り上げ、県外に移設先を模索したとき、巨額の費用を投じて建設された北海道・苫小牧東部地域開発（苫東開発）地区が移設先候補として浮かび上がったのである。

苫東移設案は、総合研究開発機構（ＮＩＲＡ）の報告書の中で海兵隊移設先候補地として発表され[69]、その後、同案は立ち消えの形となっていく。苫東案は、のちに守屋武昌元防衛次官が明らかにしたところによると、ＳＡＣＯ協議中に防衛審議官として対米交渉にあたっていた守屋から正式に米国に提案されたが、カウンターパートであったカート・キャンベル国務次官補が消極的であり、認められなかったという[70]。ただ、高度に政治的問題である普天間基地の移設問題に関し、当時、防衛審議官というポストにすぎなかった守屋が北海道移設案を提示したというのは疑問も残る。むしろ、「琉球新報社」が入手した政府文書によれば、沖縄県内移設にこだわる日本側に対して、米側は、沖縄県内移設は日本側の政治的理由によるものであり、県外移設も可能だと伝えていたことが明らかにされている[71]。また、米軍再編時の日米協議においても、リチャード・ローレス国防副次官が町村信孝外務大臣に、北海道移設案を切り出して日本側が言葉に詰まるという一幕があったという[72]。こういった状況からは、沖縄にだけこだわる日本政府と、移設可能であれば受け入れようとしている米側という構図が浮かび上がる。いずれにしろ、一九九八年ころの時点での苫東案が消えていった要因には、国内政治上の問題を指摘する意見もあり明確ではない。しかし、この時期に県外移設が模索されていたこと、そして実は米国でも県外移設の可能性を考えていた事実が報道されているのである。この点については、次章で改めて検討することにしたい。

いずれにしろ、名護市住民投票での海上基地建設拒否と、その後の沖縄と政府間の混乱は深刻なダメージを両者の関係に与えた。政府側の大田知事への不信感は強く、一九九八年の県知事選挙で対抗馬を立てて争うことになる。この時期、沖縄にも深刻な不況が訪れており、それが政府との関係がおかしくなった大田県政がもたらした「県政不況」であるというキャンペーンが行われた。実際は、アジア通貨危機などさまざまな要因で日本全体が深刻な不況に陥っており、本土への依存度が高い沖縄はそれに巻き込まれたのが実相であったが、「県政不況」という巧みなキャッチコピーもあって、大田知事は敗北する。勝ったのは、かつて大田県政誕生を支援し、沖縄を代表する経済人の一人として大田県政にもさまざまな場面で関与していた稲嶺恵一であった。稲嶺は、選挙ブレーンでもあった牧野浩隆を副知事に登用し、退任まで片腕として扱った。牧野は「国際都市形成構想」への最も先鋭な批判者でもあり、稲嶺知事・牧野副知事誕生によって、国際都市形成構想は終焉を迎えるのである。[73]

注

(1) 移設を要しない返還合意施設が二四事案、移設後返還される施設が二九事案、引き続き検討される施設が一〇事案の計六三事案である。『防衛施設庁史』(防衛省、二〇〇七年)一二〇～一二五頁参照。

(2) 前掲『防衛施設庁史』二二四～二二七頁、および畠基晃『ヤマトンチューのための沖縄問題・基礎知識』(亜紀書房、一九九六年)七四～七七頁。

(3) 前掲『吉元オーラル』三〇頁。

(4) 長元朝浩「大田知事腹心の大局観」(『RONZA』一九九六年九月号)八〇頁。

(5) 前掲『吉元オーラル』三五～三六頁。

(6) 前掲『吉元オーラル』三六頁。

(7) 新崎盛暉『沖縄現代史』(岩波新書、一九九六年)一五四頁。

(8) 前掲『吉元オーラル』四九頁。

(9) 前掲『吉元オーラル』四八頁。

(10) 新崎、前掲『沖縄現代史』一八八～一九七頁。

(11) 前掲『吉元オーラル』一七〇頁。

(12) 前掲『吉元オーラル』七五頁。

(13) 前掲『吉元オーラル』一七〇～一七八頁、および「国際都市形成推進にかかる関係事項の経緯(平成2年度～平成8年度)」(沖縄県国際都市形成推進室)四頁。

（14）政策調整監は、他の自治体にはないポストで、ラインではなく知事のスタッフとして特命を担当した。吉元によれば「選挙政策、新しい政策、そして新しい政策課題を掘り起こして、これをもう一回作り直していく仕事を含めた何でも屋」である。前掲『吉元オーラル』四〇頁参照。

（15）前掲『吉元オーラル』および、吉元に協力して作業にあたった財団法人都市経済研究所・上妻毅の回想『上妻毅オーラルヒストリー』（政策研究大学院大学COEオーラル・政策研究プロジェクト、二〇〇六年、以下『上妻オーラル』と略す）参照。

（16）沖縄県「二十一世紀・沖縄のグランドデザイン（調査報告書概要版）」（一九九六年四月）七頁。

（17）前掲『上妻オーラル』一九～二〇頁。上妻は「大体二月とか三月くらいに吉元氏から『そろそろ基地の返還を前提とした具体的なアクションプログラム、単純に絵を描くという話ではなくて、基地の返還を前提とした計画、プロモーションに着手していきたいので、踏まえておいてくれ』というような趣旨のことを言われたのを覚えています」と回想している。「基地返還アクションプログラム」は「二一世紀に向けた沖縄のグランドデザインである『国際都市形成構想』の目標年次である二〇一五年を目途に、米軍基地の計画的かつ段階的な返還を目指すもの」と位置づけられ、「（1）「国際都市形成構想」との関連、（2）これまでの返還要望状況、（3）市町村跡地利用計画の熟度、（4）市町村の意向等を総合的に勘案し、米軍基地の返還を第一期から第三期の三段階に区分し、当該期間内で跡地利用計画に基づく事業着手の目途ができるよう、計画的かつ段階的な返還を求めるもの」であった。具体的な各期間の考え方は以下のとおりである。

・第一期の期間：第三次沖縄振興開発計画が終了する二〇〇一年を目途に、早期に返還を求め、整備を図る必要がある米軍基地を対象にしている。
・第二期の期間：現在、国において作業中の次期全国総合開発計画の想定目標年次の二〇一〇年を目途に返還を求め、整備を図る必要がある米軍基地を対象にしている。
・第三期の期間：国際都市形成整備構想の実現目標年次である二〇一五年を目途に返還を求め、整備を図る必要がある米軍基地を対象にしている。

また、返還の期間別施設名一覧表は次のようになっている。

返還の期間	施設	施設名
第一期（～二〇〇一年）	10	那覇港湾施設、普天間飛行場、工兵隊事務所、キャンプ桑江（施設一部）、知花サイト、読谷補助飛行場、天願桟橋、ギンバル訓練場、金武ブルービーチ訓練場、奥間レストセンター

第二期（二〇〇二〜二〇一〇年）	14	牧港補給地区、キャンプ瑞慶覧、キャンプ桑江、泡瀬通信施設、楚辺通信所、トリイ通信施設、瀬名波通信施設、辺野古弾薬庫、慶佐次通信所、キャンプ・コートニー、キャンプ・マクトリアス、八重岳通信所、安波訓練所、北部訓練場
第三期（二〇一一〜二〇一五年）	17	嘉手納飛行場、嘉手納弾薬庫地区、キャンプ・シールズ、陸軍貯油施設、キャンプ・シュワブ、キャンプ・ハンセン、伊江島補助飛行場、金武レッドビーチ訓練場、ホワイトビーチ地区、浮原島訓練場、津堅島訓練場、鳥島射爆撃場、出砂島射爆場、久米島射爆撃場、黄尾嶼射爆撃場、赤尾嶼射爆撃場、沖大東射爆撃場
計	41	

(18) 吉元は都市経済研について次のように語っている。「彼らの非常にいい点は、各省庁の課長補佐クラスと相当つながっているというところで、そこが私の狙い目でもあったんですね。大蔵あり、建設、運輸あり、もちろん経企庁もあったし、国土庁にもおりました。何名か課長補佐クラスと会って酒を飲みながら議論したこともあります。彼らは最初はキョトンとして聞いていたけれど、最終段階ではそういう生き方もあっていいなという言い方で、共鳴し始めていましたね。（略）ですから、沖縄のシンクタンクでは、無理だったと思いますね。そういう大きさを作っていけるシンクタンクを探したということです」。前掲『吉元オーラル』六四〜六五頁。

(19) 前掲『上妻オーラル』一三頁。

(20) 都市経済研究所『沖縄本島中南部都市圏国際都市形成整備構想調査』（一九九二年）。

(21) 前掲『上妻オーラル』一四頁。

(22) 前掲『上妻オーラル』一五〜一七頁。

(23) 都市経済研究所国際都市プロジェクト本部「沖縄・国際都市形成プロジェクト総括」（九五年一〇月）参照。

(24) 吉元は基地返還アクションプログラムで三つの時期に分けた基準について、都市経済研や県庁スタッフに次のように指示したと述べている。「普天間返還を前提とした中南部都市の都市構造まで変えること。道路一本をつくるために、それに関わる展開。つまり、都市計画再編の作業との関係で、彼らは展望できるよね。普天間が空いたら連動して、横の線をどう入れる。どこが邪魔になるかという話になるね。道路が向こうで迂回してますから、真っ直ぐ延ばすとすれば、その次にあるキャンプ瑞慶覧をどうするか。嘉手納基地を触らんとすれば、どこから線を入れるか。どの基地がかかるか。そこを先に描かせるのが目的だったね。それと、彼らにさせている仕事は、ハブ港湾として那覇港と中城港湾を一体的に整備しようということで、線をつなぐか。道をどう入れるかという話との関連があった。機能分担をしながらも、ハブ港湾を中城港を含めてどうセットするかというのが指摘された。あとは那覇空港の沖合展開を含めて、国道五八号は年がら年中渋滞で、バイパスとしての湾岸道路の延伸問題など。牧港兵站基地はどこまで触っていいかということです。ですから、中心的な基地は全部触らんといかん。だから、彼らに、お前さんたちが描く都市の再構築の絵と、われわれが持ち込む課題とどこで合うかという話が一つ。彼らは彼らなりにイメージは描いたと思います。しかし、もっとも大事なのは、関係市町村が絵を持っとるかということです。地主とどの程度熟度がある将来像を市町村が詰めておるかということです。これはやっぱり普天間が早かったです。同時に、これは大田知事も『普天間を早く返せ』、それから、『県道一〇四号線越えの実弾砲撃演習を早くなくせ』、『読谷補助飛行場のパラシュート降下訓練』。この三つはこだわっていましたからね」。前掲『吉元オーラル』一七九～一八〇頁。

(25) 筆者が複数の県庁関係者（幹部）から直接聞いた証言。数字的なデータはなく、証言も主観的なものにすぎないが、一九九六年以降の基地問題の変化、とくに「普天間基地返還合意」が、基地問題は変化しうるものだという期待感を多くの人々に与えたという内容も多くの証言が一致している。

(26) 百瀬恵夫・前泊博盛『検証「沖縄問題」――復帰後30年　経済の現状と展望』（東洋経済新報社、二〇〇二年）四八～四九頁。

(27) 前掲『上妻オーラル』二一頁。

(28) 前掲『上妻オーラル』二二～二三頁。

(29) 前掲『上妻オーラル』二四頁。なお、この調査報告書は沖縄県から委託されて都市経済研究所が作成した。

(30) 上妻は次のように回想している。「私は直接言われていませんけれども、何で国土庁なんかとお前らはやるんだと、県の担当者は開発庁から随分厭味を言われたようです。」前掲『上妻オーラル』二三頁。なお、「国際都市形成構想」と開発庁の問題については、前掲『吉元オーラル』一六〇～一六五頁参照。

(31) 自治政府構想については、前掲『吉元オーラル』六一～六五頁参照。引用は六三頁。

(32) 前掲『吉元オーラル』六三頁。

(33) 実は「琉球新報」が一九九五年一月から県庁で「国際都市形成構想」が策定中であるという連載を行い、県民の一部にはようやく知られるようになっていた。しかし、本格的に沖縄県民が同構想について知っていくのは九六年に入ってからであった。

(34) 前掲「国際都市形成推進にかかる関係事項の経緯（平成2年度～平成8年度）」四頁。

(35) 上妻毅「沖縄県『国際都市形成構想』がめざしたもの――自治・分権の視点からの再考察」２１ＯＦＴ監修『２１ＯＦＴ活動報告書』（二〇〇一年六月）八二～八四頁。「２１ＯＦＴ」は「21・OKINAWA VISION FREE TALK」の略で、都市経済研究所を事務局に、在京のジャーナリスト、研究者、官僚など沖縄問題に関心をもつものが自由に討議するアリーナである。上妻の「沖縄県『国際都市形成構想』がめざしたもの」という論文は、「国際都市形成構想」の策定にあたった立場から同構想の内容や意義、経過などを略述したものである。上妻のオーラルヒストリーとこの論文は、「国際都市形成構想」を知るうえで貴重な史料である。

(36) 橋本内閣成立に関しては、拙著『「改革」政治の混迷　現代日本政治史⑤』（吉川弘文館、二〇一二年）第二章参照。

(37) 一連の経緯については、船橋洋一『同盟漂流』（朝日新聞社、一九九七年）参照。

(38) 「第一三六回国会における橋本首相施政方針演説」（一九九六年一月二二日）首相官邸ウェブサイト http://www.kantei.go.jp/jp/hasimotosouri/speech/1996/danwa-122.html

(39) 都市経済研究所提供資料。当時の多数のＦＡＸのやり取りやメモなどが、政治家・官僚・研究者などへの活発なアプローチの状況を伝えている。また、都市経済研究所と沖縄側、とくにそういった活動の司令塔たる吉元副知事との連絡メモ等は、当時の沖縄側の考えや活動を知る貴重な情報となっている。筆者は都市経済研究所から一連の資料を寄贈され保管している。

(40) 長元、前掲「大田知事腹心の大局観」八〇～八一頁。長元によれば、「本土では大田知事の存在だけが大きくクローズアップされているが、地元沖縄では「主役大田、脚本吉元」だと受け取られている。吉元副知事はひょっとしたら、脚本と演出を同時に兼ねているのかもしれない。こと基地問題に関する限り、吉元副知事が果たしている役割はきわめて大きい」と評している。しかし、本文中で述べているように、吉元の役割は基地問題のみならず、沖縄の将来構想＝「国際都市形成構想」でもきわめて大きかった。

(41) 首相官邸ウェブサイト http://www.kantei.go.jp/jp/hasimotosouri/speech/1996/0910.html

(42) 上妻、前掲「沖縄県『国際都市形成構想』がめざしたもの」八二頁。

(43) 以上の経緯については、前掲「国際都市形成推進にかかる関係事項の経緯（平成2年度～平成8年度）」四～一五頁参照。

(44) 普天間基地問題の推移に関しては、森本敏『普天間の謎――基地返還問題迷走一五年の総て』（海竜社、二〇一〇年）参照。

(45) 前掲『上妻オーラル』七五頁。

(46) 前掲『上妻オーラル』七七頁。ちなみに、沖縄関係予算という点では、五〇億円の特別調整費のほかに、梶山官房長官による北部基地所在自治体の振興開発問題、いわゆる「島田懇談会事業」もあるが、これについては次章で述べたい。前掲『上妻オーラル』八〇頁。「都市経済研究所資料」（前掲注（39））によれば、田中委員長が沖縄県側の意向とあわないのであれば「解任」も考えるべきではないかといったやり取りも交わされていた。

(47) 『国際都市形成推進計画』策定の基本的考え方――政策的視点からの検討」(都市経済研究所、一九九七年一二月)一三～一四頁。「産業・経済の振興と規制緩和等検討委員会」のメンバーは次のとおりである。
田中直毅(委員長、21世紀政策研究所理事長)、本間正明(大阪大学経済学部教授)、稲盛和夫(京セラ株式会社会長)、牛尾治朗(ウシオ電機株式会社会長)、塚越弘(かわさきファズ株式会社専務取締役)、黄茂雄(東元電機製造公司会長)、徐明珠(香港中文大学日本研究学科教授)、稲嶺恵一(株式会社りゅうせき会長)、宮城弘岩(株式会社沖縄物産公社代表取締役専務)。

(48) 都市経済研究所も「全県フリーゾーン」には反対であった。前掲『上妻オーラル』七九～八〇頁。

(49) 平野拓也『沖縄全県FTZの挑戦』(同文社インターナショナル、一九九七年)九〇～一〇〇頁参照。

(50) この点から最も強力な批判を行ったのが、後の稲嶺県政で副知事となる牧野浩隆であった。牧野の批判の内容については、次章で改めて検討したい。

(51) 前掲『上妻オーラル』八〇頁。

(52) たとえば、一〇月二五日に沖縄コンベンションセンターで「全県フリーゾーン」をめぐる賛成派と反対派による五時間にわたる公開討論会が行われラジオ放送されたが、同時にラジオリスナー対象に実施された電話投票では、賛成派一一九九票対反対四〇三票と倍以上の差で賛成派が多かった。『琉球新報』一九九七年一〇月二六日。

(53) これは吉元が「那覇軍港移設容認発言」を行ったことに与党共産党が反発したことがきっかけと報じられている。しかし、その他にも吉元の強力なリーダーシップの前に与党県議会の影響力が低下していたことや、自民党政府との交渉によって諸々の案件を進めようとする吉元に、地元軽視という不満が生じていたことなど、さまざまな理由が指摘されていた。また、吉元が再任拒否される事態に、大田知事が積極的に対応しなかったことを問題視する意見もあった。一方で政府は、吉元不在となると交渉の窓口がいなくなるために積極的に沖縄県自民党(沖縄県議会では野党)に働きかけを行った。ただ、肝心の与党勢力が吉元支持をめぐって分裂したのである。吉元の再任は一二月議会にも提出されたがここでも否決され、離任が決定した。

(54) 「都市経済研究所資料」(前掲注(39))によれば、吉元副知事が離任したあと、県庁で「国際都市形成構想」を推進するためのキーマンが誰になるのか模索されつつも、結局代わりの人物が見あたらず、都市経済研究所も県庁も事態の展開を危惧していくことになる。

(55) 名護市民投票の経緯については、沖縄タイムス『民意と決断――海上ヘリポート問題と名護市民投票(沖縄タイムスブックレット 1)』(沖縄タイムス社、一九九八年)参照。

（56）詳細は、前掲注（17）参照。「基地返還アクションプログラム」の第三期が二〇一五年と設定されていることについては、沖縄に駐留する米軍の対象が北朝鮮（朝鮮半島）問題と台湾問題であると推定されたこと、ＡＳＥＡＮ地域の貿易自由化や米国の中国市場への接近等の必要性から沖縄の戦略的位置が大きく変化する可能性を考慮して定められた。前掲『吉元オーラル』六八〜七二頁。

（57）前掲『吉元オーラル』九八頁。

（58）前掲『吉元オーラル』九八〜九九頁。

（59）前掲『吉元オーラル』一〇〇〜一〇三頁。

（60）「沖縄米軍基地所在市町村に関する懇談会提言の実施に係る有識者懇談会報告書」（二〇〇〇年五月三一日）首相官邸ウェブサイト、http://www.kantei.go.jp/jp/singi/okinawa/review/report.html

（61）「島田懇談会」委員は次のとおりである（二〇〇〇年五月）。
島田晴雄（座長、慶応義塾大学経済学部教授）、東江康治（副座長、前名桜大学長）、荒田厚（日本都市総合研究所代表）、岡本行夫（岡本アソシエイツ代表）、小禄邦男（琉球放送会長）、唐津一（東海大学開発技術研究所教授）、狩俣信子（前沖縄県女性総合センター館長）、小林悦夫（全国市町村振興協会理事長）、崎山律子（フリージャーナリスト）、嶋袋浩（ラジオ沖縄社長）、立石信雄（オムロン会長）、渡久地政弘（前連合沖縄会長）、眞榮城守定（琉球大学教授）、松田浩二（沖縄振興開発金融公庫理事）、鷲尾悦也（連合会長）。

なお、当初は稲嶺恵一および牧野浩隆が参加していたが、それぞれ知事、副知事に就任したため辞任している。首相官邸ウェブサイト、http://www.kantei.go.jp/jp/singi/okinawa/review/iin.html

（62）振興開発と北部との関係について吉元は次のように述べている。「それから北部という体質がありまして、名護市を中心に『北部は一つ』だという仲間意識が非常に強い。逆に言えば中南部に人間が百十万住んでいますから、公共事業が集中する、そこは先に伸びますから、結局、北部が切り捨てられ、残されている。手をつけられていない。『俺たち捨てられている』という認識が常日頃から強いんです。振興開発計画の中でも。だから過去三十年、二十年は振り返ってみてもそういう言い方をする。だけど振興開発計画の中で必ずしもおろそかにしているのではなくて、北部の特性、つまり山と海とリゾート地を前提に、逆に言えば手をつけていない、という形になってしまう。『この際、基地を押し付けられるんだったら、迷惑施設だから俺たちの振興策も作れ』。つまりこれは北部中心の名護市が叫んだことなんです。当然名護市に基地を持っていくから辺野古と三つの集落に関わる。政治的には、名護市だけで孤立するよりはみんなで一緒に金を取ってみんなで責任をもとう、と。つまり北部圏域で反対をなくすという前提です。これが保障されると金は出ます。あくまでもあれは北部振興策というよりは、基地受け入れのためのお金を出した、という話で受け取るべきだと思います。」前掲『吉元オーラル』二六五頁。

(63) この間の経緯は、沖縄タイムス、前掲『民意と決断』一一七～一七〇頁。
(64) 沖縄タイムス社編『沖縄　ニュースファイル1998』(沖縄タイムス社、一九九九年) 一〇頁。
(65) 前掲『吉元オーラル』二二二頁。
(66) 沖縄タイムス、前掲『民意と決断』一三七頁。県と東京の間の意思疎通が新副知事選任までうまくいかなくなった状況については、前掲『吉元オーラル』二二六～二二七頁も参照。
(67) 沖縄タイムス、前掲『民意と決断』一三七～一三八頁。
(68) 前掲『吉元オーラル』二二七頁。
(69) 「琉球新報」一九九九年六月一七日。NIRAは沖縄とも関係が深い下河辺淳（元国土庁次官）が理事長を務めており、沖縄県庁とも人事などの交流があった。下河辺の沖縄とのかかわりについては「下河辺淳オーラルヒストリー」(江上能義早稲田大学教授によるオーラルヒストリー) 参照。これは沖縄自治研究会のウェブサイトで閲覧できる。http://plaza.rakuten.co.jp/jichiken/
(70) 「琉球新報」二〇〇九年一〇月二五日。なお、吉元は、NIRAに関する記事が出た段階で、苫東案は自民党の野中広務によって潰されたと述べている。前掲『吉元オーラル』一七九頁。
(71) 「琉球新報」二〇〇九年一一月一五日。
(72) 琉球新報社編『呪縛の行方　普天間移設と民主主義』(琉球新報社、二〇一二年) 四四頁。
(73) サミット開催も決まった二〇〇〇年三月三一日、国際都市形成推進室が正式に廃止された。「琉球新報」二〇〇〇年四月三日。

第3章

保守県政下の沖縄

オスプレイ

1　「掌握される」沖縄

(1)「国際都市形成構想」から「沖縄経済振興21世紀プラン」へ

前章で述べたように、大田県政で提起された「国際都市形成構想」は、米軍基地なき沖縄の将来像＝「自立」を目指し、「一国二制度」という、従来の日本の地方分権のあり方を変える内容をもった計画であった。しかし、普天間基地移設をめぐる名護市の海上基地建設受け入れを大田知事が拒否表明をしたことで沖縄と政府の間には亀裂が入り、一九九七年末まで進められていた「国際都市形成構想」の具体化作業は頓挫することになった。再任拒否された吉元副知事に代わる牽引役は見あたらず、沖縄と政府が協議する場である「沖縄政策協議会」も中断されてしまった。そして知事選挙で大田は敗れ、県政は保守系の稲嶺恵一が担うことになったのである。その副知事に就任したのが、以前より国際都市形成構想に批判を行っていた牧野浩隆であった。では牧野らが批判した内容はどのような問題で、稲嶺県政成立後に形成された沖縄振興策はどういった内容・性格のものだったのだろうか。

牧野は「国際都市形成構想」が公表されて間もない一九九六年五月から、「沖縄タイムス」紙に三六回にわたり「国際都市の陥穽」という連載を行い、それを他の沖縄経済に関する論考とともに『再考　沖縄経済』という単行本にまとめて刊行した。さらに、ともに稲嶺県政のブレーンともいわれる研究者たちとの鼎談をまとめた『沖縄の自己検証――鼎談・「情念」から「論理」へ』(1)の中でも同じく批判を展開している。それらに現れた「国際都市形成構想」批判の主要な論点は次のような点であった。

まず、最も重要な問題点として産業計画が欠けているということである。この点については、長年にわたって沖縄経済を見てきた牧野にとって譲れない点であり、産業振興に関係した論点をいくつも展開している。牧野は「国際都市形成構想」について「〇〇商人が売り出した〝福袋〟」であり、「肝心な中身が全く不明」で、「産業振興の立場から、県経済にどのような中身をつくりあげていくのかが最も問われ」ると批判していた。彼は、「国際都市形成構想」が「アジアの架け橋」を担う国際都市を目指すという方向についても、三次にわたる沖縄振興計画にある「南の交流拠点形成」とどう違うのかも問うている。「アジアの架け橋」という点は「国際都市形成構想」で重要な部分であり、その点について、アジア諸国の経済情勢等から実現可能性について徹底した批判を展開している[2]。さらに、「南の国際交流拠点としての結節機能を果たすためにも（略）産業振興の大前提である資本、情報、技術、人材などのインプットこそ絶対条件である」のに、「国際都市形成構想」が掲げているのは「〝箱もの〟づくり」であるとも述べている[3]。以上の産業政策とアジアとの関係に関する問題は、牧野の批判で最も重要な論点であった。

次の批判点は、「国際都市形成構想」が政治的色彩の強いもので、準備不足であるというものである。この点は、「国際都市形成構想」を批判する論者に共通する意見で、真栄城守定も「近年の国際都市形成構想あるいは基地返還アクションプログラム等一種のスローガンに近い[4]」と見ていた。すなわち、少女暴行事件に対する県民の怒り、本土への不満を背景に「基地返還アクションプログラム」を提起し、「当然のことながら、アクションプログラムは理念的にいえば何人も文句はないし、基地はないにこしたことはない。しかし、（略）直接・間接に沖縄経済が基地に依存している面は依然として大きいものがある。当然のことながら、それらの関係者から経済に対する大きな不安・不満がもちあがった。沖縄県はこうした社会情勢を黙視することはできず、きわめて準備不足ではあったが、基地経済からの脱却手段として政治的色彩の強い『国際都市形成構想』を打ち出した」という見方があった[5]。牧野らにすれば、基地問題には誰にも逆らえないムードがあり、それを背景として政治的色彩の強い、実現性に乏しい計画が登場し、観念的・情緒的論議に沸き返ったのが一九九六年から九七年にかけての二年間であった[6]。

「国際都市形成構想」への沖縄内での批判は、その主要なものは上記の点である。それらの点については、たしかに「国際都市形成構想」が「唐突」とも思える状況で登場し、しかも前章で述べたように計画途中で表に出たために、批判されても仕方のない部分もあった。牧野の批判の最重要部分である産業振興については、構想が表面化した段階ではたしかに明らかにされてはいなかった。「産業振興策」に関しては、のちに県知事となる仲井眞弘多が副知事時代に立案にあたっており、仲井眞が副知事を辞めた後は吉元が引き継ぎ、それが「国際都市形成構想」にも反映することになっていた。そして規制緩和を中心に議論される中で「全県フリーゾーン」の問題が持ち上がってくるという経緯があった。(7)

さらに、「国際都市形成構想」を沖縄振興策の基本的考え方として政府が承認したあと、前述のように関係省庁がそれぞれの立場からの振興計画を提起し、混乱していったということもあった。以上の点を考えれば、「国際都市形成構想」が登場した段階での情報によって牧野らが産業振興に関する批判を行ったことは、やむをえない点もあったといえる。そういった批判を受けることは、「国際都市形成構想」が計画途中で明らかにされ、議論されながら具体化されるという道筋をたどらなければならなかったがための宿命であった。しかし、当時の状況を考えると、計画途中ではあっても、一九九五年末の時点で提起されたからこそ、政府も承認するものとなっていったのは間違いない。政治にはタイミングがきわめて重要であり、一九九七年末になって前章で述べたような政治情勢の大きな変化がなければ、その後も継続して展開される可能性はあったと思われる。

批判の第二点である政治性や非現実性という指摘については、重要な政治的局面で提起された計画であるから政治的色彩が強いのはそのとおりであり、またそれまでの沖縄と本土との関係を変革しようという意図があったわけであるから、その点でも政治性が強かったのは間違いない。ただ、牧野らが言う「政治性」は、基地返還アクションプログラムに合わせて準備不足で出された非現実的案という意味であり、それがあたらないことは前章で見てきたとおりである。さらに、牧野らの批判には、「国際都市形成構想」の重要な部分である、「開発庁方式」の転換といった、復帰後の本土と沖縄の関係を転換させるための施策という視点がなかった。牧野らの批判には、たしかに占領期から復帰後にいたる沖縄経済の歩みについての分析もあり、それまでの沖縄振興計画の問題点も指摘されているが、それをどのように転換していくかという政策面に関しては乏しい指摘しか見られないのである。

牧野の批判を見ると、長年沖縄経済を観察してきたエコノミストとして、政治的な「熱」に動かされることなく、経済の視点から「国際都市形成構想」の実現性を批判していたと考えられる。牧野は「実現可能」な産業振興策を主張したが、では稲嶺県政で牧野が副知事になり、実際に政府との交渉にあたった結果、沖縄と政府との関係、さらに沖縄振興計画はどのようになったのだろうか。保守県政成立後の沖縄は、後述の北部振興策や、二〇〇〇年の先進国サミット開催決定など、大田県政末期に絶たれていた関係が復活して、政府から稲嶺県政への積極的な協力姿勢が示されていた。それに対して、政府とのパイプを県知事選でのアピール材料としてきた新県政も、積極的に政府との協調を図っていったわけである。中断していた沖縄政策協議会も再開され、牧野がその担当副知事となった。そして二〇〇〇年八月に最終報告がまとめられたのが「沖縄経済振興21世紀プラン」であった。「沖縄経済振興21世紀プラン」は二〇〇一年度で終了する「沖縄振興開発特別措置法」「第三次沖縄振興開発計画」に代わる新たな振興法、振興計画の中での「産業計画」と位置づけられるものであった。このプランでは、「国際情報特区構想」、「新規事業創出支援」、「ゼロミッション沖縄構想」など新規一六施策を加えた九七施策が提示されていた(8)。

一方で、稲嶺県政成立後、「国際都市形成構想推進室」は正式に廃止された。しかし実は県は公式的に「国際都市形成構想」を廃案にしたとは述べていなかった。牧野副知事は「構想の延長で政策協、21世紀プランができた点は評価できる。県も引き継ぐべきものは引き継いでいる」と述べていたのである(9)。では、「沖縄経済振興21世紀プラン」と「国際都市形成構想」の関係はどのように見ればよいのだろうか。

端的に言えば、「沖縄経済振興21世紀プラン」と「国際都市形成構想」は発想の基礎が異なっており、まったく別のものである。「国際都市形成構想」は沖縄県が主体となって形成していったが、「沖縄経済振興21世紀プラン」策定の主導権を握ったのは内閣官房沖縄問題担当室、行政改革後は内閣府沖縄振興局であった。行政改革で沖縄開発庁は廃止されたが、かわって内閣府沖縄振興局が沖縄振興策の中心に座ることになった。「国際都市形成構想」で沖縄県が握った沖縄の「将来像」作成の主導権は、再び政府に移ったのである。[10]

内容的にはどうだろうか。これも簡単に言えば、現行法制で実現可能な経済振興計画になっており、「国際都市形成構想」が目指した「一国二制度」どころか大幅な規制緩和からも後退していた。すなわち、従来の沖縄振興計画の延長上にあるものといってよいだろう。「国際都市形成構想」が目指した沖縄の「自立」への道は、いったん途絶えたわけである。

さらに言えば、図3-1にあるように、政府との良好な関係の保守県政ができたにもかかわらず、沖縄振興開発関係の予算は、大田県政時代の最後をピークに年々減少し一九九八年から二〇一一年までで沖縄振興予算は半減している。[11] そして稲嶺県政二期八年にわたる時期は、沖縄振興計画策定の主導権が再び政府側に移っただけでなく、さまざまな場面での沖縄の発言力が縮小した時期であった。その要因は、今述べた振興開発計画の主導権を奪われたことと、沖縄県内部が振興策をめぐって分断されたためであった。次にその点を見てみよう。

(2) 北部振興事業の意味

橋本内閣の梶山官房長官が主導して基地所在北部市町村に振興開発費が出されることになった点については前章で述べた。沖縄県側としては、これがいわゆる「摑み金」となり、北部自治体の懐柔費として使用される懸念があった。そこで「沖縄米軍基地所在市町村に関する懇談会」の委員には、沖縄からはマスコミ代表、組合、経済界、

図３－１　内閣府沖縄振興予算の推移

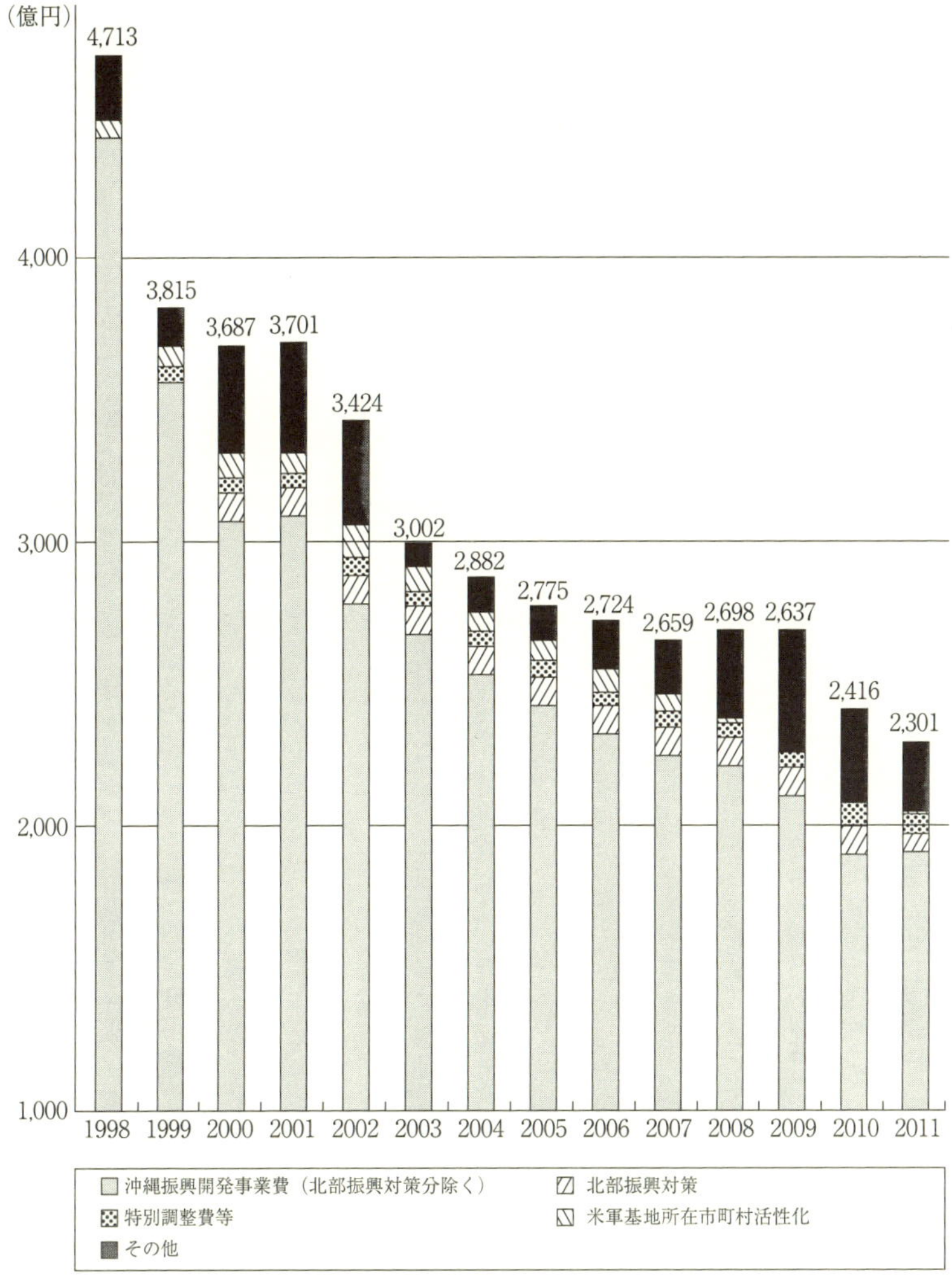

注：最終予算ベース。2011年度は当初予算。
出所：沖縄県資料　http://www.pref.okinawa.jp/site/kikaku/chosei/kikaku/documents/p17.pdf

学識経験者が参加しバランスが取れていると思われた人を配置していた[12]。

総事業費約一〇〇〇億円に及ぶ北部振興事業および「島田懇談会事業」は、三八事業四七事案で実施された[13]。北部振興事業が成功したか否かについては評価は分かれている。名護市副市長を務めた末松文信が「基地問題がなければ自前でこれだけの箱物（施設）を造ることは絶対にできなかった。北部振興策などで名護にお金が落ちたおかげだ。もし北部振興策などがなければ名護はもっと疲弊していた[14]」と述べているように、北部振興事業、「島田懇談会事業」が北部自治体の施設整備に貢献したことは間違いないだろう。補助率が一〇分の九であり、しかも残り一〇分の一も交付税算定に加味されることになっていたため、使途が広く、自治体にとっては使いやすい金であった[15]。嘉手納町のように、これを「好機」ととらえて「町おこし」のために積極的に活用した自治体もあった[16]。ただし、振興策を実施するために起債が増えたことや、事業から一〇年以上たって検証した場合に、投下された資金に見合う効果があったか否かについては否定的な意見もある[17]。事業全体として見ると、巨額の資金に多くの自治体が振り回され、掲げた目標まで到達しなかったというのが実情であろう[18]。

より問題なのは、基地問題と結びついた振興策によって、沖縄内部が分断、混乱したことである。分断とは北部自治体と沖縄県が切り離されたということであり、混乱とは北部自治体内での意見対立である。まず北部自治体と沖縄県の関係から見ておこう。

従来、国庫補助事業は市町村から上がってきた要望をまず県が取りまとめ、そして県から国に予算として要求することになっている。市町村は県を窓口として国に要求するわけであり、いわば県が代表であった。ところが、北部振興事業で国と北部自治体が直接結びつくことになったのである。名護市幹部が「予算を付けるために国と丁々発止のやりとりをした。今までの県任せのやり方から、事業費を得るためにどのような準備をすればよいかを相当学んだ」と語っているように[19]、国と北部市町村に直接のパイプができたのである。国からすれば、県を経由せずに直接、市町村と協議するルートができたことになる。これによって、北部振興費という強力な飴によって政府は県と北部自治体の分断が可能となったわけである。稲嶺知事が「政府は県を相手にしなくなった。名護市や近隣町村に先行して接触し話を進めていった」と述べているように、県が孤立化していくのである。[20]以前は県が意見を集約する形で政府とさまざまな交渉を行っていた。それが沖縄の意見を政府に認めさせていく力となっていた。しかし県と自治体の分断で、沖縄の交渉力は大幅に減退する。たとえば、普天間基地移設をめぐる政府との交渉に関して、稲嶺知事は以下のように回想している。[21]

> 県の態度は一貫していたが、（略）防衛庁サイドが地元自治体にさまざまな手を打ったことも大きく影響した。政府は、最後の段階になると、地元自治体さえ固めれば県が反対しても構わないという姿勢だった。県内が一枚岩ではない状況を見透かされ、そのことが交渉力を弱めた。

北部自治体と県の分断だけではなかった。北部自治体内でも意見の相違があり、それも利用された。防衛庁は北部振興策を決めた一九九九年の閣議決定を廃棄し、二〇一一年度まで予定しているはずの振興策を二〇〇六年で停止することをにおわせながら、基地移設交渉を行っていくのである。[22]沖縄県は普天間飛行場移設先の振興策と基地の受け入れはリンクしているが、沖縄全体の振興策や北部自治体の振興策と基地問題はリンクさせないという立場であった。しかし、当時、知事公室長であった花城順孝が「北部振興策が、基地移設と絡めて防衛庁主導で推し進められそうだという雰囲気はずっとあった。その是非については北部の首長の間でも温度差が見られた」と述べているような状況が利用された。[23]

当時、防衛庁の守屋武昌次官は佐藤勉那覇防衛施設局長に、「振興策は久辺三区に特化すればよい。東村にやる必要はない」「何もしないで振興策がくる時代ではない。電源開発促進法は『受け入れ』『アセス』『着工』などの節目ごとに総理大臣に申請して交付金が支給される。このようなスキームを現在検討中だ」「(名護市の)東海岸に交付金が落ちるスキームを考える。施設局が絡む必要がある」などと語っており、自治体の協力度合いに応じた「出来高払い」の再編交付金を立案していたといわれている。[24]

守屋次官の強引な政治手法は沖縄の反発も生み、沖縄の政府への不満が蓄積していく一因ともなっていく。ただ、この時期の政府と沖縄の関係を全体的に見てみると、分断され、混乱した沖縄が政府主導の決定を受けざるをえない状況に追い込まれていったといえる。実は、九〇年代から二〇〇〇年代初頭の森政権ごろまでは、山中貞則や橋本龍太郎、梶山静六、小渕恵三といった沖縄に関係が深い、あるいは特別の「思い入れ」をもった〝大物〟政治家が存在していた。沖縄はもともと、地元出身政治家を育てるより、既成の実力者に頼っていた傾向にあったが、そういった政治家たちが相次いで亡くなっていったのである。[25]また、これまで沖縄に深くかかわる政治家は、橋本、梶山だけでなく野中広務や鈴木宗男など橋本派の政治家が中心であった。しかし、小泉内閣の登場で、とくに橋本派を中心に据えた派閥の弱体化策が展開される中で、沖縄と関係の深い政治家は影響力を失っていったのである。政府が主導権を取り戻して策定した沖縄振興策は、実施段階となれば行政が中心になって回すことになり、さらに沖縄の分断が進むに及んで、沖縄は政府に「掌握」されていったのである。

2　米軍再編下の沖縄

政府による沖縄の「掌握」が進む中で、沖縄の中には不満が鬱積していったことは間違いない。政府および本土住民が沖縄の基地問題の深刻さを理解しようとしないこと、政府が頭ごなしに重要問題を決定し沖縄の意思を尊重しないという不満である。前者を象徴する事件が二〇〇四年に起きた沖縄国際大学への米軍ヘリコプター墜落問題であり、後者は言うまでもなく普天間飛行場移設問題である。こういった不満が、やがて本土が沖縄を「差別」しているという感情となって表明されていくわけである。まず、前者から見ていこう。

沖国大ヘリ墜落事件は、二〇〇四年八月一三日に、米海兵隊普天間基地所属のヘリコプターが沖縄国際大学構内に墜落し、乗員三名が負傷、大学施設や周辺に損害を与えた事件であった。破片は広範囲に飛散し、人的被害がヘリコプター乗員だけだったことが奇跡とも思える重大な事故であった。沖縄が復帰した一九七二年からでも普天間基地関係機の事故は墜落だけでもそれまでに一七件起きており、[26]改めて普天間飛行場の危険性を沖縄県民に強く認識させる事件であった。

沖縄国際大学から見た普天間基地

この事件は日米地位協定がもつ問題性もさらに浮かび上がらせることになった。地位協定の「不平等性」はかねてから指摘されていたところであり、[27]一九九五年の少女暴行事件の際も沖縄県から改正の申し入れが政府に対してなされていた。[28]それに対して日米政府は運用改善で対応していたわけだが、ヘリコプター墜落とほぼ同時に隣接する普天間飛行場から多数の兵士が出動して事故現場を封鎖し、沖縄県警や消防の立ち入りすら許さなかったことは、二つの重要な問題を浮き彫りにした。[29]第一が地位協定における日米の不平等性、第二に、沖縄に対する「差別」的対応である。

前述のように、事故発生後米軍は沖縄国際大学構内に入り、事故現場を封鎖した。勝手に私立大学という私有地に入っただけでなく、大学の許可も得ずに「宿営地」も設置し、立木の伐採や事故現場の土壌の掘り起こし、ヘリコプターの残骸や部品の撤去を行った。さらに沖縄県警との合同現場検証を拒否しただけでなく、防護服に身を包んだ兵士による現場検証も行われた。のちにこれは「ストロンチウム90」という放射性物質がヘリの回転翼安全装置に使われていたためと説明された。こうした米軍の行為は、日米地位協定の実施に伴う刑事特別法第一三条「財産権」に基づいて実施されたということであった。[30]

しかし、私有地に無断で入っただけでなく県警との共同の現場検証を拒否し、日本側を一切立ち入らせずに米軍が行動したことは、主権侵害であるという批判が起こっても当然であった。しかもこのとき、県警や報道機関だけでなく、宜野湾市長、沖縄県副知事、そして外務政務官まで立ち入りを拒否されていた。[31]沖縄県からすれば、日米地位協定がもつ不平等性を再認識させられた事態であった。

第二の沖縄に対する差別的対応は、より深刻である。すなわち、米軍による排他的行動に関して、本土における類似の事例では沖縄とは異なる対応がなされていたのである。それは一九六八年六月の九州大学へのファントム機墜落事件、七七年九月の横浜市でのファントム偵察機墜落事件、そして八八年六月の愛媛県伊方原発近くへの米軍ヘリ墜落事件である。

九大へのファントム墜落事件では、九大側がファントムの米軍への引き渡しを拒否し、その後の対応をめぐって大学内で意見が分かれ、九大で学生運動が高揚する一因となった。最終的にファントム機が機動隊に守られて撤去されたのは、事件発生から一年四カ月後の一九六九年一〇月一四日であった。[32]またこのとき、内閣法制局は「私人の所有地に無断で入るのは許されない」と、米軍が大学の許可なく立ち入ることはできないという判断を示していた。

一九七七年の横浜の事案は米軍が報道陣を強制的に排除した問題だったが、外務省が米軍に自制を促していたし、八八年の事案では米軍は愛媛県警との合同検証を行っていた。こうした本土との違いが沖縄で報道されると、府元禮司沖縄県知事公室長は「地位協定の運用に、本土と沖縄で明らかな違いがあることが、本土の米軍墜落事故との対比で実証された。検証の可否が米軍のさじ加減に任され、恣意的な運用を黙認している政府にも問題がある」と述べるに至っている。[33]

事件の知らせを受けて、「ワールドワイド・ウチナンチュウ・ビジネス・アソシエーション世界大会」に出席するために南米のボリビアにいた稲嶺知事は八月一八日に急遽帰国し、翌一九日に事件の再発防止などを政府に申し入れしようとしたが、このとき小泉首相は夏休み中で面会を拒否していた。政府関係者との面会は八月二五日に実現したものの、日米地位協定改定を求める稲嶺知事に対し、川口順子外相はやはり「運用改善」での対応を口にするだけで、積極的な対応は見られず沖縄側を失望させた。[34]

政府側の対応だけではなかった。当時はアテネ・オリンピックの開催中で本土のマスコミはオリンピック報道が中心で、沖縄県民を震撼させたヘリ墜落事件についての扱いは驚くほど小さかったのである。[35] 号外まで出して報道していた「琉球新報」「沖縄タイムス」という地元紙と「朝日新聞」「毎日新聞」「読売新聞」を比較した吉岡至によれば、「朝日新聞」の一面トップは「巨人・渡辺オーナー辞任」で準トップが「オリンピック開催」、ヘリ墜落事件は両記事に挟まれるように短い記事で配置されていた。「毎日新聞」は一面トップがやはり「巨人・渡辺オーナー辞任」でヘリ墜落は準トップ扱い、「読売新聞」は一面にヘリ墜落事件は掲載されず、社会面に掲載されていた。[36]

こうした状況となって沖縄の批判は米軍だけでなく、日本政府へも向かうこととなる。そして、地位協定改定は要請しても、政府に遠慮するかのように「辺野古移設優先」を主張し、普天間基地撤去市民集会へ参加も拒否する稲嶺知事へも批判が向かっていくのである。[37]

基地問題をめぐる沖縄の不満は、沖縄の負担軽減を掲げていた「日米2＋2合意」（二〇〇六年五月一日）に関しても蓄積されていく。これは辺野古にV字型滑走路を建設して普天間基地機能を移設し、同時に嘉手納基地以南の米軍基地を大幅に整理・返還して沖縄の負担を大幅に減少させようとするものである。[38] 海兵隊八〇〇〇名のグアムへの移転を含む大幅な米軍再編で、嘉手納以南の基地返還後は沖縄本島の米軍基地は相当縮小する計画であるのになぜ不満が高まったのか。それには日米合意と、さらに政府と沖縄県との合意に至る経緯がかかわっており、守屋防衛事務次官という、この時期に大きな役割をはたした人物の影響もある。

米軍再編に伴う在日米軍基地の整理・統合、一部部隊の移設に関する経緯と、二〇〇五年および二〇〇六年の日米合意、政府と沖縄県の「合意」に関する経緯については、当事者の回想録も含めて、ジャーナリズム・アカデミズム双方の著作も出ているので、改めて詳細を述べる必要はないであろう。[39] そこで、ここでは沖縄と政府に関する重要な問題に絞って述べておきたい。

第一に、米軍再編への対応にあたって、沖縄の基地問題に関連づけることについて日本政府内に対立があったことである。[40] 具体的には、米国が求める範囲内で対応し、なるべく早く問題を処理しようとする外務省と、米軍再編に沖縄基地問題も関連づけていこうとする守屋次官・防衛省の対立である。結論的に言えば、小泉首相に直接交渉するという強引ともいえる手法で守屋の主張が認められ、米軍再編と沖縄基地問題すなわち沖縄の負担軽減が協議されることになった。[41] 自らの戦略構想に従って米軍再編協議を促進したい米国と、米国のような戦略構想なきまま在日米軍基地問題を協議の対象としようとする日本との間で論議は紛糾したが、最終的には前述の日米合意にこぎつけることになった。[42] SACO以来の日米協議に参加した守屋次官としては、沖縄の基地負担の状況を詳しく認識しており、なんとか負担軽減を実行したかったという強い思いがあったものと思われる。こうして沖縄の負担軽減についても日米合意ができたわけだが、それは沖縄側からの評価には結びつかなかった。

それは、前述の状況が報道等で明らかになるにつれ、外務省に象徴される日本政府の不作為に関する不満が高まったからである。さらにいえば、二〇〇五年の日米合意が成立するより前の二〇〇四年一〇月一日、小泉首相自身が共同通信加盟社編集局長会議で講演した際、在日米軍再編に関連した沖縄基地問題について、「沖縄以外の各都道府県、どこに持って行くかということをこれから日本政府は考えて、自治体に事前に相談しなければならないことがあるかもしれない。自治体がＯＫした場合には、日本政府はこういう考えをもっていると米国と交渉していく」。さらに「沖縄の負担軽減に賛成であれば、沖縄以外の自治体も、自分たちが（基地）を持ってもいいという責任ある対応をしてもらいたい」と、基地の本土移転を進める考え方を示していた。これを受けて稲嶺知事も記者会見し、「首相のリーダーシップに期待したい」と表明した。

しかし、この期待はあっさりと裏切られた。「実際は首相自身、よく精査しないうちに本土移転推進を口にした節がある。その後、本土移転で積極的に動いた形跡はなかった」[43]ということであった。稲嶺知事は「非常に失望した。自らのリーダーシップを発揮することなく、官僚に丸投げしたのだろう」と受け取っていた[44]。しかも、沖縄に失望を与えた末に達成した日米合意は、たしかに海兵隊の一部のグアム移転や嘉手納基地以南の返還・縮小等で負担は軽減されるものの、普天間基地機能の移設先は名護市辺野古で固定化されており、北部振興と引き換えに県内移設に同意している人々以外の多くの沖縄県民の失望を生んでいた。

さらに、日米合意にかかわる政府と沖縄の協議において、代替施設の「軍民共用」「一五年使用期限」「住民居住区に影響の及ばないキャンプ・シュワブ沖の辺野古沿岸での建設」を求める沖縄県に対して、前述のように政府は北部振興策を「人質」に取る形で強引な交渉を進めた。その中心が守屋次官であった。守屋は、沖縄の求める「一五年使用期限」は米側の理解が得られないということで認められないこと、さらにキャンプ・シュワブ沖合での建設は、移設反対派の妨害工作が行われやすいためにキャンプ・シュワブ内の浅瀬に作る案を強力に推進しようとした。守屋次官は、知事任期二期目で就任以来六年経過しても建設現場まで進まない現状から、「稲嶺知事には、普天間問題をどうしても解決しなければならないという意気込みがないのではないか」と見ていたという[45]。実は政府内、防衛庁内でも守屋の考え方と異なり、沖縄と合意していた沖合での建設で進めるべきだという異論も存在した[46]。しかし、当時、防衛庁の「天皇」とも呼ばれる勢力をもっていた守屋に防衛庁内での異論は抑え込まれてしまう。また、政府内での反対意見は、米軍再編協議のときと同じく、小泉首相に直接交渉する手法で、守屋案が通っていくことになるのである。

守屋は米軍再編協議では沖縄の負担軽減に積極的に動いたにもかかわらず、辺野古への移設問題では沖縄の要求を抑え込んで自らの案を強引に推進しようとした。前述のように守屋はSACO以来の沖縄負担軽減協議に参加し、沖縄基地問題に対する「責任」を感じていたようである。それがここにきて沖縄に対して厳しい態度に出た背景は、普天間移設が一向に進まず、それが前述のように知事をはじめとした沖縄側の責任によるものと考えたからと思われる。とくに守屋の回想録によれば、沖国大へのヘリ墜落事件についても、沖縄側と反対の見方になっていったことは注目される。すなわち、米国側に厳しく抗議し、普天間基地の早期返還を求める稲嶺知事に対して、「こうした事故の危険性は十分予想されていた。だから早期の移設に日米両政府が合意したのではないか、それなのに稲嶺知事はその問題を推進すべき当事者としての立場を忘れていたのではなかったかと、私は『何をいまさら』と呆れ[47]」たという。アメリカ側の不満も高まっており、責任を果たしていないのは日本であるという考えから、守屋は米軍再編協議で沖縄基地問題を協議対象としていくように動いたということであった。守屋の回想録には、沖縄の政治家は政府との約束をのらりくらりとはぐらかして積極的に責任を果たそうとせず、少しでも多くの振興開発費等の資金を得ようとする「したたかな政治集団」として描かれている。

一方で、こうした守屋の強硬な姿勢に沖縄側の不満は一層高まった。「軍民共用空港」「一五年使用期限」を掲げて知事選挙を戦って勝利し、辺野古の沖合に建設ということで移設に合意していた稲嶺知事としては、「現行案以外なら県外移設を求める」という立場にならざるをえなかった。稲嶺知事としては、米軍再編は沖縄だけでなく日本全体にからむ問題であったが、「まったく話をせずに蚊帳の外に置かれたら、余計に反発する。滑走路を短くするとか陸地に近づけるというようなことは、何の解決にもならない。危険性の除去、騒音を考慮すれば、住宅地よりも離れれば離れるほどいい。沖合から陸地に近づけるのは私たちが最重要事項ととらえていたことと全く相反する。一九九九年の閣議決定で確認された事項さえも無視された。だから県は、あくまで反対した。米軍再編はＳＡＣＯ合意と違い日本全国にまたがる。一つつまずいたら全部が駄目になる。政府で案を決めた後で関係自治体を強力に説得する姿勢がありありだった」と述べている[48]。

守屋の主張と稲嶺知事の反論は、両者が相容れない視点に立って相互批判を行っていることを示している。守屋が主導権を握っている限り、政府と沖縄の亀裂は明らかになっていたように思われる。二〇〇六年一一月に「名護市の意向を尊重する」とした仲井眞弘多が稲嶺の後継として知事選挙に勝った。仲井眞は政府との関係にも柔軟な姿勢を示しており、仲井眞県政となったことで状況は変わるかと思われたが、その後も環境アセスのための辺野古海域調査に海上自衛隊が投入されるなど、政府側の強硬な姿勢は続いていく。そして政府と沖縄で代替施設建設地をキャンプ・シュワブ浅瀬か沖合移動かをめぐって綱引きが行われている間に、二〇〇七年八月の参議院選挙での自民党大敗、同年一一月に防衛装備品をめぐる問題で守屋が逮捕、二〇〇九年九月の総選挙での政権交代と、沖縄の外で事態は急速に変化していったのである。

政府と沖縄の関係で見ると、この間はＶ字滑走路の沖合移動をめぐる意見調整が残されてはいたものの、最終合意までは「時間の問題」と見ていた関係者も多い。しかし、政府・沖縄双方の関係者はそうであっても、「国際都市形成構想」で示された「熱い」自立への想いは急速にしぼみ、「飴と鞭」の手法で沖縄県と地方が分断され、一向に基地問題は進展しないだけでなく、沖縄の頭越しにさまざまなことが決定されていく事態に、沖縄の中に巨大な不満の「マグマ」が蓄積していたことも間違いなかった。[49] 二〇〇八年六月の沖縄県会議員選挙での与野党逆転はまさにそのことを象徴していた。[50] そういう中で、沖縄は自公政権から民主党連立政権への政権交代を迎えたのである。

3　民主党と沖縄

民主党は政権を奪取する二〇〇九年以前から、沖縄に対して積極的なアプローチを行っていた。これは第2章で述べた吉元と鳩山・菅との密接な交流が背景にあった。[51] 民主党は一九九九年七月に「民主党沖縄政策」を公表し、二〇〇〇年五月には「地位協定見直し案」を発表。その後も毎年沖縄に調査団を送るなど、沖縄に対する独自の政策形成に努めていた。そして、二〇〇二年八月、「民主党沖縄21世紀ビジョン」を発表する。さらにこれに改定を加えたものが、二〇〇五年八月に公表された「民主党沖縄ビジョン二〇〇五」である。重要なのはその内容である。「民主党沖縄ビジョン二〇〇五」では、「私たちの目指す姿勢」として以下のように書かれている。

民主党は「自立・独立」「一国二制度」「東アジア」「歴史」「自然」の五つのキーワードが、沖縄の真の自立と発展を実現するための道しるべになると考えている。つまり、沖縄において「自立・独立」型経済を作り上げるためには、「一国二制度」を取り入れ、「東アジア」の拠点の一つとなるように、沖縄の優位性や独自性のある「歴史」や「自然」を活用することである。そして、これらのキーワードを活用する沖縄を通じて、日本は目指すべき次なる姿を描けると考える。

これはまさに「国際都市形成構想」の基本的考え方と同一である。この後さらに以下のように続いている。

> 「自立・独立」を着実に進めるためには、地域主権のパイロットケースとしての「一国二制度」を全国に先駆けて導入する必要がある。既に行われているＦＴＺ（フリー・トレード・ゾーン）などが他地域と比べて優位性が見られない中途半端なものと言わざるをえない現状下では、むしろ、競うべき対象、連携すべき対象は「東アジア」の他国・他地域であるという視点での取り組みが求められる。そのため、奄美諸島を含めた琉球弧として、そして、個性豊かな伝統文化を内包する「歴史」、美しい海やサンゴ礁を有する島の魅力に根ざした、やすらぎや健康・長寿をもたらす沖縄の「自然」を最大限活かすこと、そのためのシナリオとして地域間交流、国際交流を積極的に進めること、戦争体験に基づき沖縄が取り組んできた国際平和確立に向けての取り組みを更に具体化することを目指した政策こそが、沖縄の真の自立と発展に寄与すると考える。
>
> 　那覇港や中城港に設置されている現在の自由貿易地域（ＦＴＺ）のような限定的・象徴的なものではなく、全県を範囲とする本格的な自由貿易政策を行う。沖縄県の地域振興という位置付けのみではなく、香港、上海、台湾、釜山等の東アジア各地との経済交流拠点とすることを念頭においた構想とする。
>
> （傍点、引用者）

　以上の内容は、二〇〇〇年代からの変化に合わせてはいるものの「国際都市形成構想」の復活であると言っていいであろう。これは当時民主党が主張し始めた「地域主権」との関係で「一国二制度」「全県フリートレード」の導入も主張し、日本における明治以来の「中央＝地方関係」の転換を迫るものでもあった。この基本的な姿勢を土台に、基地問題を中心とした安全保障関係については以下のように述べている。

(1)日米地位協定の見直し
(2)「SACO2」による更なる在沖米軍基地縮小
(3)在沖米軍基地縮小の基本的な方向性
　市街地の兵站施設、乱立する通信施設、遊休地の返還など、更なる米軍施設の縮小を図るべきである。同時に、在沖海兵隊の海外移転を、事前集積制度（POMCUS）の可能性も含め積極的に検討を進める。
(4)普天間米軍基地返還アクション・プログラムの策定
　普天間基地の辺野古沖移転は、事実上頓挫している。トランスフォーメーションを契機として、普天間基地の移転についても、海兵隊の機能分散などにより、ひとまず県外移転の道を模索すべきである。言うまでもなく、戦略環境の変化を踏まえて、国外移転を目指す。（略）なお、いわゆる「北部振興策」については基地移設問題とは切り離して取り扱われるものであり引き続き実施する。
(5)思いやり予算の削減
(6)基地縮小にあたっての沖縄支援
(7)在沖米軍の基地問題協議への沖縄県の参加
(8)騒音被害の解消
(9)国際機関の誘致

以上の内容は、「国際都市形成構想」が「基地返還アクションプログラム」と密接な関係をもって立案されていたのとは異なるが、「国際都市形成構想」の内容を踏襲し、海兵隊や在沖米軍基地の県外および国外移設を目指すという、自公政府が進めている沖縄政策とは対照的な政策であった。米軍再編に関連して、沖縄に蓄積している不満を吸収するだけではなく、従来の日米安保体制の見直しを迫るものでもあった。

民主党は政権交代が見えてきた二〇〇八年に、「民主党沖縄ビジョン二〇〇五」の改訂版を公表した（「民主党沖縄ビジョン二〇〇八」）。ここでは前回の「民主党沖縄ビジョン二〇〇五」から若干の修正はあるが、「一国二制度」「全県フリートレード」はそのままであった。また、基地に関しても県外移設がはっきりと打ち出されていた。こうした主張で民主党は沖縄の支持を拡大し、前述の二〇〇八年の県会議員選挙では、一議席から立候補者全員当選の四名へと議席を増やしていた。二〇〇九年の総選挙における「マニフェスト」では、基地問題に関し、「日米地位協定の改定を提起し、米軍再編や在日米軍基地のあり方についても見直しの方向で臨む」と、政権が見えてきたためかいささかトーンダウンしている。しかし、前年の「民主党沖縄ビジョン二〇〇八」では米軍基地の県外・国外移設が明記してあり、代表の鳩山自身が「最低でも県外」と演説していたわけであるから、それが「選挙公約」と受け取られるのは当然であろう。

さて、政権奪取後の民主党がどうであったかは、ここで改めて述べるまでもないであろう。民主党・鳩山政権は「普天間基地移設問題」の不手際を主な理由として、一年ももたずに瓦解した。[52]「最低でも県外」と言っていたはずなのに、民主党政権時代にかつての自公政権時代の日米合意が復活することになった。政権交代で沖縄にも大きな変化が訪れることを期待した多くの沖縄県民は、再び裏切られることになった。期待が大きかっただけに失望も大きかった。現在では、沖縄県民の多くから、「沖縄は本土から差別されている」という声が聞こえてくるようになったのである。民主党政権の政治責任はきわめて重いと言わざるをえないであろう。

注

（1）牧野のほかの参加者は真栄城守定（琉球大学教授）、高良倉吉（琉球大学教授）。ひるぎ社（おきなわ文庫）、一九九八年。以下、『沖縄の自己検証』と略す。

（2）牧野浩隆『再考　沖縄経済』（沖縄タイムス社、一九九六年）二〇六～二一五頁、さらに二二〇～二二五頁。

（3）牧野、前掲『再考　沖縄経済』二一五頁。

（4）真栄城・牧野・高倉、前掲『沖縄の自己検証』一〇～一一頁。

（5）真栄城・牧野・高倉、前掲『沖縄の自己検証』一一～一二頁。

（6）以上のような考えから、沖縄の現在や将来を構想するための自己検証を行おうと企画したのが、真栄城・牧野・高倉、前掲『沖縄の自己検証』であった。

（7）前掲『吉元オーラル』一一〇～一一一頁。

（8）具体的内容は「沖縄経済振興21世紀プラン最終報告」参照。全文は首相官邸のウェブサイト参照。http://www.kantei.go.jp/jp/singi/okinawa/21century/21plan.html

（9）「琉球新報」二〇〇〇年四月八日記事。

（10）「沖縄経済振興21世紀プラン」作成の基本的な考え方は、同プラン作成の責任者であった安達俊雄（内閣府沖縄振興局長）の「「沖縄経済振興21世紀プランについて」（財団法人沖縄協会、第一三八回「沖縄問題研究会」二〇〇一年一月一九日）参照。http://homepage3.nifty.com/okinawakyoukai/submenu3/kenkyukai/138kai/138kai-1.htm

（11）沖縄県作成資料。

（12）委員は次のとおりである。

島田晴雄（座長、慶応義塾大学経済学部教授）、東江康治（名桜大学長）、荒田厚（日本都市総合研究所代表）、稲嶺恵一（りゅうせき会長）、岡本行夫（岡本アソシエイツ代表）、小林悦夫（全国市長会事務総長）、立石信雄（オムロン会長）、渡久地政弘（連合沖縄会長）、豊平良一（沖縄タイムス社社長）、宮里昭也（琉球新報社社長）、鷲尾悦也（連合事務局長）。

「沖縄米軍基地所在市町村に関する懇談会委員一覧」内閣府ウェブサイト http://www8.cao.go.jp/okinawa/3/341.html

なお、委員人選の考え方については、前掲『吉元オーラル』二二三頁。

（13）北部振興事業の経過や採択事業など詳細な内容については、沖縄県庁ウェブサイト「北部振興事業」を参照。http://www.

pref.okinawa.jp/site/kikaku/chosei/staff/hokubusinkou-top.html
(14) 琉球新報社『基地と沖縄経済——ひずみの構造』（琉球新報社、二〇一二年）一一一頁。
(15) 琉球新報社、前掲『基地と沖縄経済』九七〜九九頁。事業に対する評価に関しては、「沖縄米軍基地所在市町村活性化特別事業（沖縄懇談会事業）に係る実績調査報告書」も参照。内閣府ウェブサイト http://www8.cao.go.jp/okinawa/3/342.html
(16) 嘉手納町の事例については、渡辺豪『国策のまちおこし——嘉手納からの報告』（凱風社、二〇〇九年）参照。
(17) 琉球新報社、前掲『基地と沖縄経済』一〇四〜一〇八頁。
(18) 次のような目標が掲げられていた。
（プロジェクトの目的）
(a)市町村の経済を活性化し、閉塞感を緩和し、なかんずく、若い世代に夢を与えられるもの。
(b)継続的な雇用機会を創出し、経済の自立につながるもの。
(c)長期的な活性化につなげられる「人づくり」をめざすもの。
(d)近隣市町村も含めた広域的な経済振興や環境保全に役立つもの。
内閣府ウェブサイト http://www8.cao.go.jp/okinawa/3/34.html
(19) 琉球新報社、前掲『基地と沖縄経済』一〇一〜一〇二頁。
(20) 稲嶺恵一『稲嶺恵一回顧録——我以外皆我が師』（琉球新報社、二〇一一年）三六九頁。
(21) 稲嶺、前掲『稲嶺恵一回顧録』三七九頁。
(22) この間の経緯については、渡辺豪『「アメとムチ」の構図——普天間移設の内幕』（沖縄タイムス社、二〇〇八年）一一〇〜一一五頁に詳しい。同書は、二〇〇六年から那覇防衛施設局長を務めた佐藤勉の備忘録をもとに、さらに関係者等への取材を行ってまとめられたものである。備忘録は佐藤局長と守屋防衛事務次官とのやり取りが主ということで、発言内容や時期も明確であり、普天間移設交渉の内実を知るうえで同書は信頼性の高いものと評価できる。
(23) 稲嶺、前掲『稲嶺恵一回顧録』三九七頁。
(24) 渡辺、前掲『「アメとムチ」の構図』一一三〜一一四頁。稲嶺知事も、「防衛庁は九九年閣議決定の廃止を機に、新たな仕組みの中で、振興策を『出来高払い』にしようともくろんだ」と回想している。稲嶺、前掲『稲嶺恵一回顧録』三九七頁。
(25) その影響について、たとえば稲嶺知事は「かつては沖縄に対して思いのある、決断できる大物政治家が多かったが、今は皆無に近い。この問題を乗り越えない限り、沖縄の将来の発展はあり得ない。県民が総力を挙げて一致して取り組む必要がある」と語っている。稲嶺、前掲『稲嶺恵一回顧録』四三〇頁。

(26)「沖縄タイムス」二〇〇四年九月五日。

(27) 日米地位協定自体に関する詳細な解説は、本間浩『在日米軍地位協定』（日本評論社、一九九六年）参照。日米地位協定と他の国と米国が結んだ地位協定の比較については、本間浩・櫻川明巧・松浦一夫・明田川融・永野秀雄・宋永仙・申範澈『各国間地位協定の適用に関する比較考察』（内外出版、二〇〇三年）参照。また、地位協定に関し、その運用について外務省が解説した「日米地位協定の考え方」という文書が存在する。原本は一九七三年四月に作成され、増補版が八三年一二月に作成されている。文書は「秘　無期限」というスタンプが表紙に押されている。同文書は琉球新報がスクープし、『外務省機密文書――日米地位協定の考え方　増補版』（高文研、二〇〇四年）として刊行された。さらに、同文書に関してさらに検証・取材等を行って『検証「日米地位協定」――日米不平等の源流』（高文研、二〇〇四年）も同時に刊行された。

(28) 九月一四日、地位協定見直しを要請した大田県知事に対し、河野洋平外相は「議論が先走っている」として見直しに応じなかった。

(29) 米軍が大学構内を封鎖したときの状況については、黒澤亜里子編『沖国大がアメリカに占領された日―八・一三米軍ヘリ墜落事件から見えてきた沖縄／日本の縮図』（青土社、二〇〇五年）に詳しい。

(30) 条文は次のとおり。「第十三条　合衆国軍隊がその権限に基づいて警備している合衆国軍隊の使用する施設若しくは区域内における、又は合衆国軍隊の財産についての捜索（捜索状の執行を含む。）、差押え（差押状の執行を含む。）、記録命令付差押え（記録命令付差押状の執行を含む。）又は検証は、合衆国軍隊の権限ある者の同意を得て行い、又は検察官若しくは司法警察員からその合衆国軍隊の権限ある者に嘱託して行うものとする。ただし、裁判所又は裁判官が必要とする検証の嘱託は、その裁判所又は裁判官からするものとする」。

(31) 荒井正吾外務省政務官は「日本はイラクではない。日本の領土であり、米軍が主権を持っているような状況はおかしい」と不快感を示したとされる。前掲『検証「日米地位協定」』二四頁。

(32) 事件の経過については、「九州大学年表」（九州大学大学文書館）http://www.arc.kyushu-u.ac.jp/data/chronology06.html、および「九州大学への米軍機墜落事故への対応」『防衛施設庁史』六六〜六七頁参照。

(33) 前掲『検証「日米地位協定」』二六〜二七頁。

(34) 稲嶺、前掲『稲嶺恵一回顧録』三一二～三一八頁。

(35) 当時のマスメディアの報道状況については、『米軍ヘリ墜落事件は、どのように報道されたか――全国マスメディア対象悉皆調査』(沖縄国際大学南島文化研究所、二〇〇六年)参照。

(36) 吉岡至「日本のなかの沖縄の新聞――ローカルジャーナリズムの立ち位置」(二〇一一年六月一日開催第一九一回産業セミナー講演原稿加筆修正版)。

(37) 前掲『検証「日米地位協定」』二八～二九頁。

(38) 内容詳細は「再編合意のための日米のロードマップ」参照。外務省ウェブサイト、http://www.mofa.go.jp/mofaj/kaidan/g_aso/ubl_06/2plus2_map.html

(39) 代表的なものとして、守屋次官の回想録である『「普天間」交渉秘録』(新潮社、二〇一〇年、文庫が二〇一二年刊行)、知事である稲嶺の前掲回顧録、副知事であった牧野の回想『バランスある解決を求めて――沖縄振興と基地問題』(文進印刷、二〇一〇年)、渡辺、前掲『「アメとムチ」の構図』、森本敏『普天間の謎　基地返還問題迷走一五年の総て』(海竜社、二〇一〇年)をあげておく。

(40) 米軍再編は、冷戦終了という事態を受けて、世界に展開する米軍全体の配置を検討し、米国の財政的負担を軽減しつつ効果的な安全保障体制の再構築を目指すという方向で一九九〇年代から審議検討されていた。そして二〇〇一年九月一一日の同時多発テロ後、「新たな脅威」への対応という、新世紀での戦略の再検討の中で米軍再編は一層促進されることになっていた。米軍再編の内容や展開に関しては、以下の文献を参照。江畑謙介『米軍再編』(ビジネス社、二〇〇五年)、ケント・カルダー著・武井楊一訳『米軍再編の政治学――駐留米軍と海外基地のゆくえ』(日本経済新聞出版社、二〇〇八年)、久江雅彦『米軍再編――日米「秘密交渉」で何があったか』(講談社現代新書、二〇〇五年)、森本敏『米軍再編と在日米軍』(文春新書、二〇〇六年)、春原剛『在日米軍司令部』(新潮文庫、二〇一一年)、米軍再編と沖縄の関係については、屋良朝博『砂上の同盟――米軍再編が明かすウソ』(沖縄タイムス社、二〇〇九年)、沖縄平和協力センター監修、上杉勇司編集『米軍再編と日米安全保障協力――同盟摩擦の中で変化する沖縄の役割』(福村出版、二〇〇八年)参照。

(41) この経緯については、久江、前掲『米軍再編』参照。

(42) 川上高司「在日米軍再編協議――日本の視点」および辰巳由紀「在日米軍再編協議――米国の視点」(前掲『米軍再編と日米安全保障協力』所収)参照。

(43) 稲嶺、前掲『稲嶺恵一回顧録』三二二～三二四頁。
(44) 稲嶺、前掲『稲嶺恵一回顧録』三二四頁。
(45) 守屋、前掲『「普天間」交渉秘録』三八頁。
(46) たとえば、当時の西正典那覇防衛施設局長は、現行案を支持していたとされるが、結局更迭された。また、日米合意の「浅瀬案」には、西だけでなく「米国沖縄総領事、外務省沖縄大使を含む、沖縄で普天間問題にかかわる日米の政府機関のトップがいずれも」懐疑的であったという。渡辺、前掲『「アメとムチ」の構図』二七～三一頁。
(47) 守屋、前掲『「普天間」交渉秘録』四一～四二頁。
(48) 稲嶺、前掲『稲嶺恵一回顧録』三七二～三七三頁。
(49) たとえば、二〇〇一年二月にアール・ヘイルストン在沖米四軍調整官が電子メールで知事らを中傷した件について、稲嶺知事は定例記者会見で「(沖縄県民は)過去を引きずっており、五六年の不平不満のマグマが詰まっている。県民の背負ってきた荷物がいかに重いか、十分認識してもらわないと、突如マグマが噴き出すのが理解できないと思う」と語った。この「マグマが詰まっている」(「琉球新報」二〇〇一年二月九日)という表現は稲嶺知事は問題があるときにしばしば使っていた。
(50) この選挙で知事与党は五議席減らして二七から二二となり、野党・中間派が六議席増で二〇から二六となって野党が多数派となった。
(51) 吉元は、副知事退任後、民主党から参議院選挙への出馬を打診されていた。前掲『吉元オーラル』二三九～二四〇頁。
(52) 民主党政権下における日米交渉については、琉球新報社編、前掲『呪縛の行方　普天間移設と民主主義』参照。

第4章

与那国自立構想をめぐる政治

与那国島最西端の碑

1　与那国自立構想の形成

(1)「東アジア海洋世界」と「新しい地域主義」

「国際都市形成構想」が挫折したことで、現在の地方分権論の内容を超えた一国二制度を内容とした沖縄の自立論は大きく転換し、以後、現在の法的枠組みの中での議論に終始することになる。そして沖縄を除く日本本土では、一九九〇年代以降地方分権に関する議論が盛んになり、「平成の大合併」といわれる地方自治体の統廃合が進む一方で、道州制を含む地方分権の議論がさまざまに展開されていた。沖縄では、研究者や一部民間で従来からの「自立論」も含めた議論がなされていたものの、県庁など全体的には議論が低調であった。本土では「地方主権」といった議論が出る中で、「国際都市形成構想」では当時の地方分権議論のトップを走っていた沖縄は、政府との協調が進む中で、地方分権論に関しては「周回遅れ」の様相を呈するようになっていった。

では、沖縄で一国二制度のような構想はもはや存在しないかというと、規模こそ異なるが、日本の最西端である与那国島でそれが構想された。これまで述べた国際都市形成構想策定の中心人物である吉元政矩元副知事は、実は与那国島の出身で、この島の自立論形成に大きな影響を及ぼしたのである。そして与那国では歴史的・地理的な関係性の中で台湾との交流を中心とした独自の自立構想を形成・展開して周囲を驚かすことになる。また、次には「自衛隊誘致問題」というまったく別の問題でも世間の関心を引いていく。それらの経緯は、与那国島の活動が、国境の一つの離島という枠を超えた重要な意義をもっていることを示している。そこで本章では、与那国島に関する問題を集中的に見ていくことにしたい。

与那国の自立構想を理解するためには、一度、アジアの歴史的な海洋世界の問題を見ておく必要がある。まずその点から述べたい。

東アジア（東南アジアを含む）各国が経済発展する中で、地域を主体とした経済交流圏を形成しようという試みが一九八〇年代ころから現れてきた。たとえば、日本の北陸・東北地域とロシアを結ぶ「環日本海経済圏」、中国の広東省・福建省、香港、台湾で構成される「華南経済圏」、遼東半島・山東半島・北京・天津・河北で構成される「環渤海経済圏」、「環渤海経済圏」に韓国・日本の九州を加えた「環黄海経済圏」などさまざまである。ほかにも、経済交流にとどまらず文化的な交流まで目指したものもあり、国境を越えた国際地域交流の動きは一九八〇年代以降、かなり広がったといってよい。

日本でも、「国際化」の掛け声の中で自治体の国際交流の必要性が唱えられ、外務省でもさまざまな窓口を通じて自治体の国際化支援を行うようになっている。(1) しかし、経済中心に中国で主張された経済交流圏と異なり、日本全国で唱えられていた自治体の国際交流は姉妹都市提携などが主となり、経済交流圏まで発展する例はほとんどないという状況で、結局、バブル崩壊で日本経済が失速するとともに、かつてのように国際経済圏を主張することは少なくなってしまっている。現在では、「環日本海経済圏」など一部が残っているにすぎないという状況である。

しかしながら、実は日本にも従来の枠組みにとらわれない経済構想が存在した。前述した沖縄県による「国際都市形成構想」である。この構想の特徴は、かつて存在し、琉球王国がそれによって繁栄していた「アジア海洋ネットワーク」を背景にしていたことである。

この「アジア海洋ネットワーク」は、アジア地域を海洋交流圏で結ばれた地域としてとらえるもので、陸のシルクロードに対応した海の交流圏の存在を重視する議論である。(2) 周知のように、この「アジア海洋ネットワーク」の下、琉球王国は日本・朝鮮半島・中国・東南アジアを結び海洋交易国家としてかつて繁栄していたという経験をもっている。[3] 琉球（沖縄）の地理的位置はそれを可能にしているのであり、基地や公共事業に頼らない、自立経済の形成のためには、歴史的経験から言ってもかつての海洋ネットワークにおける琉球（沖縄）の位置づけを再生するしかないという試みであった。

「国際都市形成構想」は沖縄内外の関心を集め、華南経済圏との連携を強化した「蓬萊経済圏構想」なども民間から提唱された。しかし「国際都市形成構想」は、前述のように、普天間基地移設問題に象徴される基地問題の激化の中で、沖縄県政が革新勢力を背景とする大田知事から保守の稲嶺知事へと変化する中で葬られることとなった。しかし、経済的自立・必要性から国境を越えた交流を模索する自治体は、近年増加しつつある。たとえば長崎県対馬市は、古来、日本と朝鮮半島を結ぶ窓口として知られているが、最近韓国との交流を増大させており、韓国資本や韓国人観光客の流入が大きな収入源となっている。[4] それを踏まえて、二〇〇五年対馬は「国境交流特区」の申請を行ったのである。旧来からの日本（とくに九州）と朝鮮半島との結節点としての役割を活性化させようという試みである。

こういった動きの背景には、政府が推し進める地方制度改革がある。補助金に頼ることなく経済的自立度を増大させるためには、地域の独自性に基づいた経済活性化策が必須である。そのとき地域が構想する自立策が、その地域の自然や歴史的伝統に基づいたものになっていくのは当然であろう。近代主権国家システム成立前に、緩やかな国際システムである「冊封体制」の下で築かれていた「海洋ネットワーク」は、いまや地域の行き残りをかけた自立策の中で再び息を吹き込まれようとしているのである。そうした動きの中で、きわめて注目すべき案を掲げて国境を越えた交流を模索する地域が沖縄県与那国である。人口わずか一五〇〇人程度の離島が掲げた案がどのような意味をもっているのか、次に検討してみたい。

図４－１　与那国位置図

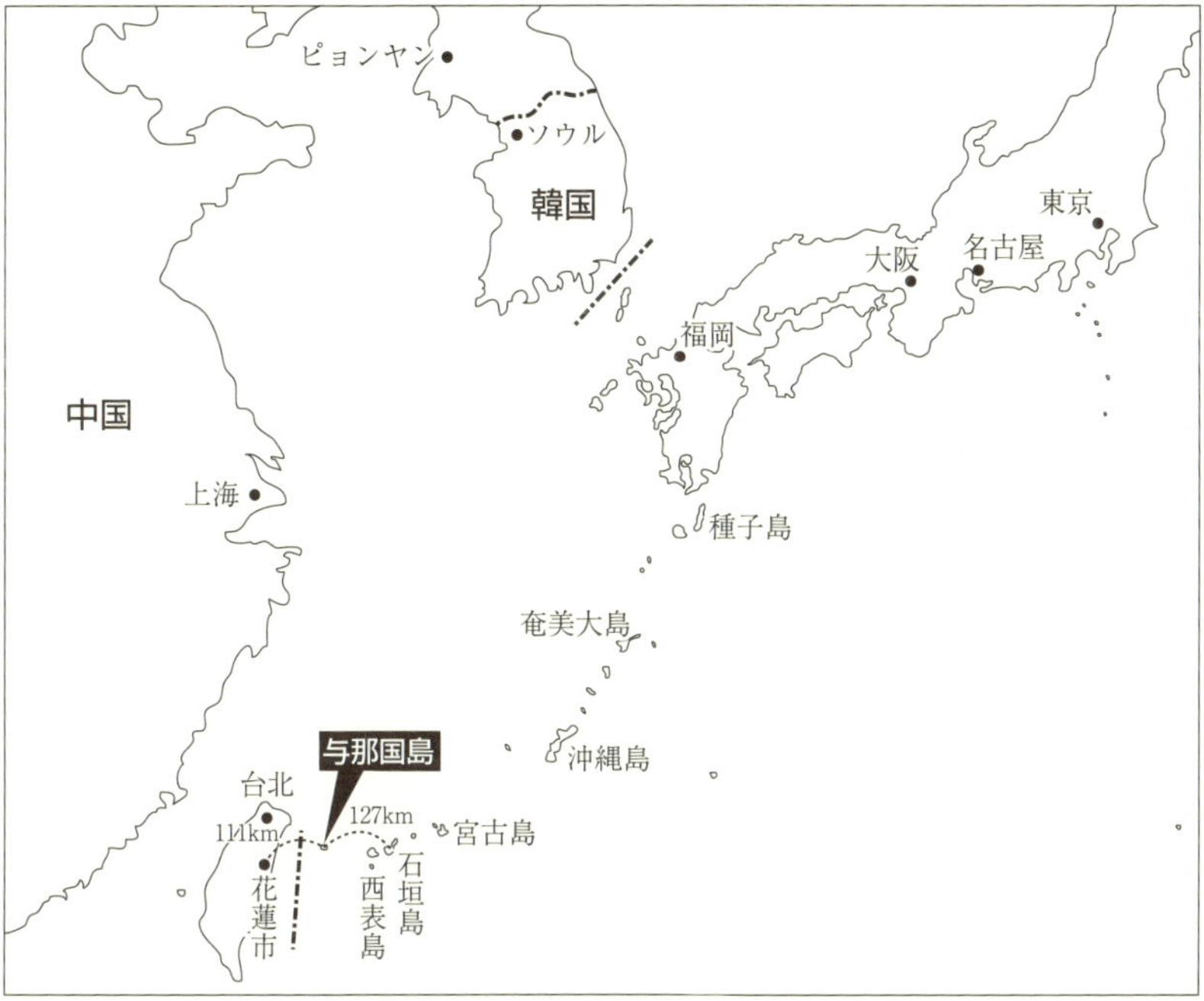

与那国の風景

（2）与那国自立構想の意義

与那国は七九三世帯、人口一五五三人[5]の日本最西端の離島である。北緯二四度二七分、東経一二二度五六分に位置し、台湾から一一一キロ、隣の石垣島まで一二七キロであり、台湾のほうが近い。気象条件がよければ、台湾が見えるのである。石垣島が属する八重山諸島と台湾の中間的位置になり、沖縄全体から見ても、台湾との結節点にあたる存在である。実際、古くから台湾と与那国の往来は頻繁であって、与那国の港町は台湾との交易で栄えていた。これは一九五〇年代に米軍が国境の取り締まりを厳しくするまで続き、一九四七年に人口一万二〇〇〇人で村から町へ昇格するほど活性化していたのである[6]。

しかし、密貿易の取り締まり強化等によって島の経済は停滞を始め、本土復帰の一九七二年に人口約二六〇〇人、そして現在は上述のように一五五三人である。台湾との関係を遮断されたことが、この島を停滞させたことは明らかである。自らの地理的位置を生かして、いわば自然に形成された経済圏の中で経済活動を活性化させていたものが、国際関係の中で翻弄されてしまったわけである。「離島苦（しまちゃび）」といわれる医療・福祉・教育等の問題に関するさまざまな困難を抱え、経済的活性化への道も見あたらない離島の苦難は台湾から切り離されたときに始まったと言ってよい。

与那国が抱えている問題の重要性は、そこが国境の島であるということで増幅されている。前述のように、台湾から一一一キロという至近にあるため、島の重要な産業である漁業の魚場も、台湾近海にあるものがある。たとえば、一九九六年の台湾海峡危機の際、ミサイルが与那国漁船が魚場としている海域に着弾し、漁業が困難になるという事態も起こっている。このときは沖縄県側の働きかけで何とか事態は収拾したが、尖閣列島問題、天然ガス開発問題など、海洋権益をめぐる中国との対立が激化している今日、与那国の国境の島としての位置づけは重要度を増しており、それが後述の自衛隊配備問題につながっているのである。

実は、与那国島の上空に「防空識別圏」が通っていた。「防空識別圏」は、防空上の目的から設定されるものであるから、[7]当然国境の外側に位置しているべきものである。それが日本領土である与那国島の上空にあるという例のない事態になっていた。したがって、与那国上空の防衛は、日本と台湾が分担していたことになる。現実的には、台湾のほうがはるかに近いのであるから、事実上台湾の空域となっていたと見てもよいであろう。これは本土復帰のころまでの米軍と台湾との役割分担がそのまま残った結果であるといわれている。さすがに日本の国会でもこの問題は議論され、注目されるようになった。[8]これはすなわち、与那国の問題は単なる離島振興の問題ではなく、安全保障にも関係する問題であるということである。

さて、以上のように与那国が抱える問題は、離島振興にとどまらず安全保障・国際関係に及ぶ重要性をもっている。その与那国が「自立プラン」の策定に踏み切った直接の契機は、「三位一体」と称される地方制度改革のうねり、具体的には合併問題であった。御多分に漏れず、慢性的な財政赤字に苦しみ、公務員給与の一〇％削減等を行っても展望が見えない与那国町の財政からすると、その後の補助金等の問題が関係する石垣市・竹富町との合併協議は、島の将来を左右する重要問題であった。ただし、多くの自治体が合併推進に動く中で、与那国はあえて合併を拒否し、自立への道を歩むことを決めたところがきわめて重要である。

では、なぜ与那国は合併を拒否し、どのような自立計画を立てたのであろうか。合併拒否の最大の理由は、石垣に飲み込まれることを恐れたことである。石垣市四万七〇〇〇人、竹富町約四〇〇〇人であり、[9]人口約一七〇〇人の与那国は（人口はいずれも当時）、離島・孤島の不便さはそのままに、より大きな自治体に飲み込まれて独自性を喪失することが懸念されたわけである。こうしたことは合併協議が本格化する過程で、与那国で真剣に議論されることになった。経緯を詳述する余裕はないが、八重山地域（石垣・竹富・与那国）合併に向けた協議が行われるのをにらみながら、二〇〇四年六月三日に、与那国出身の吉元政矩元副知事を招請し、歴代町長、議会議長、全議員、関係団体の長、役場幹部らが参集し「与那国の将来を考える意見交換会」を開催したのを皮切りに、同六月一七日には東京の財団法人都市経済研究所による「与那国の新しい将来像と自立ビジョン——新しい島づくり・島興しへの骨太の方針」という政策提言を受けている。これを受けて、七月六日には与那国プロジェクト推進のための「政策調査研究会」という準備会が立ち上がり、同月二八日に「与那国・自立ビジョンへの政策調査研究会」が発足、八月二六日に「与那国・自立へのビジョン策定推進協議会」設立および第一回「推進協議会」が開催されている。[10]

以上の経緯からも、与那国が当初から合併ではなく自立を目指した道を模索していたことがわかる。こうした与那国の姿勢に大きな影響を与えたのが、吉元であった。[11] 前述のように、吉元は沖縄県の「国際都市形成構想」のいわば「生みの親」であり、その理念の体現者であった。そして吉元の意を受けて、自立プランの策定に大きな役割を果たしたのが前述の都市経済研究所であった。「国際都市形成構想」の策定にあたっても大きな役割を果たしていた都市経済研が、実質的に葬られた「国際都市形成構想」の基本的理念を生かした形で、与那国の自立へのビジョン策定に密接に関係していったわけである。

さて、こうして自立への方向に大きく舵を取った与那国は、一〇月三日に町民大会を開催し、一〇月一六日には中学生以上の全町民を対象に住民投票を実施する。投票率七〇・四六％、合併賛成三二七、合併反対六〇五となり、与那国の意思は合併反対・自立の方針に決したのである。一〇月二〇日に八重山地域合併協議会で、町長が「合併しない」旨を表明し、本格的に自立プランの策定に入った。六度の推進協議会を開催し、途中で住民との意見交換会も実施したうえで二〇〇五年三月、「与那国・自立へのビジョン（案）」を町長に答申し、議会でも承認を得て正式に与那国自立への基本計画となった。[12] 四月五日、与那国町議会は全会一致で「与那国・自立へのビジョン」[13]を議決し、「与那国『自立・自治宣言』決議」を採択した。

2　与那国自立構想の展開

(1) 自立構想の内容

与那国は、この自立プランの実現を図るために、東京でも関係者や賛同者を募り、霞が関等への働きかけを行った。二〇〇四年一一月一一日に「与那国自立ビジョン支援・東京会議」の設立準備の会を行って、以後も在京の関係者に要請等を行い、二〇〇五年二月一七日には、塩川正十郎・前財務大臣、中川秀直・自民党国対委員長（当時）といった政界有力者や学識専門家・ジャーナリストらを集めて第一回「与那国自立ビジョン支援・東京会議」を開催している。当時人口約一七〇〇人の離島・孤島が、政界有力者を動かしたことにも驚きを感じるが、与那国がいかにこの自立プランに懸けているかの証拠でもあろう[14]。

では与那国が将来を懸けた「自立プラン」はどのような内容のものであろうか。とくに重要な点は、国境の島ということを意識して安全保障の問題にも関心を払っていること、そして台湾との交流を前提としている点である。前者は、与那国町の「自立・自治宣言[15]」中の「私たちは、東アジアの平和維持と国土・海域の平和的保全等に与那国が果たしてきた役割への正当な評価のもとに、日本国民としての平穏な暮らしを実現しながら、平和な国境と近隣諸国との友好関係に寄与する『国境の島守』として生きることを誓う」という文言に、後者は同じく「私たちは、すでに友好関係を深めている花蓮市をはじめとする台湾など、近隣・東アジア地域と一層の友好・交流を推進するとともに、相互発展の道を築き、国際社会の模範となる地域間交流特別区の実現に向け努力することを誓う」という文言に象徴的に示されている。

また、自立ビジョン策定にあたって次のように認識されていた。「本『自立ビジョン』は、『国境の島』として国土・領海・経済水域の保全など日本の『国益』に寄与している与那国町として、『国策への問題提起』『国境の国土としての自己主張／政策アピール』を図るべきものと考える。過去、わが国最西端に位置する与那国に関して、『国境地域の衰退がもたらす国土・防衛政策上のリスク／危機』等の問題が、政府当局において国策として充分に論議されてきたとは言い難い。しかしながら、この与那国が、国境地域における安全保障に関して平和的な役割を担っていること、また、わが国国土政策ならびに防衛政策上、重要な位置にあることは厳然たる事実である。従って、ビジョンの策定にあたっては、従前の離島振興策や条件不利地域に対する支援策にとどまらず、『国境地域への特別措置』を含む政策導入ニーズを多角的に検討し、定住支援の拡充等を図ることが戦略的課題と考えられる。また、隣接する台湾との交流など『国境地域の平和的安全保障』に寄与してきた与那国の実績や拠点性をふまえ、台湾ならびに中国大陸との交流フロンティアの役割を担う『新たな地域間交流の拠点』としての将来像を提起することが期待される[16]」。

具体的な自立プランの内容を詳述する余裕はないが、重要なことは、与那国の自立は台湾との交流なくしては考えられないという点であろう。そのために与那国と台湾との直行便を就航し、「国境離島型開港」を申請するなど、「国境交流特区」を構想して特区申請を行うのである。しかし、結論的に言うと与那国の特区構想は承認されなかった。この特区申請の経過の中に、日本政府の現在の国境交流や「国境」問題への認識・考え方が明らかになっている。生き残りのために、自立を求めて国境交流を目指した与那国に対して、政府がどのように対応して、それがどのような意味をもっているのか、次に検討していきたい。

（2）政府との交渉

与那国が「国境交流特区」の内容として考えていたのが以下の事項である。[17]

・与那国—花蓮間の直行便就航申請（「フェリーよなくに」等）
・国際近海航行制限の克服
・国境離島型開港申請
・団体旅行客のノービザ入国の実現
・自由往来の実現
・物流の自由化拡大
・医療交流特区

そして、以上の項目実現のために、特区申請にあたって強く求めていたのが、⑴国境の離島における「開港」要件の緩和等（「国境離島型開港」）、⑵国境の離島における短国際航海（与那国—花蓮間六〇海里）の航行許可に関する要件緩和もしくは地域の実情をふまえた規制適用等、⑶台湾からの旅行者に対する査証免除、以上の三つである。これは台湾との交流を再活性化させるために必須の条件と考えられていた。それぞれの趣旨と主管する霞が関の対応は以下のとおりである。[18]

⑴は「国境交流特区としての開港（『国境離島型開港（仮称）』）実現のため、『開港条件』となっている諸要件緩和等の特例又は地域の実情をふまえた基準適用など、国境の離島における国際交流の基礎的条件整備に資する支援措置を求める」というものであったが、財務省の回答は「関税法上の開港は、国民の安全・健康等を確保する観点から、監視取締り、通関等の税関業務を開港に集中させることによって、効率的・効果的な税関行政の執行を確保す

るためのものである。開港に指定するか否かは、外国貿易船の入港実績、輸出入実績等の行政需要のほか、税関の定員事情や監視取締り上の支障の有無を総合的に考慮して判断しているところである。祖納港においては、近年、外国貿易船の入港は僅か（平成一六年七隻）であり、まとまった行政需要があるとは判断できず、また、与那国島は国境に隣接していることから密輸リスクは他の地域に比べて高いと考えられることから、現時点では、外国貿易船が自由に入港可能な開港に指定することは困難である」というものであった。

(2)は、「国境の離島における短国際航海（与那国―花蓮間六〇海里）の貨客船あるいは貨物船の航行許可に関する要件緩和もしくは地域の実情をふまえた規制適用等」を求めるものであったが、国土交通省の回答は、「国際条約（ＳＯＬＡＳ条約：引用者注）に基づき船舶安全法等により安全基準等が定められており、その船種、航行区域に応じて所要の構造、設備が要求される」ものであるとして認められなかった。

(3)は、「姉妹都市花蓮市との地域間交流の発展と人的往来の促進に向けて、台湾からの旅行者（台湾地区外国人旅行者）の与那国島来訪時における査証免除を求める」ものであった。これについては二〇〇五年の愛知万博での査証免除を恒久化する形で了承された。

以上のように、ノービザは認められたが、肝心の「国境離島型開港（仮称）」と短国際航海許可の要件緩和はならなかった。与那国の主張する「国境の島」や「国境交流」の意義は認められず、従来の法的枠組みでの判断しか行われなかった結果であった。実は、特区申請で従来の枠にとらわれないプランが拒否されたのは与那国の事例に限られたことではなく、与那国が特区申請を行った第七次申請においては、合格率は五％にすぎなかったのである。「構造改革特区」という名称に期待をかけて各地方から提出されたアイデアの大半が没になった。これに生き残りを懸けた地域の多くが徒労感を感じたという(19)。

以上のことからわかるのは、小泉政権時代に地方活性化の重要政策として打ち出された「構造改革特区」は、中国における「特区」と異なり、若干の規制を緩和するだけのものにすぎなかったということである。すなわち、従来からの法的枠組みを厳然として守りながら、霞が関が許容する範囲内で規制を緩和しようとするものであったわけである。地方制度改革は「三位一体」の改革といわれているが、現在の道州制の議論にしても、結局そこから見えてくるのは財政問題である。日本という国家をどのように描いたうえで新しい中央＝地方関係を構築しようとするのか、より重要かつ具体的なビジョンは見えてこない。というより国家論なき地方制度改革が進められているといってよいであろう。「構造改革特区」の現状からは、国家論なき改革という姿が露呈しているのである。

そのことが与那国の問題にも反映している。与那国の自立プランは、自らを「国境の島」と位置づけ、国際関係も意識したものであった。一地方自治体、しかも人口約一七〇〇人の離島のプランとは思えない国際性と重要性を有している。それが霞が関内の判断で認められなかったところに、日本の「国境政策」の欠如もまた露呈していると言わざるをえない。

与那国島祖納港

台湾就航が認められなかった「フェリーよなくに」

しかし、「国境交流特区」の申請を却下された与那国は、そのまま泣き寝入りをしたわけではなかった。それが台湾・花蓮市との直接交渉であった。二〇〇五年一二月には町長を代表に台湾を訪問し、台湾政府ならびに花蓮市当局らとさまざまな問題を協議した。面会した範囲は、花蓮市長をはじめ議会議員、商工関係者ら多数にわたり、最も実現可能性の高い「与那国町・花蓮市災害等相互支援協定（案）」から両者の連携を強化することを目指すことになった。このときの町長訪台では、西銘恒三郎衆議院議員も同行し、台湾政府と「防空識別圏」問題も協議している。[20] 地方自治体の権限を超えているが、台湾側は積極的に応じたという。総じて、台湾側は中央政府も花蓮市側も、与那国の求めに柔軟かつ積極的に応じる姿勢であった。

実は、与那国の「国境交流特区」構想が明らかになった時点で、台湾資本も観光等で積極的な投資計画などを計画していた。[21] 台湾側が、与那国に熱い視線を送っていたのである。与那国町長らを迎えた花蓮市当局の姿勢は柔軟で、職員の交換派遣をはじめ直接交流の拡大を積極的に図っていく考えを伝えている。与那国と花蓮市という自治体どうしで直接交流拡大の道を拓いていこうというわけである。与那国としても、島の将来のために花蓮市との直接交流を何とか拡大したいという考え方であった。

そもそも、前述した「海洋ネットワーク」の中でも、台湾と与那国は一体の存在であった。島の将来が問われたとき、自然・地理と歴史に裏打ちされた台湾との交流を与那国が模索するのは当然であった。それが、八〇年代のアジア経済発展の中で多数提起されてやがて沈滞化した「国際交流」とは異なる点である。前述の対馬の例も同様である。こうした「新しい地域主義」ともいうべきものが、地方制度改革の中で地域の将来が問われる中で積極的に主張されることになってきたわけであった。しかし、当時の小泉内閣時代の構造改革論は、前述のように国家論を欠いたものであって、こうした大きな枠組みの変更を迫るような計画は軒並み認められなかった。[22]

本来、与那国と台湾・花蓮市の距離は船で三〇分程度のものである。それが現状では、与那国から石垣島あるいは沖縄本島を経由して国際線で台湾中正空港に行き、さらに電車で花蓮市に向かうことになる。三〇分で行ける目の前の島がきわめて遠いのである。これが与那国の人々に矛盾を感じさせないわけがない。自然・地理・歴史的な関係の前に近代主権国家による国境が立ちはだかっているわけである。与那国の将来を、日本の中央政府が壁となって閉ざすとき、台湾交流・自立構想に生き残りをかける与那国の選択肢は何か。「国が『自分たちでやれ』というのならやる。独立も考えざるを得ない」という当時の故・尾辻吉兼与那国町長の言葉は重い[23]。尖閣列島問題のみならず、複雑な海洋権益問題を抱える日中台の間で、与那国の台湾交流がどのような結果となるのかはまだわからない。

しかし、与那国の生き残りをかけた台湾交流の模索が、与那国町役場の献身的な担当者の努力もあって、最初は否定的に見ていた周辺自治体も驚くほどの成果を見せつつあったのもたしかであった。以下、年表風にその後の与那国の活動を見てみよう[24]。

〔二〇〇七年〕

・四月に田里千代基副参事が「与那国在花蓮市連絡事務所」初代所長（兼町代表）として台湾に渡航し、花蓮市役所に事務所を置いて交流活動を展開[25]。

・一〇月には「与那国町・花蓮市　姉妹都市締結二五周年事業」として、与那国空港から台北へチャーター便が就航。

〔二〇〇八年〕

・七月、チャーター航空機による与那国・花蓮直行ツアー実施。

・同月、与那国町提案が「地方の元気再生事業」に選定[26]。

・一一月九日、与那国・海洋タウンミーティング二〇〇八開催。

〔二〇〇九年〕

・二～三月、三期にわたって「社会実験　チャーター航空機・与那国―花蓮間直行事業」実施。[27]
・三月一一日、「アジア国際交通ネットワーク形成ワークショップ in 与那国」（国土交通省・与那国町主催）実施。
・四月、八重山三首長（与那国町長・石垣市長・竹富町長）台湾訪問、花蓮市主催「共同観光生活圏」会議に参加。「国境交流推進共同宣言」[28]調印。首長一行は台湾副総統とも会見。
・五月、八重山三首長は沖縄県および同議会、さらに国に対する請願行動実施。

以上の活動のほかにも、日本島嶼学会などの開催や、東京での有識者との研究会なども頻繁に実施しており、与那国の積極的な活動は、台湾との交流活発化を求める八重山三市町の中核的存在となっていたのである。こうした動きには沖縄県内での注目度も一層高まっており、たとえば地元紙の沖縄タイムスは社説で「注目したいのが与那国町の〝自治体外交〟だ」と述べるほどであった。[29]

しかしながら、こうした台湾交流をめぐる動きは、突然まったく別の方向から出現した政治問題の出現によって、大きく影響を受ける。それが自衛隊誘致問題である。次にそれを見ていくことにしたい。

3　与那国島自衛隊基地新設問題

（1）与那国における基地建設問題の発端と展開

五一四対五五六。これが今の与那国を象徴する数字である。この数字が何を表すかは後で説明したい。

現在、南西諸島防衛力強化の一環として、与那国島に陸上自衛隊の沿岸監視部隊配備と航空自衛隊移動警戒管制レーダーが展開される方向となり、基地用地買収費用などが予算計上されている。与那国における基地建設予定地は図４－２のとおりである。

さて、与那国島で自衛隊誘致論は以前からも存在した。しかし、問題が本格的に動き始めたのは二〇〇八年に誘致を求める署名が集められ、町議会で誘致決議が行われてからである。島民の要請、議会決議という「与那国島自身による自衛隊誘致活動」によって、自衛隊配備は急速に現実化に向けて動き出したのである。したがって、基地建設について何の問題もないかのように見える。しかし現実にはこれが島民を二分する問題に発展し、現在も対立は激しくなるばかりである。それは誘致に至る経緯と、誘致の目的の二つの点が大きく関係している。最初に経緯から見てみたい。

与那国町議会で自衛隊基地誘致決議が行われたのは、住民による署名運動が背景にある。この署名運動を行ったのは、二〇〇八年に与那国で結成された「与那国防衛協会」である。この団体が、六月「自衛隊誘致に関する趣意書」を作成、過疎に悩む与那国町の人口問題解決を訴えて署名を行い、多くの島民がそれに賛成した。九月五日、与那国防衛協会が町長および議長宛てに「自衛隊誘致に関する陳情」を行い、自衛隊誘致に関する住民署名五一四筆を提出。九月一九日、与那国町議会・決議第四号「自衛隊誘致に関する要請決議（案）」（図４－３a、b）を可決する。決議を提案した町議会議員は防衛協会のメンバーである。しかしなぜかこの決議後、九カ月も何の行動も起こされることはなかった。翌二〇〇九年六月三〇日に防衛大臣に「与那国島への陸上自衛隊部隊配置に関する要望書」（図４－４a、b）が提出されたが、これは町議会で決議された文とは異なるもので、しかも提出者は町長、町議会議長と並んで防衛協会会長の名が加わっていた。図４－３bの「自衛隊誘致に関する要請決議」自体、防衛協会による文章に修正を加えたもので、議会の要請決議文書としていかがなものかと言わざるをえない。さらに、行政と議会から防衛大臣に提出された「要望書」に、なぜ防衛協会会長が名を連ねているかの理由も判然としない。

図4－2　与那国島の自衛隊基地建設予定地

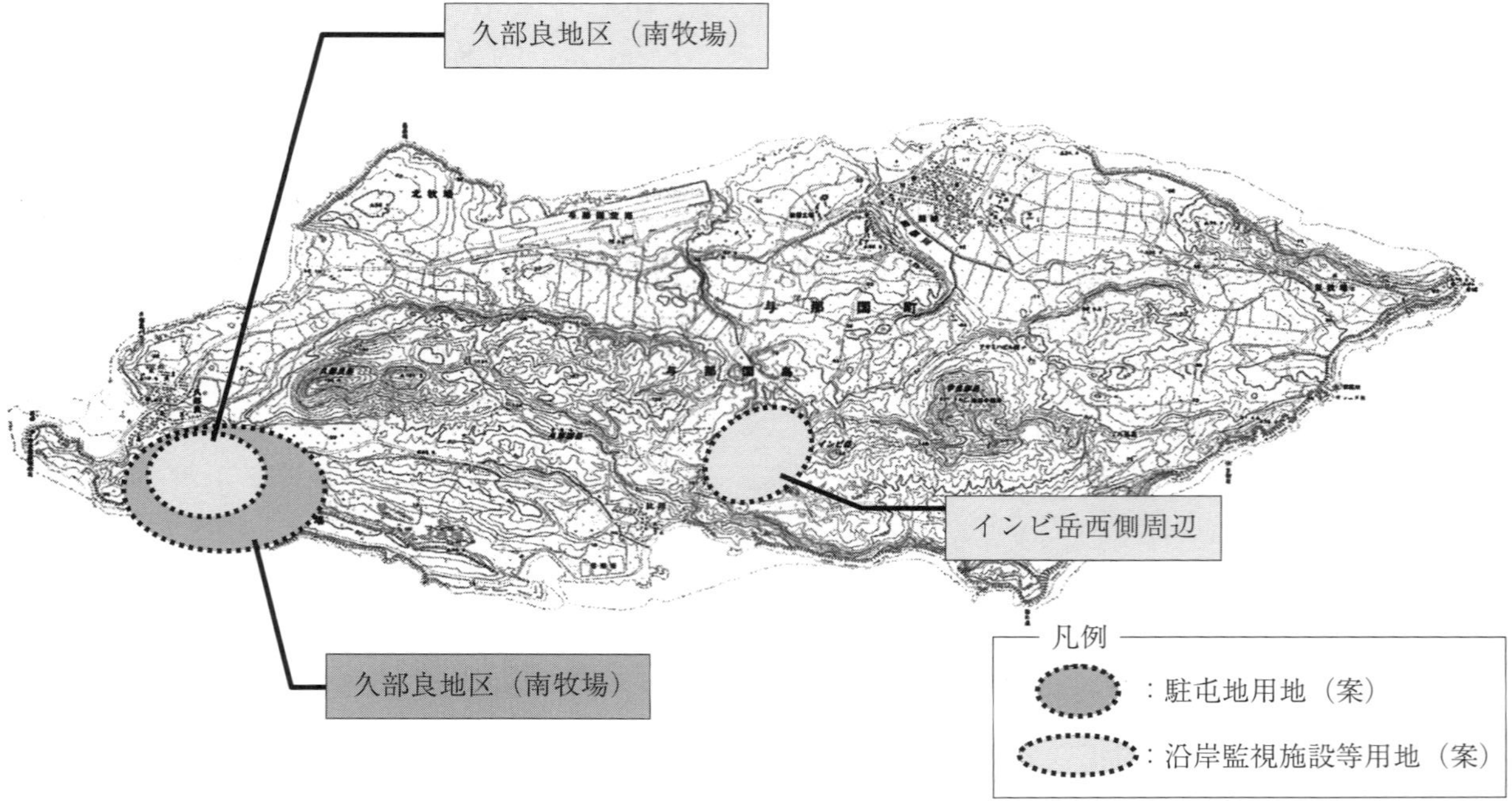

出所：『平成24年版　防衛白書』http://www.clearing.mod.go.jp/hakusho_data/2012/2012/colindex.html（2013年２月９日アクセス）

この間の防衛協会らの基地誘致派の活動は島内で不信感を生むことになり、町長の町政運営の不透明さもあって島内で「与那国改革会議」が基地誘致反対運動の中心となって活動していくのである[30]。

一連の誘致派の活動の背景には、防衛大臣への要請の二カ月後に実施された町長選挙との関連も与那国では話に出ているが、不明確な点も多いのでここではこれ以上は触れない。いずれにしろ、与那国の誘致活動を受けて、七月八日に浜田靖一防衛大臣が与那国を訪問し現地視察等を行った。この時点から与那国への自衛隊配備は本格化していったと言っていいだろう。二〇〇九年の自公政権から民主党への政権交代で、一時は与那国への自衛隊配備は振り出しに戻ったかに見えたが、二〇一〇年一月に与那国町長が北澤俊美防衛大臣を訪問し、三月二六日には北澤防衛大臣が与那国を訪問、現地視察等を行った。その際に外間町長は、「与那国への陸上自衛隊部隊配備と防空識別圏の見直し」を文書で要請した。このあたりから再び与那国への基地配備に舵が切られることになっていく。八月二六日には衆議院安全保障委員会（委員長奥田健）一行が現地調査等の目的で来島。与那国町長は、「与那国島への陸上自衛隊部隊配置に関する要望書」を提出・要請。九月一二日には与那国町議会議員選挙が行われ、誘致賛成派が多数となった。二〇一一年五月一二日、防衛省が与那国に陸上自衛隊「沿岸監視部隊」を配備する方針を示し、七月一二日には与那国町と防衛省が自衛隊配備についての初めての合同説明会を開催するなど、自衛隊配備に向けて与那国町と防衛省は大きく前進していくのである。

それでは誘致反対はごく一部にとどまるのかというと、そうではない。同年九月、前述の「与那国改革会議」は「与那国への自衛隊誘致決議の撤回と誘致活動の中止を求める要請」を行い、「住民不在の自衛隊誘致決議の撤回と誘致活動の中止を求める署名」を提出した。その数は、与那国町民だけで五五六人分にのぼり、そのうち二六名は「自衛隊誘致に関する署名」を行ったものの、撤回を意思表示した者であった。これが本節の最初に出した数字である。すなわち、基地誘致と反対は完全に島を二分したのである。その後、基地誘致の是非を問う住民投票条例を

図４－３ａ 「自衛隊誘致に関する要請決議」表紙

写

平成20年9月19日 原案 修正

与那国町議会

議長 崎原孫吉

決議第４号

自衛隊誘致に関する要請決議（案）

上記の決議案を会議規則第１４条の規定により提出します。

平成２０年９月１９日

提出者　与那国町議会議員　糸数　健一　印
賛成者　与那国町議会議員　我那覇　武　印
賛成者　与那国町議会議員　嵩西　茂則　印
賛成者　与那国町議会議員　前西原武三　印

与那国町議会議長　崎原孫吉　　殿

宛先　関係機関

図4－3b 「自衛隊誘致に関する要請決議」本文

自衛隊誘致に関する要請決議（案）

町民の皆様方におかれては、ますますご清祥のこととお慶び申し上げますとともに、平素は国の守りと民政の安定についても、私ども~~沖縄県与那国防衛協会~~に深いご理解とご協力を賜り、厚く御礼申し上げます。さてご承知のとおり、当与那国町は日本最西端に位置し台湾及び東南アジアに面して門戸的役割を果たしていますが、昨今の国際情勢を眺めると軍事・経済・政治のいずれの観点からも予断を許さない切迫した状況が深刻さを増してきています。日本海の竹島問題や、近くは尖閣諸島問題も我々島民の身近な教訓としていつそのような事態が起きても対処できるだけの準備は怠りなくしておかねば、取り返しの付かない結末が待っているのです。過疎化が進み、国や県から見放される前に私たち町民は心を一つにしてこれらの諸問題を早期一挙に解決する必要があります。

反戦平和の念仏だけを唱えていても、いざというとき誰も助けてはくれないということは歴史の事実が証明しているとおりです。「天は自ら助けるものを助く」格言どおりです。「自らの国は自らが守る、自らの島は自らが守る」という健全堅固な意思と気概を表明し、平素の継続具体的な国家施策に対する同調・協力が伴ってこそ、有事、国やその他の機関も機能してきます。与那国町民が一丸となって立ち上がるのは、まさに今なのです。

苦境の中、じり貧の状態で坐して死を待つのではなく、ここで何らかの手を打つのです。ピンチの中にこそチャンスがあるのです。世界的・国家戦略的にも重要な地理的条件を満たしている「どなんの島」だからこそ、これを武器として町民が固く結束して国に要望すれば、どんなことでもできないことはありません。すなわち、その方策こそが自衛隊誘致なのです。今現在、これからの与那国が生き延びて、周辺に忍び寄る国際紛争にも自衛隊という国家の防衛力で身を守りながら、充実した国家予算を獲得し関連する事業で雇用促進を図りつつ、島民全員が一様に安定した生活基盤を築き上げ、さらに子孫に反映をもたらす方策はこれしか、すなわち自衛隊誘致しかない、と言い切っても過言ではありません。

私ども、~~沖縄県与那国防衛協会~~は、全力を尽くして審議を重ね検討に検討を重ねて、全会一致で「自衛隊を誘致する」結論に達したものであり、今後、粉骨砕身、実現に向かって、具体的な内容を詰めるためには県や防衛省・国とも様々な折衝を重ねていかねばなりませんが、その前提として先ずは右のような趣旨を町民の皆様方がご理解いただき、さらにご支援ご協力を賜らなければ、本件の推進は不可能であり、事は成就できませんので本趣意書を差し上げている次第です。なにとぞご理解ご協力のほど、重ねてお願い申し上げます。

上記決議する。

平成二十年九月十九日

与那国町議会

（印：与那国町議会印）

（印：与那国町議会議長印）

図４−４a 「与那国島への陸上自衛隊部隊配置に関する要望書」表紙

防衛大臣
浜田 靖一 殿

与那国島への陸上自衛隊
部隊配置に関する要望書

平成２１年６月３０日

与那国町長 外間 守吉

与那国町議会議長 崎原 孫吉

与那国防衛協会会長 金城 信浩

図４－４ｂ「与那国島への陸上自衛隊部隊配置に関する要望書」本文

与那国島への陸上自衛隊部隊配置について

国においては防衛計画大綱に基づいて中期防衛力整備計画の中で定められた「島嶼部防衛」、「周辺海空域実効的な保全」、「大規模・特殊災害等への対応」を新たなる防衛力の役割として明記されております。これにより沖縄に駐屯する第１混成団も本年度旅団に改編される計画であるとお聞きいたしております。

与那国島は、台湾から約125㎞沖縄本島から約500㎞の日本最西端に位置する国境の島であります。そして与那国島を含む八重山先島地区には自衛隊が配置されていないのが現状であります。

先島地区は台風常襲地域であり昨年も与那国町は台風13号・15号による甚大な被災を受けました。また与那国島の周辺海域は地震活発地帯であり今後30年以内にマグニチュード7.8程度の規模の地震が発生する確率は30パーセントとの潜在的に大規模災害発生の危険性を内包している地域でもあります。また尖閣諸島や東シナ海の資源開発に端を発する排他的経済水域内での周辺諸国の動向についても憂慮しているところであります。

このような状況において、町民の生命と財産を守り、安全で安心して暮らせる町づくりを実現するため、与那国島への陸上自衛隊部隊配置の必要性を強く感じております。またこのことが与那国島の振興活性化に繋がりインフラ整備が図られることを期待しております。

このような観点から防衛省としましても第１混成団の旅団化を速やかに実施され、与那国島に陸上自衛隊部隊を配置してくださるよう日本最西端に位置する国境の島に生きる住民の代表として強く要望いたします。

求める署名が二〇一二年に行われ五八八人の署名が集まったものの、与那国町議会では与党多数によって住民投票は否決されてしまう。またこの間、署名名簿の縦覧中に何者かによって名簿の一部が抜き取られるという事件も発生するなど、基地問題をめぐる島内情勢はますます混迷する状態となっているのである。

その後、二〇一三年八月、任期満了に伴う町長選挙で、自衛隊誘致を進める現職が勝ったことから、誘致は町民の賛同を得たとして防衛省と町有地貸借に関する契約を締結すべく、交渉を行っている（二〇一三年一一月段階）。ただし、町長選挙は四四票という僅差であり、現在も自衛隊誘致に関する住民投票を求める意見は根強いし、反対派が活動を継続しているのが現状である。

（2）基地配備をめぐる対立の要因

次に誘致目的に関する問題である。与那国島に対する自衛隊配備の防衛政策上の問題点については、終章で沖縄と安全保障問題を検討する部分で論じることとし、ここでは与那国島内部の議論を中心に検討する。

そもそも誘致を求める署名は、与那国の過疎問題解決手段として行われた。すなわち、本土の安全保障専門家や政府の考えとは異なり、署名を行った島民のほとんどは自衛隊誘致による過疎の解決を期待しているのである。誘致賛成派が自衛隊による経済効果を主たる目標としていることは間違いない[31]。たしかに短期的には自衛隊基地誘致で基地建設費や補助金等で島の経済は潤うけれども、それで島の経済問題や過疎が解消されるわけではない。しかし、島内で語られているのは、ここで述べるのがはばかられるような金額が毎年島に来るという夢のような話である。防衛予算に占める基地関係経費の漸減傾向から考えても、与那国だけをいつまでも特別扱いできるわけもなく、そもそも自衛隊は地域経済振興のための組織ではない。今回配備が計画されている沿岸監視部隊は北海道の礼文島に駐屯する部隊がモデルとされているが、礼文島では人口が一九七〇年の七五三五人が二〇一〇年には三〇七八人へと半分以下に減少している[32]。純粋に経済振興を求めて基地誘致を行った島民から、自衛隊誘致の「効果」に対する不満が拡大する可能性も考えられる。

さらに問題なのは、これまで与那国が積極的に推進してきた台湾との交流が、推進力を失ってしまったことである。平成の大合併期に石垣市、竹富町との合併を住民投票の結果拒否した与那国が、台湾との交流に活路を見出すべく独自に自立計画を策定したのは前述のとおりである[33]。島内外の支援の輪も広がることで、当初はその実現性を疑っていた周辺も驚くほど台湾との交流の実績をあげつつあった[34]。最近は同じ八重山地域の石垣市や竹富町も台湾交流に本格的に乗り出し、県も支援する姿勢を見せていた時期に起こったのが自衛隊配備問題だった。与那国町長自身は台湾交流をやめていないと語っているが、これまでの与那国の活動からすると、明らかな後退が見られる。こうして、拡大の可能性を見せる台湾交流の中で与那国が埋没することを、島内で交流を積極的に推進してきた人々が懸念することになったのである。実際、現在島内で自衛隊誘致反対活動を行っている人たちの中心は、台湾交流による経済活性化を目指した人たちである。この人たちはかつて、国境の島が警官二人で守られている状況でよいのかと「国境離島特区申請」で訴え、尖閣のように無人島ではなく国境離島に人が住み続けることが安全保障上も重要であると述べていた人たちでもある。自衛隊誘致反対というと、冷戦時代の保守対革新の思想から抜けられない左翼系統の人と見られがちであるが、この人たちはそうではない。またそうではない人たちを反基地の活動へと動かしたところに問題の深刻さがある。

さらに二〇〇七年に、県の自粛要請、町の中止要請を振り切る形で米海軍掃海艇の与那国祖納港入港が実施されたが[35]、その後、ケビン・メア（当時）沖縄総領事が台湾有事の際に与那国の港湾が掃海拠点として使用できると米国政府への電報で述べていたことがウィキリークスの公開で明らかになったと報道された[36]。与那国では自衛隊基地建設は、やがて米軍との共同使用となるという文脈で多くの反対派住民がとらえている[37]。米軍基地となれば、台湾海峡という「最前線」に位置することになり、有事の際には島が攻撃対象になることが懸念される。すなわち、本土で議論されている「国境防衛」を越えた役割を与えられるという認識である。基地建設に関する防衛省の現地説明は決して十分とは言えず、その一方で防衛省による環境調査が粛々と進められている状況に、現地では「第二の普天間」、つまり本土政府による基地押しつけという見方でとらえられるに至っている。

本節の最初に述べた数字は、自衛隊誘致の署名数と反対の数字であることは前述したとおりである。与那国は町長選挙の投票率が毎回九八％を超える政治の島である。二〇一一年七月に与那国を訪れた民主党岡田克也幹事長（当時）に対し、自衛隊誘致反対を唱える島民の発言が相次いだ。これに対して岡田幹事長は「具体的に与那国に自衛隊を持ってくるかどうかということについて、島の中が二つに割れて、賛成反対で対峙してる状況は非常に望ましくない。是非そこはお互いよく話し合いをしていただきたい」と述べた[38]。しかし、この島は島民のほとんどが顔も名前もわかるという地縁血縁環境で生活しており、政治対立が感情的対立となり、それが家族・親族間対立まで及んでしまう恐れも大きい。そうなると対立を緩和することは難しくなっていく。言うまでもないが、基地所在自治体の支援は安定的な基地の運用に不可欠である。その点を考えると、反対論が島の半分を占める現状のまま、与那国島に自衛隊基地建設が強行された場合の現地住民との関係は相当な懸念材料である。

これまで自衛隊・防衛省（かつての防衛施設庁時代を含めて）は基地所在自治体との良好な関係を築くための活動に熱心に取り組んできた。本土の基地の大部分は旧軍時代から基地が置かれていて、基地との共存に慣れている地域が多い。その大部分は基地の存在が自治体活動に組み込まれている。しかし、そういった戦前の基地を引き継いだ本土の大部分の基地と異なり、基地の伝統がなく、しかも軍事機構に複雑な感情をもつ沖縄地域に新たな基地を建設するには相当な準備が必要であったと思われる[39]。すなわち、現地の事情についての詳細なリサーチを行ったうえで、諸般の準備を慎重に進めて住民の了解を得るという、当然の活動が進められるべきであったと考えられる。

さらに言えば、現在与那国島では島の将来の活性化について、「自衛隊誘致」と「台湾交流」が二分法的に語られ、「自衛隊誘致」の現職町長が選挙で勝ったことから、台湾との交流は低迷している。本来、地域振興のための組織ではない自衛隊に人口問題や経済活性化を託すという政治決断は、将来の与那国に何をもたらすのだろうか。台湾側から見た場合、人口約一五〇〇人の与那国単独ではなく、人口六万人に及ぶ石垣・竹富との交流に魅力を感じるのは自然である。また、明らかに台湾海峡を監視するとしか思えない部隊が、これまで基地が存在しなかった与那国に配備されることは、交流相手に負のメッセージを送ることになる。拡大の可能性を見せる台湾交流の中で与那国が埋没することが懸念されるのである。そうなれば与那国が取り組んだ経済振興の柱が失われ、やがて与那国は、自衛隊基地は存在するが島民は住んでいない島になってしまう恐れもある。かつて人が住んでいた尖閣諸島が無人となったことでどのような事態が生じているか、安全保障の観点からも懸念されよう。

政府は、与那国が自立を求めてさまざまな要請を行ったときには高い壁となり、次には現地の情勢をよく知らないまま自衛隊配備問題で島内の混乱を生じさせてしまった。島内にも安易な手段で経済振興を図ろうという人々もいて、それが島内の意見分裂を呼ぶことになった。これは沖縄全体と本土との関係の縮図に他ならないのである。

注

（1）外務省の支援内容については、外務省ウェブサイト「グローカル外交ネット」参照 http://www.mofa.go.jp/mofaj/gaiko/local/index.html

（2）白石隆『海の帝国　アジアをどう考えるか』（中公新書、二〇〇〇年）参照。

（3）高良倉吉『琉球王国』（岩波新書、一九九三年）参照。

（4）対馬の韓国との関係は近年急速に増大している。韓国資本のホテルが建設され、交流事業も多い。対馬から出入国する人は、一九九八年に一〇九六人（うち外国人五一七人で大半が韓国人）であったのが、五年後の二〇〇三年には三万四三八五人に拡大し、うち三万一二四七人が外国人（大半が韓国人）である（対馬市資料）。対馬経済は韓国との関係がきわめて重要になっているといえる。

（5）与那国町ウェブサイト http://www.town.yonaguni.okinawa.jp/。人口は本章執筆時点（二〇一三年一〇月末）である。

（6）これは敗戦後の復興物資を求める本土と、台湾を結ぶ「密貿易」が多かった。その実態については、大浦太郎『密貿易島――わが生涯の回想』（沖縄タイムス、二〇〇二年）に詳しい。無論、与那国と台湾の結びつきは密貿易だけではなく、台湾の交流圏の中に与那国が一体化していたと考えるほうがよいであろう。台湾と与那国の交流については、松田良孝『与那国台湾往来記――「国境」に暮らす人々』（南山舎、二〇一三年）に詳しい。

（7）「防空識別圏」とは「防空上の必要に基づき、航空機等の識別を容易にするために設定された特別の空域」である。眞邉正行編著『防衛用語辞典』（国書刊行会、二〇〇〇年）四四八頁。

（8）たとえば二〇〇五年二月一六日、衆議院予算委員会で沖縄出身の白保台一議員が次のような質問を行っている。「防衛庁長官にお伺いしたいと思いますが、御存じの防空識別圏、ＡＤＩＺ、これが南の方に行きますと与那国島のど真ん中を通っている。我が国の防衛というのは領空をやるのかと思いましたら、領空の中に防空識別圏があるというのは一体何なんだろうか。何度か質問して、いろいろと答弁を伺っていますが、領空の中に防空識別圏があるというのはどう考えても理解ができない。ほかの国との関係がある、こういうふうに言いますけれども、領空は我が国が排他的な権限を持っているはずにもかかわらず、ほかの国に気を使わなきゃならないというのは一体何なのか。このＡＤＩＺの書きかえを行う考えはありませんか」（国会会議録）。これに対し大野功統防衛庁長官が、それには歴史的経緯があって機会を見て関係国と協議したいということと、国境の防衛には万全を期すということを述べている。

（9）石垣市と竹富町の人口は二〇〇五年一二月の時点のものである。

（10）沖縄県与那国町『与那国・自立へのビジョン　自立・自治・共生――アジアと結ぶ国境の島ＹＯＮＡＧＵＮＩ報告書』（二〇〇五年三月、以下『与那国・自立へのビジョン報告書』と略す）三五頁。

（11）吉元と与那国自立プランとのかかわりについては、前掲『吉元オーラル』。

（12）前掲『与那国・自立へのビジョン報告書』三四～三六頁。なお、推進協議会の議事録等も同報告書に収録されている。

（13）「与那国・自立へのビジョン」の主要な内容は以下のとおりである。

ビジョン策定にあたっての基本認識：

・本ビジョンは、祖先が残してくれた与那国固有の資産（自然、歴史、文化、人的資産）を〝島の自立と新しい将来像の実現〟に向けた大切な地域資源として活かしながら、新しい島づくりを通じ、次代への継承を目指すものである。
・地方分権、行財政分野における三位一体改革等の進展に対応し、新しい住民自治の確立と活力ある島づくりが求められている。
・今後益々加速するであろう世界規模のボーダーレス化／グローバル化、また、全国的に推進されつつある規制緩和の流れは、「辺境の島」から「交流の島」へ、「依存型経済社会」から「自立ネットワーク型経済社会」への転換を図る絶好の機会である。
・竹島や北方四島の例を見るまでもなく、国境の島に自国民が居住・生活することは、国土を保全し、かつ、わが国の領土・領海・経済水域等を平和的に守る上で極めて重要であり、われわれ与那国町民はその役割を担っている。
・島は長年、その地理的特性から「しまちゃび（島痛み）」と呼ばれる離島苦に悩まされてきた。近年、その状況は緩和されつつあるものの、医療、教育、物価、生活利便性など各面における地理的な不利性はなおも存在する。
・与那国島の住民が、日本国民としてふさわしい〝安全・安心〟と〝持続可能な地域社会〟を実現するためには、与那国固有の条件や島の特性をふまえた、国による制度的措置が強く求められる。
・ビジョンの推進とその実現にあたっては、住民一人一人の自覚と参加・協力が必要不可欠である。
・与那国は郷友会や島出身者だけでなく、県内外にも多くのファンを有する。これは与那国固有の資産・財産であり、地域活性化への貴重な資源である。こうした人的資源をネットワーク化し、自立ビジョンの実現を促進する。

ビジョンがめざす新しい与那国の姿／将来像：

・自分たちのことは自分たちで決定し、自分たちで出来ることは自分たちで行い、お互いがお互いを助け合う、「ゆいまーる精神」溢れる「自治と自律の島」
・県外だけでなく、台湾や中国、東南アジアなど世界の国々と自由に往来する「交流の島」
・特産品や薬草、健康食品、観光地としての「与那国ブランド」が確立されることにより、地域資源を生かした産業が振興し、「どぅなんとぅ」が自ら立ち上げた企業が活躍する「自立経済の島」
・貴重な動植物など島の豊かな生態系や美しい自然を守り、次代に継承する「環境共生の島」
・光ケーブルの敷設により、大容量インターネットが地域と各家庭に普及し、医療や教育、消費生活などの地理的不利性が軽減した「ＩＴ活用の島」

・島民が安定した収入を得られ、かつ、生活にかかる費用が抑えられた、暮らしやすい「安心の島」
・豊かな自然環境と伝統・文化に囲まれ、心豊かなスローライフを満喫できる「癒しの島」
・子どもからお年寄りまでが安心して住める「長寿と子宝の島」
ビジョン実現への三つの基本戦略：
◆基本戦略Ⅰ：住民主体の自治・島おこし・まちづくり
アクション：「自治基本条例」の制定、「美ら島事業」等による産業おこしと人材育成
◆基本戦略Ⅱ：国境交流を通じた地域活性化と人づくり
アクション：「与那国特区」「自由往来」の実現（与那国―台湾直行便、国境離島型開港）
◆基本戦略Ⅲ：ＩＴ／情報通信基盤の整備など定住条件の向上と国土保全への政策支援の強化
アクション：「光ケーブル」の敷設・活用（新しい情報通信ネットワークの構築）

(14) 前掲『与那国・自立へのビジョン報告書』三六頁、および「与那国自立ビジョン支援・東京会議」については同じく八九～一〇五頁。

(15) 与那国町「自立・自治宣言」は、前掲『与那国・自立へのビジョン報告書』一頁に所収。

(16) 「『与那国の新しい将来像と自立へのビジョン』――ビジョン策定にあたっての基本的見解」（「与那国自立へのビジョン」政策調査委員会、二〇〇四年八月）。前掲『与那国・自立へのビジョン報告書』八〇～八一頁に所収。

(17) このほかにも、「教育特区」や「環境特区」が構想されているが、すべての前提は台湾との交流を拡大することであった。

(18) 与那国「国境交流特区」申請に対する各省回答（公開資料より）。

(19) 「東京新聞」二〇〇五年一一月一一日。

(20) このときの台湾側の説明では、与那国上空は台湾の防空識別圏からはずしているということであった。この点、当時の防衛庁の説明と異なっている。いずれにしても、国境の防空問題での説明が混乱すること自体、問題といえるであろう。

(21) 「沖縄タイムス」二〇〇五年九月六日。

(22) 前述の対馬、さらにロシアとの交流を前提とした稚内の交流特区も認められなかった。

(23) 「東京新聞」二〇〇六年一月六日によれば、与那国の問題について台湾各紙が注目し、与那国独立論をいっせいに報じた。

(24) 以下の記述は、都市経済研究所監修「与那国『国境離島振興プロジェクト』等活動履歴――経緯抜粋／二〇〇四年～二〇〇九

年」を参照した。

(25) 与那国在花蓮市連絡事務所は五月二九日に開設され、「姉妹都市交流機能、町民との連絡機能、経済交流促進機能、広報・観光局機能」などを担った。田里所長は各種交流活動を積極的に推進して与那国・花蓮のネットワークの強化を行ったのち、一〇月に帰任した。

(26) 平成二〇年度、応募総数一一八六件で採択は一二〇件。

(27) 事業概要は以下の通り

・双方向（2ウェイ）／合計六往復・一二便

・使用機種：復興航空・ATR72型（最大搭乗人数：七〇名）

・実施時期：第一期〜第三期（いずれも金曜から日曜の週末に実施）

・複合社会実験としての意義：過去経験のない人数の海外からの団体旅行者をいかに受け入れるか、島の特産品を台湾の観光客・バイヤー等にどのように広報PRするか等、交通だけではない「複合的な社会実験」としての実施。

ex「国境の島・与那国特産品フェア―黒潮と太陽の贈りもの―」開催

ex外客受入れ態勢・ネットワーク構築+観光体験プログラム提供

・成果：総計約二八〇名に及ぶ〝境地域間の人の移動と新たな交流〟を創出。空路（航空機）による直接航行を通じ、「交流」の基礎条件の「交通」を確保するとともに、国境地域間の「人の移動」を計画的に遂行。

(28) 内容は下記のとおり

「台湾東部・沖縄八重山諸島観光経済圏国境交流推進共同宣言」

（以下、主要事項抜粋）

台湾東部（花蓮・宜蘭・台東）と沖縄八重山諸島（石垣市・竹富町・与那国町）は、国境を隔てる二地域であるが、古来より一衣帯水の関係で、両地域は相互に往来し、各種交流を深めているところである。

両地域の人々は深く厚い情誼で結ばれ、家族のような親密さでお付き合いを続けてきている。両地域の住民にとって最も良好な関係を追求するために、我々は、花蓮市と与那国町、及び蘇澳鎮と石垣市の姉妹都市関係を発展させ、「台湾東部・沖縄八重山諸島観光経済圏」の形成を推進することに同意した。よって、下記の項目について双方が今後も協議し、誠実に実行に移すことを共に宣言する。

1　我々は毎年一回を目処に、「国境交流推進拡大合同会議」を両地において輪番に開催し、双方の観光・文化・経済産業の交流・発展促進について意見交換を行う。
2　我々は相互に協力しあい、台湾東部と沖縄八重山諸島の両地域間の便利で高速な海路・空路の直航交通網の実現、およびその直航路線の定期航路化に向けて努力する。
3　初動として、我々は毎年次の定期チャーター便就航に取組み、両地域の「国境交流特区構想」を一歩一歩着実に実現する。（児童・生徒の修学（卒業）旅行・スポーツ・文化交流ツアー、農・商工・観光業などの視察ツアー、その他）
4　我々は、日台両中央政府に対し、時代の流れにそぐわない関係法令についての解決協力を求め、両地域の観光経済圏確立を両国の国益として捉え、両政府から積極的な協力を得て、早期実現するように全力で働きかける。
5　我々は旅行業者、海運業者、航空会社らと協力し、両地域内の観光資源を共同で開発し、両地域の旅行コース造成を図る。
6　民間の経済推進協会等の設立および発展を推進し、外資企業を含む各種企業誘致を推進する。両地域は、台湾と日本のみならず、東アジア全体を結ぶ国境都市を目指す。次代を担う青少年が「国境の海」を越えて活躍し、両地域の平和と活力、安心と共生を確かなものにすることを此処に誓う。

二〇〇九年四月一五日

花蓮市長　蔡　啓塔
与那国町長　外間　守吉
竹富町長　川満　栄長
石垣市長　大濵　長照

(29)「沖縄タイムス」二〇〇八年四月二八日、社説。
(30)与那国島で自衛隊反対運動の中心となっていくのが「与那国改革会議」と、島内の女性たちが作った「イソバの会」であった。どちらも島民からなる組織で、島外の運動家などではない。沖縄で自衛隊関連の活動があると、すぐに本土の革新系運動家との関連が問題とされるが、与那国島で起きた自衛隊誘致反対運動は、島民が中心であったことは間違いない。
(31)二〇一二年の総選挙で自民党政権が誕生した後も、外間町長は「自衛隊誘致は経済対策。安全保障上の抑止力は私には関係ない」と述べている。「毎日新聞」二〇一二年一二月二八日。http://mainichi.jp/opinion/news/20121228ddm003010124000c.html（二〇一三年二月九日アクセス）。外間町長はＮＨＫへのインタビューでも「国家安全保障の問題等々含めてね、（略）そういう理解の仕方というのは。私はしておりませんね」と語っている。鎌倉英也・宮本康宏『クロスロード・オキナワ　世界から見た沖縄、沖縄から見た世界』（NHK出版、二〇一三年）二六六～二六七頁。

(32) 総務省「国勢調査」参照。

(33) 与那国の自立構想については、拙稿「東アジアにおける新しい『地域主義』の形成とその意味」（中部大学『アリーナ2006年』）参照。

(34) 与那国自立構想の展開については、その作成段階から深く関与した上妻毅の『「国境離島」断想――沖縄県与那国町「自立ビジョン」の現場に立ち会って』参照。https://docs.google.com/file/d/0BzJfGizqRAIyTFZSMnhKdHp1QkE/edit（二〇一三年二月九日アクセス）。

(35) 「琉球新報」二〇〇七年六月一五日。http://ryukyushimpo.jp/news/storyid-24631-storytopic-3.html（二〇一三年二月九日アクセス）。

(36) 「琉球新報」二〇一一年九月一五日によれば、「公電でメア氏は『寄港は戦略上重要だった』とし、祖納港を『掃海艦が安全に接岸できるほど（水深が）深く、類似の掃海艦四隻を一度に収容できる』と評価。また同港近くに与那国空港が立地している点をあげ、『与那国空港を利用し、ヘリコプターを掃海艦支援に使えば、台湾に最も近い日本の前線領土として対機雷作戦の拠点になり得る』とした」という。http://ryukyushimpo.jp/news/storyid-181706-storytopic-1.html（二〇一三年二月九日アクセス）。

(37) メア総領事の公電が報道された後に開かれた与那国町九月議会で、崎元俊男議員が、ケビン・メア前総領事が有事の際、祖内港をアメリカ軍の掃海艇の拠点として利用できることをアメリカ政府に伝えていたことを取り上げ「自衛隊誘致と関連して、共同使用があるのではないか」と質した。これに対し外間町長は「アメリカ軍が来る場合においては拳を挙げて反対の立場を取る」と答え、アメリカ軍の使用には反対を示した。琉球朝日放送、二〇一一年九月二二日。http://www.qab.co.jp/news/2011092230954.html（二〇一三年二月九日アクセス）。また、与那国島に対する米海軍艦艇寄港が中国に対する軍事戦略的目的で行われたことをメア元総領事自身が著書でも認めている。ケビン・メア『決断できない日本』（文春新書、二〇一一年）一六三頁。

(38) 琉球朝日放送、二〇一一年七月一九日、http://www.qab.co.jp/news/2011071929542.html（二〇一三年二月九日アクセス）。

(39) 本土の一部マスコミやインターネットでは、基地建設に反対する意見を旧来の「左翼活動家」、基地誘致派を安全保障に理解がある人々と簡単に結論づける論調が見える。また、反対派の活動を本土からの活動家に使嗾《しそう》されたものとする意見もあるが、与那国の実情はそれにあたらないことは前掲注（30）や本文に述べたとおりである。

終　章

「沖縄対政府」関係とは何か

海軍陸戦隊司令官　大田実司令官の電文（適宜改行を加えた）

発　沖縄根拠地隊司令官
宛　海軍次官

（略）沖縄島ニ敵攻略ヲ開始以来陸海軍方面防衛戦闘ニ専念シ県民ニ関シテハ殆ド顧ミルニ暇ナカリキ然レドモ本職ノ知レル範囲ニ於テハ県民ハ青壮年ノ全部ヲ防衛召集ニ捧ゲ残ル老幼婦女子ノミガ相次グ砲爆撃ニ家屋ト家財ノ全部ヲ焼却セラレ僅ニ身ヲ以テ軍ノ作戦ニ差支ナキ場所ノ小防空壕ニ避難尚砲爆撃ノ□□ニ中風雨ニ曝サレツツ乏シキ生活ニ甘ンジアリタリ

而モ若キ婦人ハ卒先軍ニ身ヲ捧ゲ看護婦烹炊婦ハ元ヨリ砲弾運ビ挺身切込隊スラ申出ルモノアリ所詮敵来リナバ老人子供ハ殺サルベク婦女子ハ後方ニ運ビ去ラレテ毒牙ニ供セラルベシトテ親子生別レ娘ヲ軍衛門ニ捨ツル親アリ

看護婦ニ至リテハ軍移動ニ際シ衛生兵既ニ出発シ身寄無キ重傷者ヲ助ケテ□□真面目ニシテ一時ノ感情ニ駈ラレタルモノトハ思ハレズ

更ニ軍ニ於テ作戦ノ大転換アルヤ夜ノ中ニ遥ニ遠隔地方ノ住居地区ヲ指定セラレ輸送力皆無ノ者黙々トシテ雨中ヲ移動スルアリ是ヲ要スルニ陸海軍□□沖縄ニ進駐以来終止一貫勤労奉仕物資節約ヲ強要セラレツツ（一部ハ兎角ノ悪評ナキニシモアラザルモ）只管日本人トシテノ御奉公ノ護ヲ胸ニ抱キツツ遂ニ□□□□与ヘ□コトナクシテ本戦闘ノ末期ト沖縄島ハ実情形□一木一草焦土ト化セン糧食六月一杯ヲ支フルノミナリト謂フ

沖縄県民斯ク戦ヘリ

県民ニ対シ後世特別ノ御高配ヲ賜ランコトヲ

〈一九四五年六月六日〉

『孟子』「離婁章句」

孟子曰く、桀紂《けっちゅう》の天下を失えるは、その民を失えばなり。その民を失うとは、その心を失うなり。天下を得るに道あり。その民を得れば、斯《すなわ》ち天下を得べし。その民を得るに道あり。その心を得れば、斯ち民を得べし。

1　中国の台頭と沖縄

「改革・開放政策」後の中国の急速な台頭は、沖縄にも大きな影響を及ぼすようになった。当初は中国の経済成長への高い関心から、沖縄でも中国経済といかに結びついていくかが検討された。「国際都市形成構想」も、中国の経済発展をどのように沖縄の自立につなげるかが大きなテーマの一つでもあった。一九九〇年代の中国は、八九年の「天安門事件」や九二年の領海法制定、九六年の台湾海峡危機といった不安定要素をはらみながらも、日本経済全体で見ても経済パートナーとしてきわめて重要な位置を占めていった。経済的に重要なパートナーとして日中関係を一層進展させていくことに対して、多くの国民に異論はなかったと思われる。

図終-1の内閣府世論調査が示すように、七八・六%という八割近い人が「親しみ」を感じていた一九八〇年を頂点として、中国への親近感は減少していたものの、それでも「親しみを感じる」と「親しみを感じない」の割合が九〇年代から二〇〇三年まで、ほぼ四五%から五〇%強の間を上下していた。一九七二年の国交正常化からの「中国ブーム」とでもいえる熱狂は冷めて、領土問題や歴史問題などが浮上し中国内部の情報も伝わるにつれて、ようやく中国に対して現実主義的に見ることができる時期になってきていた。ただ、中国の目覚ましい経済発展が日本経済との緊密な関係も深めており、「付き合いにくいが大事な隣人」という位置が当時の中国についての大方の見方であり、少なくとも「脅威」という認識は一部の安全保障関係者を除いて少なかったと思われる。

そのような中国観は、二〇〇四年ころから急速に変化していく。中国から言えば、小泉首相による靖国神社参拝が日中関係悪化の要因ということになろうが、日本としても愛国主義教育に基づく反日デモの過激化・頻発化や、高い成長率を誇る経済発展を土台とした年率一〇%を超える国防予算拡大など、軍事的脅威としても存在感を増し

図 終-1　中国に対する親近感

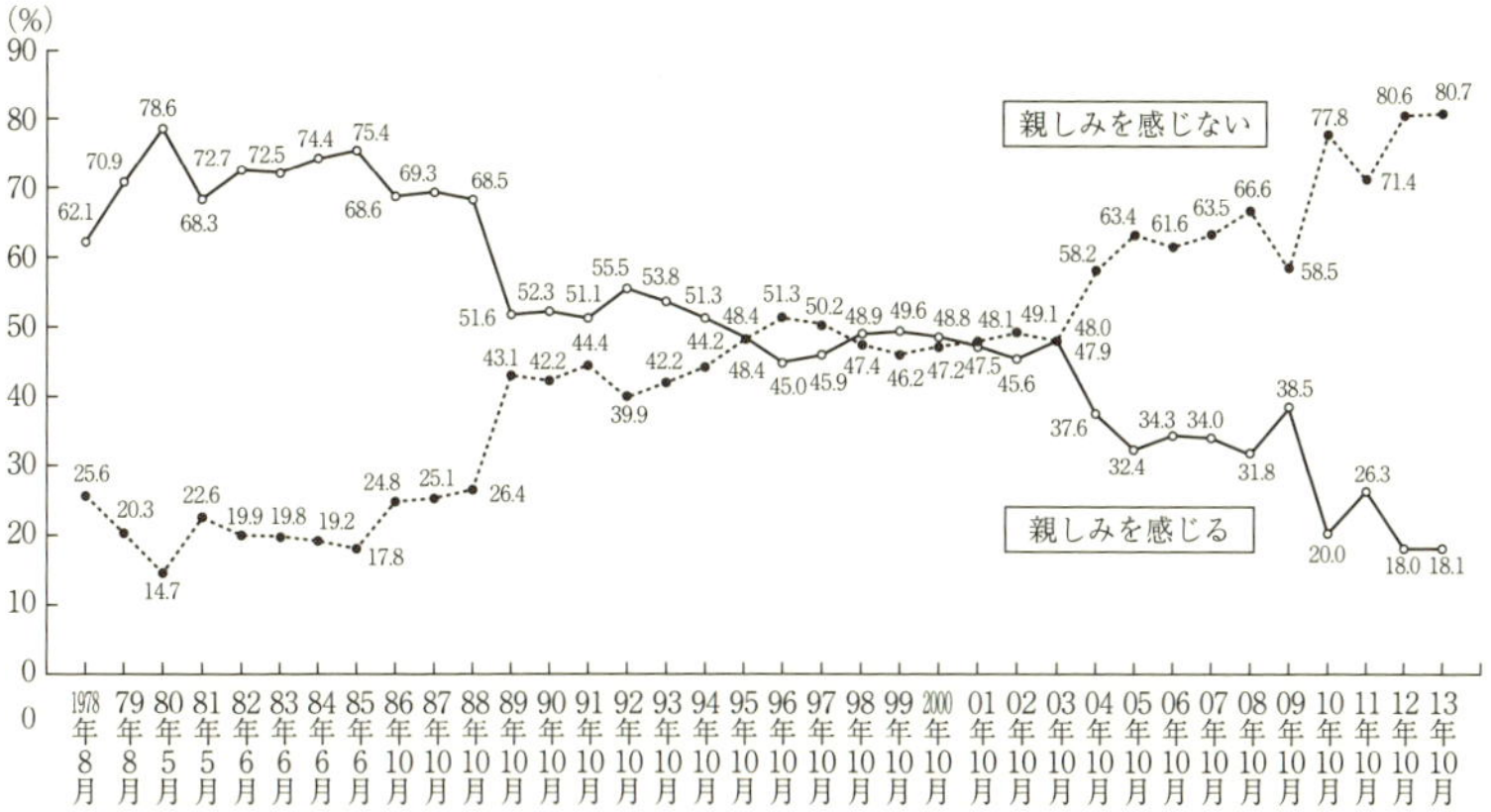

出所：内閣府世論調査（2013年10月実施）http://www8.cao.go.jp/survey/h25/h25-gaiko/index.html

図 終-2　中国の公表国防費の推移

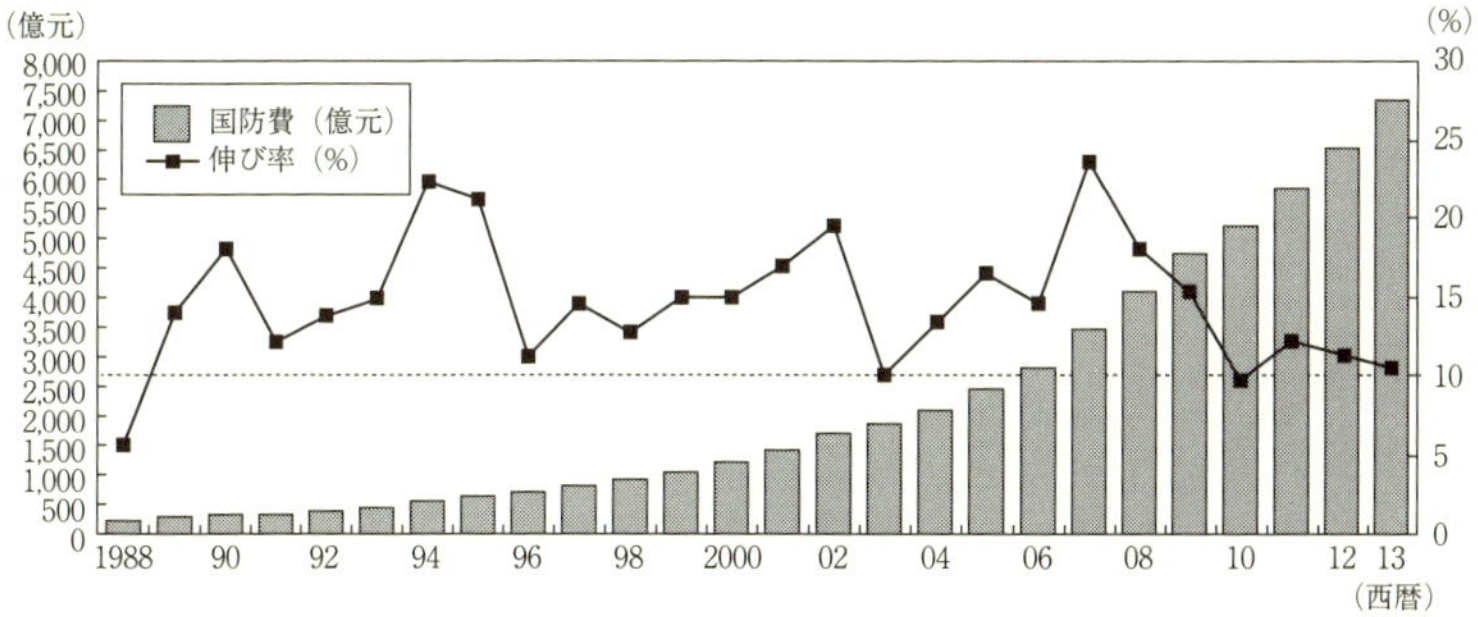

注：2002年度および2004年度の国防予算額は明示されず、公表された伸び率と伸び額を前年当初予算にあてはめると齟齬が生じるため、これらを前年執行実績額からの伸びと仮定して算出し、それぞれ1,684億元および2,100億元として作成。

出所：『平成25年版　防衛白書』33頁。

南西諸島方面地図

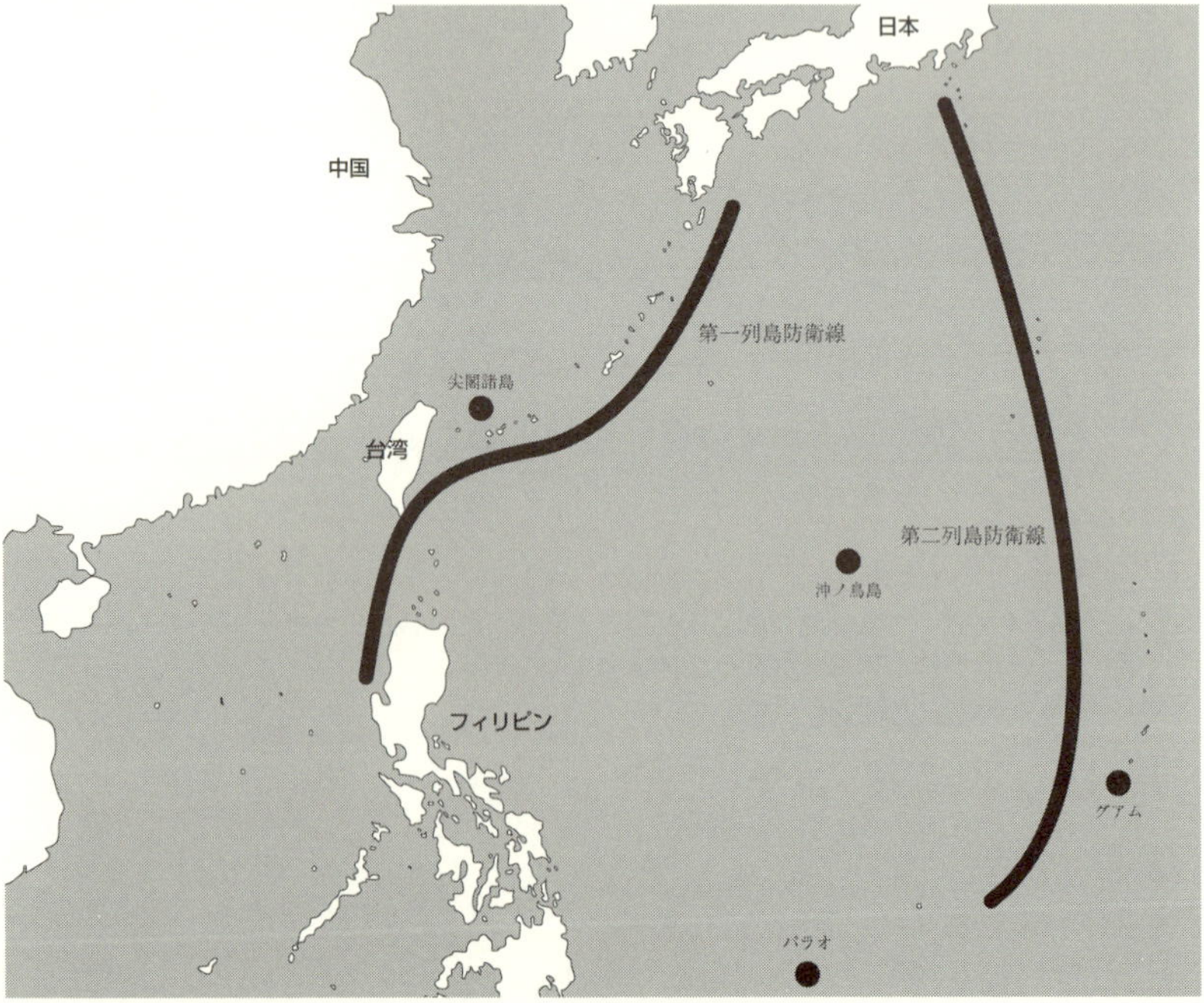

中国の積極的な活動海域

表 終−1　日本近海における最近の中国の活動

時期	活動内容
2008年	
10月	ソブレメンヌイ級駆逐艦等４隻が津軽半島通過後、太平洋を南下して我が国を周回。
11月	【沖縄方面】最新鋭ルージョウ級駆逐艦等４隻が太平洋進出。
12月以降	【尖閣諸島周辺】中国公船が領海侵入。
2009年	
６月	【沖縄方面】最新鋭ルージョウ級駆逐艦等５隻が太平洋進出。
６月	ルージョウ級駆逐艦等５隻が沖ノ鳥島北東海域に進出。
2010年	
３月	【沖縄方面】ルージョウ級駆逐艦等６隻が太平洋進出。その後、南シナ海に進出し西沙諸島海域で軍事訓練。
４月	キロ級潜水艦、ソブレメンヌイ級駆逐艦等10隻が沖ノ鳥島西方海域進出。なお、一部の艦艇は太平洋進出前に東シナ海で訓練を実施し、その際、警戒監視中の護衛艦「すずなみ」に艦載ヘリコプターが近接接近。太平洋上でも、警戒監視中の護衛艦「あさゆき」に同様の近接接近があり、外交ルートを通じて中国政府に抗議を行った。
７月	【沖縄方面】ルージョウ級駆逐艦等２隻が太平洋進出。
2011年	
６月	【沖縄方面】ソブレメンヌイ級駆逐艦等11隻が太平洋進出。情報収集艦の随伴を初めて確認。艦艇部隊は沖ノ鳥島南西約450km 海域で軍事訓練実施。艦艇からの無人航空機（UAV）の離発着や、夜間洋上訓練、夜間のヘリコプター発着訓練を初確認。
11月	【沖縄方面】ルージョウ級フリゲート等６隻が太平洋進出。艦艇のうち５隻は沖ノ鳥島南西約900km 海域で軍事訓練実施。
2012年	
２月	【沖縄方面】ジャンカイⅡ級フリゲート等６隻が太平洋進出。艦艇部隊は沖ノ鳥島南西約900km 海域で軍事訓練及び洋上補給実施。
４月	ジャンカイⅡ級フリゲート等３隻が大隅半島を東航して太平洋進出。艦艇部隊は沖ノ鳥島南東約700km 海域で UAV 飛行訓練実施。
５月	【沖縄方面】ルーヤンⅠ級駆逐艦等５隻が太平洋に向けて南東進。ルーヤンⅠ級駆逐艦、ユージャオ級揚陸艦を初確認。沖縄本島南西約610km 海域で艦載ヘリコプターの飛行及び陣形訓練を実施。
６月	ルージョウ級駆逐艦等３隻が大隅半島を東航して太平洋進出。艦艇部隊は沖ノ鳥島北約900km 海域で艦載ヘリコプター飛行訓練実施、及び沖ノ鳥島南西約600km 海域で洋上補給を実施。
９月以降	【尖閣諸島周辺】中国公船が領海に頻繁に侵入。
10月	【沖縄方面】ルージョウ級駆逐艦等７隻が太平洋進出。
10月	【台湾方面】ルージョウ級駆逐艦等7隻が北進。艦艇部隊の与那国島～仲ノ神島間海域北進を初確認。艦艇部隊は魚釣島南西約80km において地理的中間線通過。
11月	【沖縄方面】ソブレメンヌイ級駆逐艦等４隻が太平洋進出。艦艇部隊は沖ノ鳥島西南西約550km 海域で艦載ヘリコプター飛行訓練、及び洋上補給を実施。
12月	【台湾方面】ソブレメンヌイ級駆逐艦等４隻が北東進。
12月	【尖閣諸島周辺】中国国家海洋局固定翼機が初めて領空侵犯。
2013年	
１月	【沖縄方面】ジャンカイⅡ級フリゲート等３隻が太平洋進出。
１月19日	東シナ海においてジャンカイⅠ級フリゲートから海自護衛艦搭載ヘリコプターに対する火器管制レーダーが照射される事案発生。
１月30日	東シナ海においてジャンウェイⅡ級フリゲートから海自護衛艦に対し火器管制レーダーが照射される事案発生。中国政府に外交ルートを通じて厳重抗議。
３月	【台湾方面】ルーヤンⅡ級駆逐艦等４隻が太平洋に向けて東進。
５月	【台湾方面】ジャンウェイⅡ級フリゲート等２隻が南東進。
５月	【沖縄方面】ジャンカイⅡ級フリゲート等３隻が太平洋進出。

出所：『平成25年版　防衛白書』41頁などを参考に筆者作成。

ていったのである（図終－2）。

しかも、中国の国防費は公表されていない部分が多く、実質的には公表分の二倍以上あると推定されている。こうした国防費の増大を背景に中国は軍事力の近代化に努めているだけでなく、積極的な活動も注目されている。たとえば、南西諸島方面における中国軍の活動は、表終－1のようにきわめて活発化している。

こうした中国の存在が、日本の安全保障政策に反映されるのは当然であった。そして沖縄方面、すなわち南西諸島防衛強化問題が急速に浮上したのである。すでに二〇〇四年の「防衛計画の大綱」で「この地域の安全保障に大きな影響力を有する中国は、核・ミサイル戦力や海・空軍力の近代化を推進するとともに、海洋における活動範囲の拡大などを図っており、このような動向には今後も注目していく必要がある」と書かれていた(1)。日本の防衛力が、冷戦時代はソ連に対応して北方重視であったものが、今度は対中国ということで南方重視となったわけである。とくに多くの島嶼から形成される沖縄には、在日米軍は多く展開しているが、自衛隊は本島に陸上自衛隊第一混成団や航空機を中心とした海空自衛隊が置かれていたものの、宮古・八重山地域には、宮古島の航空自衛隊のレーダー基地がある程度であった。多数の島々からなる地域が、これまで「防衛空白地帯」となっていたわけで、中国脅威論を背景に、前述の大綱でも「島嶼部に対する侵略に対しては、部隊を機動的に輸送・展開し、迅速に対応するものとし、実効的な対処能力を備えた体制を保持する」と書かれていた。そして二〇一〇年に改訂された防衛大綱では、「自衛隊配備の空白地域となっている島嶼部について、必要最小限の部隊を新たに配置するとともに、部隊が活動を行う際の拠点、機動力、輸送能力及び実効的な対処能力を整備することにより、島嶼部への攻撃に対する対応や周辺海空域の安全確保に関する能力を強化する」と、さらに進んで島嶼防衛の強化がうたわれていた(2)。

こうして陸上自衛隊第一混成団が約三〇〇人増強されて第一五旅団に昇格し、現在は、今まで自衛隊基地がなかった与那国島に、前述のように陸上自衛隊の沿岸監視部隊（一〇〇人程度）を置く方向となり、基地用地買収費用などが予算計上されている。[3]さらに、石垣島、宮古島には普通科部隊を置く方向で検討されているという。[4]さて、中国の活動は二〇一〇年の尖閣列島での漁船衝突問題にも見られたように、強引なものが多く、それが中国の脅威感を一層増幅させている。二〇一三年一月三〇日には中国海軍のフリゲート艦が海上自衛隊の護衛艦に火器管制用レーダーを照射したことが明らかになり、さらに一一月には一方的に日本の防空識別圏と重なる範囲に自らの防空識別圏を設定した。中国のこうした活動は、成長する経済を支えるための資源獲得要求があり、そのため日本だけでなく東南アジア各国とも軋轢を起こしている。中国は軍事力増強を、自らの自衛のためと説明するが、それを信じる国はないのが現状である。[5]東南アジアも含む東アジア地域の緊張の度合いが高まっていることは間違いないと言える。

それでは、こうした動きをしている中国に関連して、沖縄について語られている安全保障に関する議論は、すべて妥当なものなのだろうか。その点について、普天間基地移設問題も関係する海兵隊の抑止力に関する議論、「離島防衛」と関連した南西諸島への自衛隊配備計画の二点について検討してみたい。

(1) 海兵隊の抑止力について

第3章で見たように、普天間基地移設問題が浮上して以来、移設先をめぐってさまざまな議論が行われてきた。当初、県内移設が前提とされていたため、嘉手納統合案も含め沖縄県内で移設先が検討され、名護市辺野古が最終的に決定されていく。現地では、基地移設に伴う振興開発費を期待する人々と移設反対派が対立し、現在でも地元住民を分断する事態となっている。こうした経緯の中で、二〇〇九年に誕生した民主党鳩山政権が、移設策を「最低でも県外」と主張したものの実現せず、元の自民党政権時代の日米合意案に回帰したが、その際、鳩山首相が説明のために使ったのが「抑止力」であった。

辺野古、海兵隊基地のフェンス

「学べば学ぶにつけ、（海兵隊の部隊が）連携し、抑止力が維持できるという思いに至った」という鳩山首相の言葉は、普天間問題をめぐって迷走した結果、安全保障に不勉強な首相がやっとたどり着いた正論として多くの国民に受けとめられたと思われる[6]。沖縄に海兵隊は安全保障上必要であり、それに疑問を挟むものは安全保障問題の素人が軍事の現実を知らずに行っている議論であるというのが、本土における大部分のマスコミや一般の見方ではなかろうか。しかし実際にそうなのだろうか。

すでに一九九〇年代において、普天間基地の移設候補地として北海道があがっていたことは第3章で述べたとおりである。二一世紀に入ってからの米軍再編協議の過程でも、再び北海道が候補地として米国から打診され、さらに佐賀空港も米国の選択肢として提示されていたという。迅速な移動能力をもっていることが前提の海兵隊にとって、沖縄に必ず駐屯しなければならない理由はないのである。そもそも、海兵隊を運ぶ揚陸艦は佐世保を拠点としており沖縄ではない。必要なときには佐世保から沖縄まで航海して海兵隊の部隊を載せて目的地まで運ぶのである。

安全保障問題で沖縄が話題に上るとき、必ず言及される沖縄の戦略的位置について言えば、沖縄の位置が戦略的に重要であることはたしかである。しかし、東アジアで問題となる朝鮮半島と台湾に対する距離を見ると表終－2のようになる。

軍事的に見て、沖縄に海兵隊が配備されていなければならない理由はなく、沖縄配備は政治的理由である。そのことは、日本を代表する軍事専門家と評価されている森本敏が、防衛大臣を退任するときの記者会見で述べた以下

の言葉で明確に示されている。(7)

アジア太平洋という地域の安定のために、海兵隊というのは今、いわゆるMAGTFという、MAGTFというのはそもそも海兵隊が持っている機能のうち、地上の部隊、航空部隊、これを支援する支援部隊、その三つの機能をトータルで持っている海兵隊の空地の部隊、これをMAGTFと言っているのですが、それを沖縄だけはなく、グアムあるいは将来は豪州に二五〇〇名以上の海兵隊の兵員になったときにはそうなると思いますし、それからハワイにはまだその態勢がとられていないので、将来の事としてハワイにもMAGTFに近い機能ができると思うのです。こういうMAGTFの機能を、割合広い地域に持とうとしているのは、アジア太平洋のいわゆる不安定要因がどこで起きても、海兵隊が柔軟にその持っている機能を投入して、対応できる態勢をある点に置くのではなくて、面全体の抑止の機能として持とうとしているということであり、沖縄という地域にMAGTFを持とうとしているのは、そういうアジア太平洋全体における海兵隊の、いわゆる「リバランシング」という、かつては一九九七年頃、我々は「米軍再編計画」と言って、「リアライメント」という考え方ではなくて「リバランシング」というふうに言っているのですが、そ

表 終-2 「潜在的紛争地域」との位置関係

		沖縄―ソウル	沖縄―台北
距離		約1260km	約630km
船舶	20ノット	約34時間	約17時間
航空機	600ノット	約1時間	約30分
	120ノット	約5時間	約2.5時間
		福岡―ソウル	福岡―台北
距離		約534km	約1276km
船舶	20ノット	約14時間	約34時間
航空機	600ノット	約25分	約1時間
	120ノット	約2時間	約5時間
		熊本―ソウル	熊本―台北
距離		約620km	約1240km
船舶	20ノット	約17時間	約33時間
航空機	600ノット	約29分	約59分
	120ノット	約2.5時間	約5時間

出所：屋良朝博『誤解だらけの沖縄・米軍基地』（旬報社、2012年）25頁。

のリバランシングの態勢として沖縄にもＭＡＧＴＦを置こうとしているということです。これは沖縄という地域でなければならないのかというと、地政学的に言うと、私は沖縄でなければならないという軍事的な目的は必ずしも当てはまらないという、例えば、日本の西半分のどこかに、その三つの機能を持っているＭＡＧＴＦが完全に機能するような状態であれば、沖縄でなくても良いということだと。これは軍事的に言えばそうなると。では、政治的にそうなるのかというと、そうならないということは、かねて国会でも説明していたとおりです。そのようなＭＡＧＴＦの機能をすっぽりと日本で共用できるような、政治的な許容力、許容できる地域というのがどこかにあれば、いくつもあれば問題はないのですが、それがないがゆえに、陸上部隊と航空部隊と、それから支援部隊をばらばらに配置するということになると、これはＭＡＧＴＦとしての機能を果たさない。したがって三つの機能を一つの地域に、しかも、その持っている機能というのは、任務を果たすだけではなくて、必要な訓練を行う、同時にその機能を全て兼ね備えた状況として、政治的に許容できるところが沖縄にしかないので、だから、簡単に言ってしまうと、「軍事的には沖縄でなくても良いが、政治的に考えると、沖縄がつまり最適の地域である」と、そういう結論になると思います。というのが私の考え方です。

（傍点引用者）

以上で見たように、海兵隊の沖縄駐留が抑止力として不可欠という議論は、虚構といっていいであろう。そして以上の点は、これまで沖縄のジャーナリズムがたびたび指摘してきた点でもある。沖縄での米軍基地に対する意見は、全面撤退論から全面存続論まで（両極はそれぞれ少数意見である）幅が広いが、これまで多くの事件・事故を起こしてきた海兵隊が沖縄から撤収してくれれば、沖縄における基地問題の主要部分は解決できると考えている沖縄の人々は多いと思われる。海兵隊は抑止力として必須のものではないし、海兵隊がいなくても巨大な嘉手納基地や海軍のホワイトビーチの存在は、沖縄における米軍のプレゼンスを巨大なものとしているのである。

（2）島嶼防衛と自衛隊の部隊配備について

尖閣列島をめぐる中国との対立を背景に、近年重視されてきたのが「島嶼防衛」である。尖閣列島に限らず、日本自体が多数の島嶼から構成されており、沖縄だけでも有人離島は三九もある。与那国島が日本最西端の国境であるし、尖閣列島が属する石垣や、中国艦船の往来が頻繁な宮古島などは人口が五万人に近く、都市機能を有した離島である。本来、こういった島嶼の防衛を考えること自体は国家の使命として当然であろう。ただ、多数の島嶼をいかにして守るのか、また何を重視して政策を考えるべきかについて、本当になすべき議論が行われているのだろうか。

まず、現在「島嶼防衛」に関し、どのような説明が行われているかを確認しておきたい。二〇一三（平成二五）年版「防衛白書」では、以下のように説明されている。

2　島嶼（とうしょ）防衛

四方を海で囲まれ、多くの島嶼を有するというわが国の地理的特性から、わが国に対する武力攻撃の形態の一つとして島嶼部に対する攻撃が想定される。

1　基本的考え方

島嶼部に対する攻撃への対応は、自衛隊による平素からの常時継続的な情報収集・警戒監視・偵察活動などにより、兆候を早期に察知することが重要である。この対応については、陸上の防衛のための作戦との共通点が多い。事前に兆候を得た場合には、敵に先んじて攻撃が予想される地域に部隊を集中して、敵の攻撃の抑止を図る。敵があくまでもわが国を攻撃する場合、その攻撃を阻止するための作戦を行う。また、事前に兆候が得られず万一島嶼を占領された場合には、航空機や艦艇による対地射撃により敵を制圧した後、陸自部隊を着上陸させるなど島嶼を奪回するための作戦を行う。

（傍点引用者）

簡単に言えば、情報収集を行って「敵」の状況を探り、攻撃を受けないように部隊を配備して抑止する。攻撃されたり占領されたら奪還する。これが「島嶼防衛」である。与那国島に対する自衛隊配備も、「島嶼防衛」の関係が大きい。

ではここに欠けた視点はないだろうか。それがすなわち、離島に住む住民の問題である。沖縄だけでも有人離島が三九と先に述べたが、それは人が住んで生活している島が沖縄だけでも三九あるということである。その住民の安全をいかにして確保するのかという問題についての説明は先に引用した島嶼防衛の説明には見あたらない。島が攻撃されたり占領された場合は奪還するということは、島が戦場になることに他ならない。与那国島で自衛隊配備に関して反対が起きているのも、この点を島民が問題にしているのである。基地が置かれれば、そこが攻撃対象となるのは自明である。メア沖縄総領事（当時）の電文にあるように、台湾問題をにらんでの米国の戦略を背景に、将来の日米合同使用を前提として基地建設が考えられているとすれば、前進基地が置かれた与那国島が戦場となるのは明らかであるというのが島民の最大の不安点なのである。

第二次大戦で島嶼防衛に関して得た教訓は、硫黄島のように全島を要塞化して抵抗しても、制海権・制空権がない状態で大兵力で攻撃されたら守りきれないということ、沖縄戦のように住民が存在する中で戦闘が行われた場合は、多数の住民が犠牲になるという悲惨な結果になるということではなかろうか。これらは別の言い方をすれば、制海権・制空権を保持していれば島嶼を防衛することも、あるいは一時的に占領されたとしても奪還が可能であるということ、戦闘行為に地域住民を巻き込んではならないということである。

制空権・制海権の問題は、日本では航空自衛隊・海上自衛隊、米軍では空軍と海軍が担うべき任務である。占領された場合の奪還作戦は、海兵隊機能をもった陸上自衛隊が行うべきであり、米海兵隊ではない。すなわち、財政上の問題はあるにしろ、海上自衛隊と航空自衛隊を増強して海空防衛力の増大によって抑止力を拡大するということ、さらに沖縄に米国の海兵隊に代わって海兵隊機能を持った陸上自衛隊を配備するということ、それが日本が進めるべき政策ではなかろうか。沖縄に配備された海兵隊は、次節でも述べるが、本来であれば本土で引き受けるべきである。与那国島に配備予定の部隊については、基地が配備される地域住民の協力がなければ安定的な基地使用が困難であることを考えると、島民の安全の問題が考慮されていない現状では、島民の意思を十分にくみ取る努力をまず行うべきで、少なくとも現在進められている配備計画は凍結すべきである。部隊配備問題に関しては、島民の多くが海上保安庁の配備を望んでいることや、第4章で見たように与那国島で計画されている部隊の配備が、「国境警備」を越えて米国の対中戦略の拠点として位置づけられるものであれば、島民が懸念する日米合同使用、そして「戦場になる恐れ」が払拭できないことになり、部隊配備を中心とした全体の安全保障戦略自体、再検討する必要があると思われる。

さて、島民の保護に関しては、国民保護法が制定され、国民保護計画が各自治体で制定されているので大丈夫だという議論もあるかもしれない。では、そもそも国民保護はどうなっているかを見てみよう。

実は、南西諸島防衛力強化問題において、立ち遅れているのが国民保護である。そもそも国家有事の際に必要となるのは、実力を以て侵略行為を行う外敵に対して、こちらも実力を以てそれを排除するということと、非武装の国民を危険な戦闘地帯から可能な限り退避させるということである。その是非はともかく、「専守防衛」を防衛政策の基本方針として掲げているわが国にとって、有事はすなわち国家領域内での戦闘を意味し、国民の保護はきわめて重要な課題である。しかしながら、国民保護に関する法律が策定されたのはようやく今世紀に入ってからであった。それは以下のような経緯をたどっている。

二〇〇〇年三月、自民・自由・公明の三党は有事法制整備推進について合意する。森喜朗首相は四月の所信表明演説で有事法制に触れ、翌年一月の施政方針演説で有事立法の検討開始を表明する。しかしその後、冷戦時代以来の宿題であった有事法制が、有事（武力攻撃事態）関連三法案として実際に成立するのは、小泉内閣の成立、九・一一事件発生という激動を経た二〇〇三年六月であった(8)。本土防衛という自衛隊の基本任務を行う場合の法的整備が、自衛隊成立後半世紀近くたってようやく成立したわけである。与野党対立で審議ができなかった冷戦時代から見れば大きく時代が変わったことを象徴しているが、しかし日米協力の進展に比べれば明らかに遅れていた。しかしながら、このとき成立した有事法制は国民保護に関する規定は未整備であった。国民保護の問題は、翌年の二〇〇四年六月にようやく国民保護法が成立したことによって、具体的な計画策定に向けて動き出したわけである(9)。実際、国民保護法が二〇〇四年六月に成立し、同年九月に施行され、同法に基づいて二〇〇五年三月に「国民の保護に関する基本指針」が閣議決定され国会に報告されている。そして、指定行政機関については同年一〇月に、各都道府県と指定公共機関については二〇〇五年度中に「国民保護計画」が策定された。さらに、二〇〇六年度中を目途に、各市町村が「国民保護計画」を、指定地方公共機関が「国民保護業務計画」を作成している。

さて、国民保護に関しては現在でも多くの課題を抱えており、いずれ別に論じたいが、ここでは少なくとも下記の点は指摘しておきたい。まず第一に、二〇〇五年度に国民保護計画を作成した各都道府県も、鳥取県のように積極的に計画作成に取り組み、自衛隊や警察・消防との協議を行った自治体もあれば(10)、計画作成が決められたために取り組んだという熱意のない自治体も多いのが現状である。それが市町村レベルになると、そもそも有事という事態についての理解も一定ではなく、如何すればいいのかよくわからないという市町村も多い。そういったところでは、地域特性などほとんど考慮せず、政府が作成した「都道府県国民保護モデル計画」「市町村国民保護モデル計画」[11]を焼きなおした計画を作成してお茶を濁す恐れなしとしないのである。この点は次項の八重山地域のところで再度論じたい。

そして第二の問題は、この国民保護に関しても自衛隊への期待度が大きいということである。そもそも前述の「都道府県国民保護モデル計画」「市町村国民保護モデル計画」は総務省消防庁が作成したものである。すなわち土台になっているのは「防災」である。地方にとって、「防災」の視点で見た場合、自衛隊が心強い存在になることは当然であろう。一方で、有事では当然防災とは異なる状況が現出する。つまり、自衛隊は本来の任務である外敵への対応が優先され、一般国民の避難・誘導は余力をもって協力するということである。「都道府県国民保護モデル計画」においても「武力攻撃事態等においては、自衛隊は、その主たる任務である我が国に対する侵略を排除するための活動に支障の生じない範囲で、可能な限り国民保護措置を実施するものである点に留意する必要がある」という但し書きは添えられている。しかし同時に、自衛隊に対し以下のような広範な活動についての協力も求められているのである。

①避難住民の誘導（誘導、集合場所での人員整理、避難状況の把握等）
②避難住民等の救援（食品の給与及び飲料水の供給、医療の提供、被災者の捜索及び救出等）
③武力攻撃災害への対処（被災状況の把握、人命救助活動、消防及び水防活動、ＮＢＣ攻撃による汚染への対処等）
④武力攻撃災害の応急の復旧（危険な瓦礫の除去、施設等の応急復旧、汚染の除去等[12]）

そして以上のような協力が考えられている以上、それに対応した準備や訓練も行われているのである。[13]しかし繰り返しになるが、自衛隊は外敵への対処が第一の任務である。国民保護に回す余力が果たしてあるのだろうか。

では南西諸島と国民保護の問題を次に見てみよう。南北四〇〇キロ、東西一〇〇〇キロに及ぶ島嶼県である沖縄では、沖縄本島や宮古島、石垣島などの一部を除くと人口数千から数百の離島が中心である。現在、米軍と自衛隊とで離島奪回の共同作戦訓練が行われているものの、それは無人島である尖閣諸島を想定しての訓練と考えられる。しかし問題は、これまで述べてきたように有人離島の防衛についてである。島嶼防衛の強化といっても、すべての離島に防衛力を配備することは不可能であり、太平洋戦争時のような拠点防御的発想で離島の防衛力を強化していくことは現実的選択とは思えない。また、住民を巻き込んだ防衛戦の悲惨さを体験した沖縄県で、それを前提とした準備を進めることは政治的に困難であろう。制海権・制空権の確保を前提とした抑止力の強化が必要であるが、それと同時に必要なのが、戦闘に住民を巻き込むことを可能な限り限定する国民保護の推進であることは言うまでもない。沖縄県でも、法律に基づき「沖縄県国民保護計画」が策定され、それに基づいて各市町村が「国民保護計画」を作成している。「国民保護」の国・都道府県・市町村の関係は図終－3の概念図に示されるように、実質的に基礎的自治体である各市町村の役割がきわめて重要となっている。

さて、以上のように基礎的自治体である市町村の役割が実際の住民の避難活動には重要であるものの、各市町村の取り組みに大きな差があるのは前述したとおりである。そして、とくに八重山地域で「国民保護」への取り組みはきわめて遅れているのである。それは、沖縄県国民保護計画で「離島における避難は、事態の推移に応じ、島内避難、島外避難（県外含む）に分けられるが、島外避難については、沖縄本島、宮古島及び石垣島を拠点とし、必要な措置を講ずるものとする」と定められているものの、八重山地域の中核となる石垣市の取り組みが遅れていたためである。

図 終-3　国民の保護に関する措置の概要

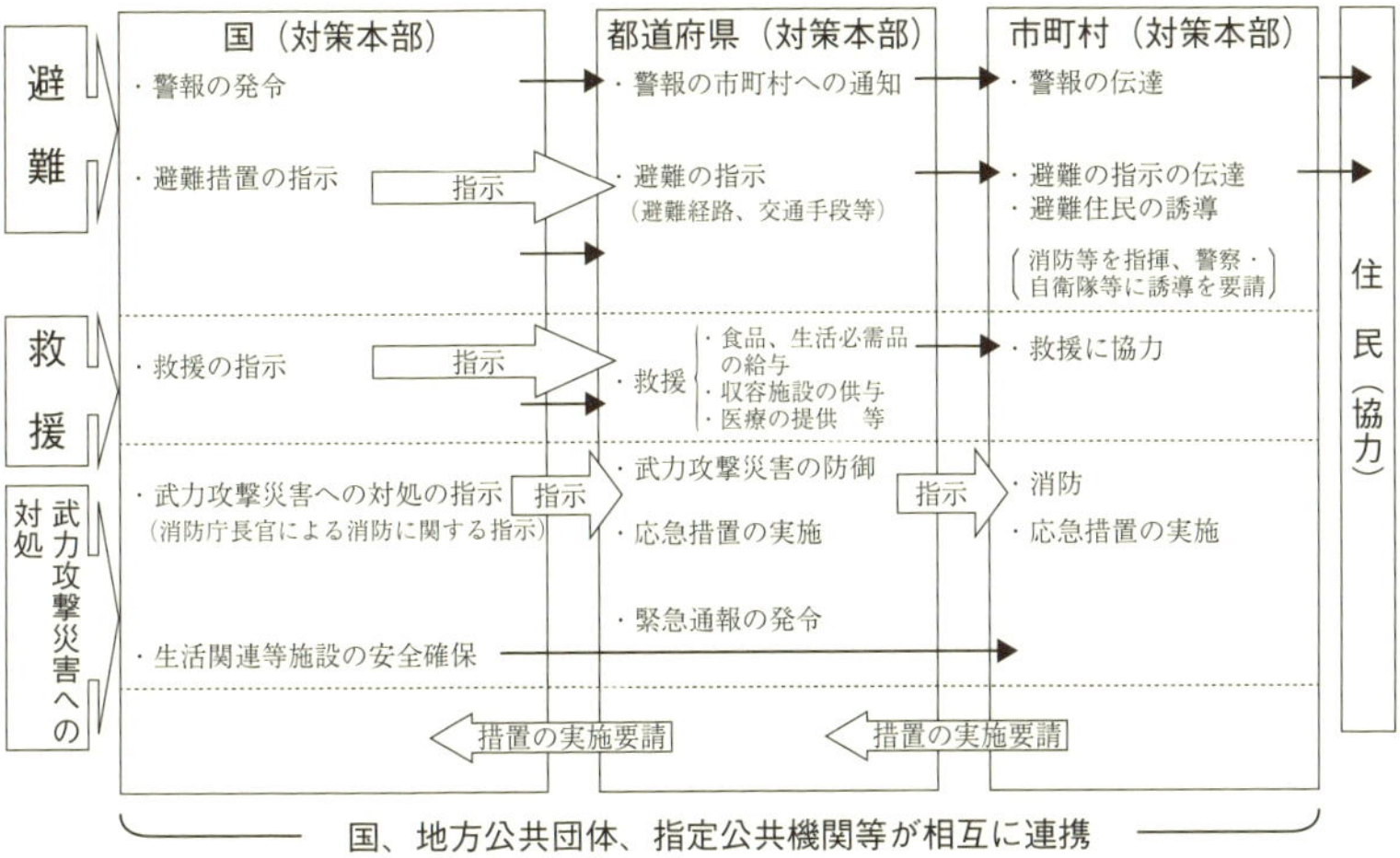

出所：「沖縄県国民保護計画」（平成21年３月修正）５頁をもとに筆者作成。

すなわち、石垣市は長く革新市長の市政が続き、国民保護計画の策定を拒否してきた。二〇一〇年四月一日現在で市町村計画作成率は、全国で九九・二％なのに対し沖縄県内で七八・〇％。未作成は全国で一四団体で、うち九団体が八重山三市町を含む県内市町村となっていた。同年一二月に石垣市はようやく国民保護協議会と国民保護対策本部などを設置するための条例案を提出、可決したが、問題への取り組みは著しく遅れていることは間違いない。また、石垣市の取り組みが遅れた結果、八重山地方の住民避難について前述のように県の計画では石垣島を拠点と位置づけていることから、石垣・竹富・与那国三市町で整合性をとる必要があったために八重山地域全体で計画に遅れが生じてしまったのである。

一方で、石垣では市長交代により方針転換が行われたものの、前述の与那国への自衛隊配備問題は八重山地域全体に自衛隊への警戒感を生み、一部革新的運動家を活性化させることにもなっている。実際、前述のように、与那国の場合も、一度基地ができると米軍との共同使用問題が生じ、容易に攻撃対象となることで戦火に巻き込まれることを懸念する住民が多いのである。

南西諸島防衛力強化を進めるためには、国民保護の充実によって島民の不安を少しでも除去することを進めないと、島民の協力を得ることは困難である。また、国民保護計画ができればそれでよいのかというと、決してそうではない。現行の国民保護計画の考え方は、前述のように問題を抱えている。しかも南西諸島のような離島における国民保護の問題は、個別に検討すべき事項が山積しているのである。その検討がなされないまま自衛隊の部隊配備だけが先行しては、地域の理解は得られないであろう。さらに言えば、沖縄は日本で唯一、地上戦の惨禍に見舞われた場所である。そのような地域に部隊を配備することについては、慎重な政治的配慮が必要とされるのは当然であろう。

戦後日本は、安全保障問題を真剣に検討することをせず、日米安保体制に依存しつつ「専守防衛」という美しいスローガンの下で安逸をむさぼってきた。しかし「専守防衛」とは、繰り返しになるが自分たちが住む場所が戦場になるということである。この問題に向き合って議論している人がどれくらいいるのだろうか。与那国島で自衛隊配備に反対している人々を簡単に「サヨク」とレッテルを張り攻撃する人もいるが、選択を誤れば自分の住む場所が戦場になるかもしれないという思いをもって活動している人々に対して、自分たちは安全な場所から批判だけ行うのは傲慢だろう。

南西諸島防衛力強化には筆者も賛成である。しかし、この問題は、戦後の日本が真剣に向かい合ってこなかったさまざまな重要な問題に、改めて取り組まなければならない課題でもあるのである。沖縄問題には、日本政治における重要な問題が凝縮して現れている。それを最後に検討しておきたい。

2　「統治」の正当性とは

沖縄の人々は現在の状況をどのように見ているのだろうか。最近は、普天間基地機能の辺野古移設反対（県内移設反対）を沖縄の多数の県民や政治家が主張する状況に、中国の脅威を沖縄が理解していないとか、中国に媚びる沖縄政治家がいる、あるいは沖縄はマスコミや知識人が左翼思想の持ち主が多くて真実が伝わっていないという見方が、インターネットだけでなくテレビや単行本でも伝えられるようになってきた。[14]では沖縄の人々は中国に対してどのように考えているのだろうか。

二〇一二年、沖縄県が行った意識調査がある（表終‐3）。それによれば、「中国に対してどのような印象を持っていますか」という設問に対して、表終‐3①のような結果が出ている（回答は一つ）。

この結果によれば、調査された県民の約九割が中国に対して良い印象をもっておらず、全国の八四・三％を上回っている。良くない印象の理由については表終‐3②のとおりである（複数回答）。

ここで沖縄県民があげている理由を見ると、沖縄は決して中国に甘い認識をしているわけではないことがわかる。「あなたは東アジアの海洋について、日本、中国などの間で軍事紛争が起こると思いますか」（回答は一つ）という設問でも表終‐3③の結果となっている。

以上の結果に表れているのは、沖縄は本土よりも中国の脅威を身近に感じていることである。「日中関係は重要か」という設問でも。「重要」「どちらかといえば重要」が、沖縄は合わせて六九％に対し、全国では八〇・三％であり、本土のほうが沖縄よりも中国を重視している。「中国と米国のどちらにより親近感を感じるか」については、中国と答えたのが沖縄四・二％、全国六・六％、米国と答えたのは沖縄五三・九％、全国五一・九％であり、沖縄と全国での差はほとんどない。沖縄の意見が中国びいきであるとか、左翼思想に冒されて反米感情が強いというわけではないのである。

ただ、基地問題になると沖縄県民と全国との違いが表れてくる。ＮＨＫの「沖縄県民意識調査」（図終－４）によれば、米軍基地と日本の安全保障について、本土復帰直後よりも米軍基地への評価は高くなっているが、しかし現在でも本土との差は明らかである（図終－４①）。

また、本土復帰後一貫して米軍基地削減を求める意見は八割近くに達している（図終－４②）。

これは自分の身近に基地が存在している人々と、そうでない人々の差であろう。本来、日本の安全を守るために置かれている米軍基地が、多くの事件や事故によって人々の生活を脅かしている。沖縄においては、本土の人々には実感がない安全保障が日常生活に入り込んでいるのである。普天間基地の名護市への移設についても、沖縄では賛成が二一％、反対が七二％で、賛成三六％、反対四五％の本土とは明らかな差が生じている。普天間の移設先については、沖縄では「撤去」も含めた「県外」が六六％と多数を占め、「県外」三三％の全国とは対照的である（図終－４③）。

沖縄県民の多数が、米軍基地の削減と普天間基地の県外移設を求めているのであり、本土の意識とのずれは明らかである。一方で、では沖縄県民は軍事的なことを一切認めていないかというとそうではない。前述のように、米軍基地の役割を評価する意見は増えてきているし、何よりも、自衛隊に関する意識は復帰直後とは大きく変わり、全国の意識と差はないのである。「自衛隊の必要性」についての設問の結果は図終－４④のようになっている。

日本が侵略を受ける可能性については、沖縄が八一％で全国が八〇％とほぼ同じである。しかし日米安保の有効性については、役に立っているという答えが沖縄で五三％なのに対し、本土では七五％と大きく差がある。これはやはり、沖縄では基地から受ける被害のほうが重視されるということだろう。また、今後の日米安保のあり方につ

表 終-3　沖縄県民の中国に対する意識調査結果

表 終-3①　「あなたは、中国に対してどのような印象を持っていますか」

	沖縄	全国
良い印象を持っている	1.4%	2.3%
どちらかといえば良い印象を持っている	7.7%	13.3%
どちらかといえば良くない印象を持っている	57.9%	66.7%
良くない印象を持っている	31.1%	17.6%
無回答	1.9%	0.1%

注：回答は一つ。

表 終-3②　「良くない印象を持っている理由は何ですか」

	沖縄	全国
政治体制が異なるから	20.0%	26.5%
過去に戦争をしたことがあるから	3.0%	4.9%
歴史問題などで日本を批判するから	43.6%	44.0%
中国人の愛国的な行動や考え方が理解できなから	50.5%	28.4%
資源やエネルギーの確保で自己中心的に見えるから	60.1%	54.4%
軍事力の増強や、不透明さが目につくから	38.0%	34.8%
中国の大国的な行動が気に入らないから	21.5%	17.2%
中国の行動が覇権的に見えるから	36.4%	23.0%
尖閣諸島を巡り対立が続いているから	56.0%	48.4%
国際的なルールと異なる行動をするから	58.4%	48.3%
その他	14.3%	9.6%
特に理由はない	0.1%	4.9%
無回答	2.9%	0.4%

注：①で「どちらかといえば良くない印象を持っている」「良くない印象を持っている」と回答した者が対象。複数回答。

表 終-3③　「あなたは、東アジアの海洋において、日本、中国などの間で軍事紛争が起こると思いますか」

	沖縄	全国
数年以内に起こると思う	4.3%	2.9%
将来的には起こると思う	39.3%	24.3%
起こらないと思う	30.0%	37.9%
わからない	25.2%	34.6%
無回答	1.2%	0.3%

注：回答は一つ。

出所：「第１回　沖縄県民の中国に対する意識調査」（2012年11月21日～12月12日実施）。同調査結果は沖縄県知事公室地域安全政策課調査・研究班編集『変化する日米同盟と沖縄の役割――アジア時代の到来の沖縄』（2012年３月）の資料編に掲載されている。

図 終-4　沖縄県民の米軍と安全保障に関する意識調査結果

図 終-4①　「復帰後も沖縄にアメリカ軍基地が残っていますが、あなたはこれについてどのように思いますか」

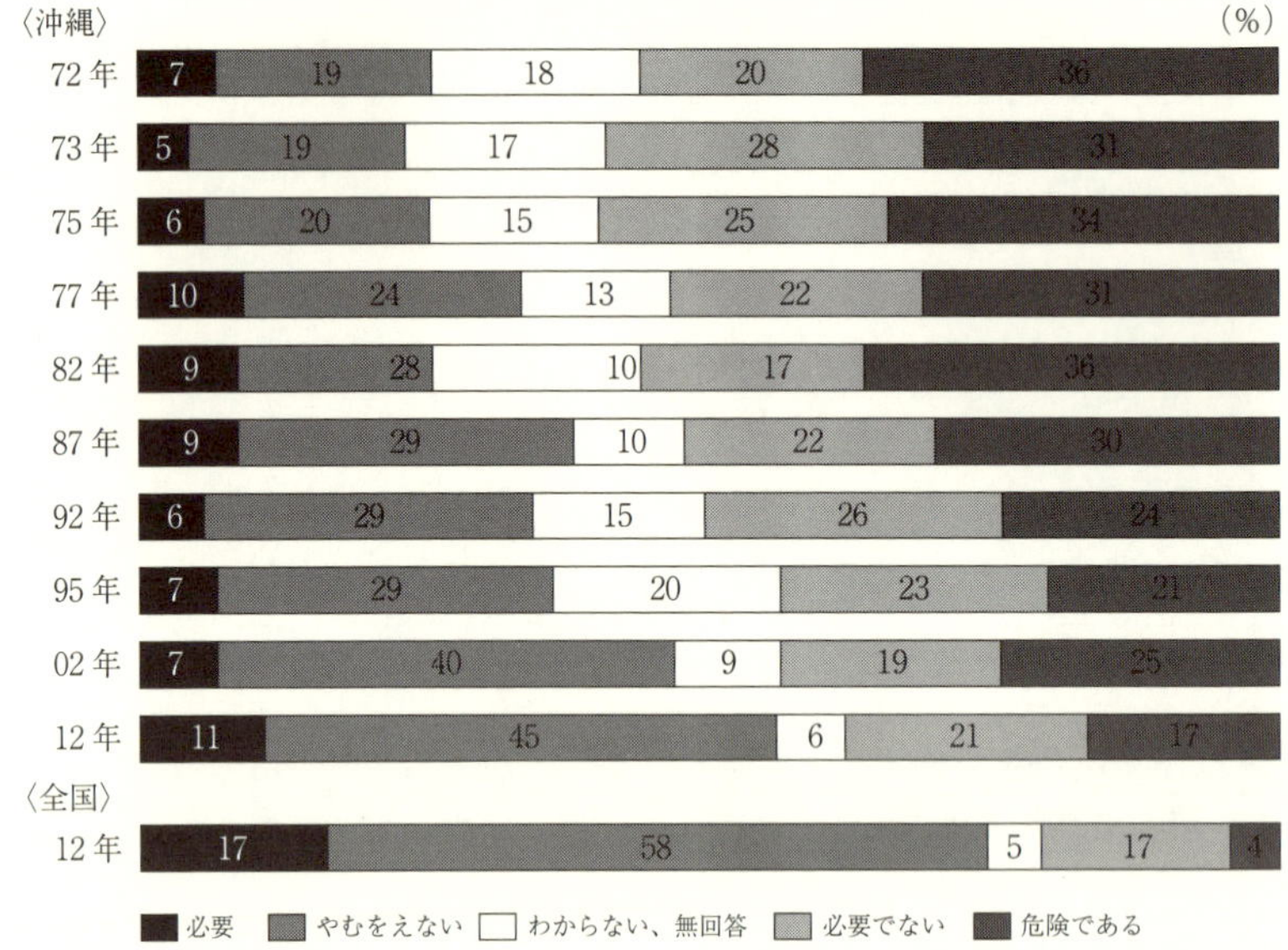

注：回答は一つ。

図 終-4②　「沖縄のアメリカ軍基地について、あなたのお気持ちに近いものをお答えください」

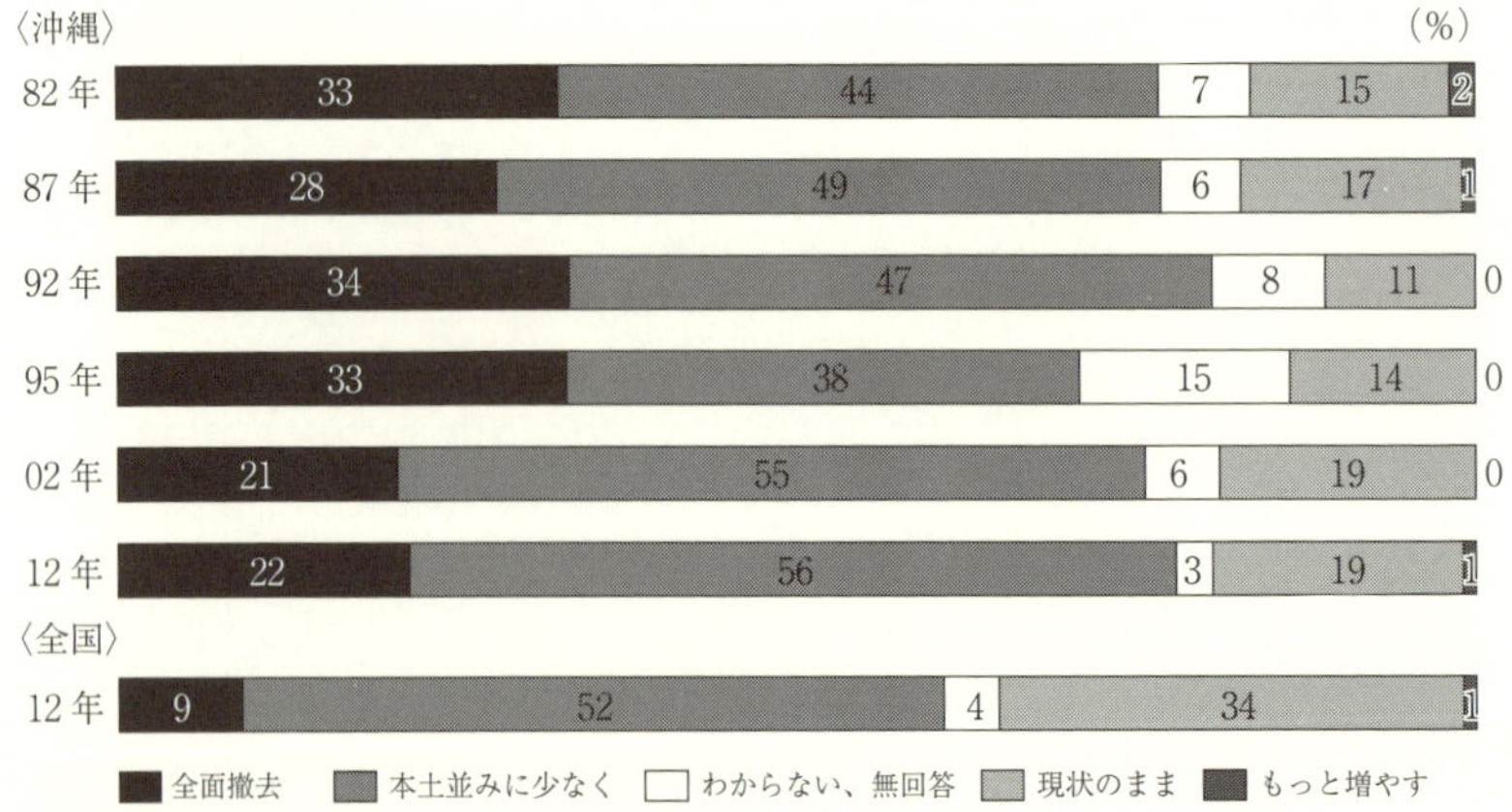

注：回答は一つ。

図 終-4③ 「普天間基地の移設について今後どうすべきだと思いますか」

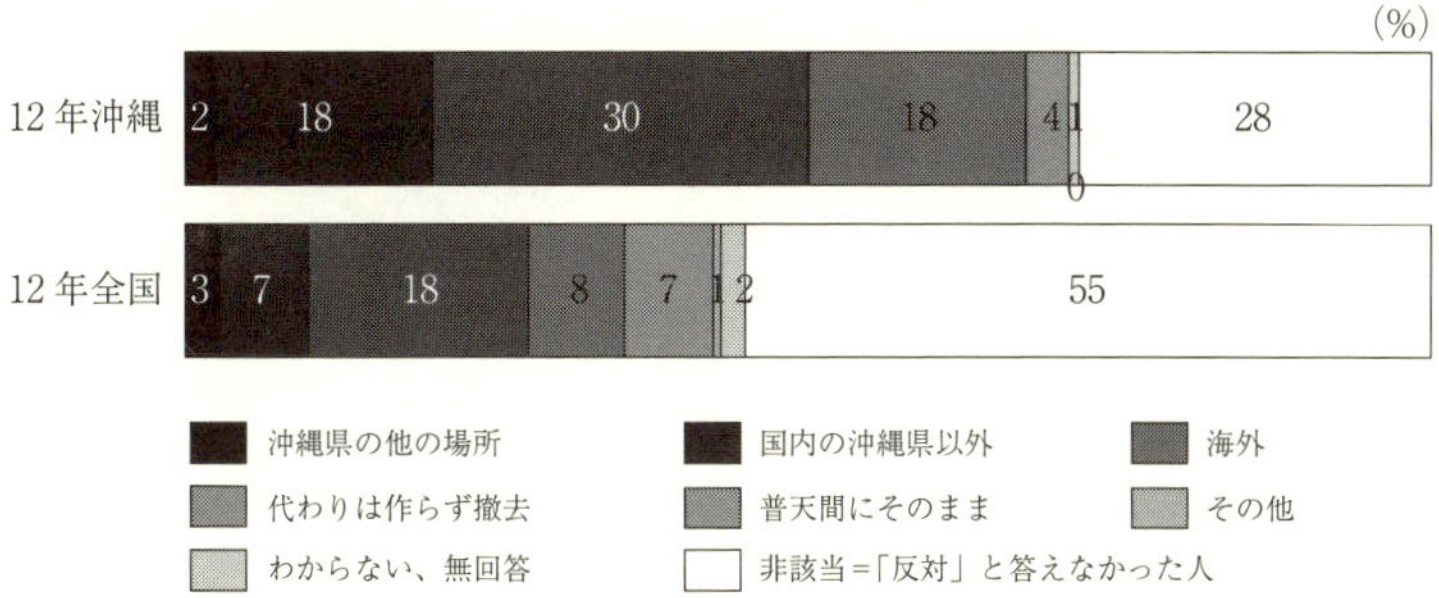

注：普天間基地の名護市移設に反対と回答した者を対象に、どこに移設すべきか等を質問。回答は一つ。

図 終-4④ 「復帰後、自衛隊が沖縄に配備されていますが、あなたはこれについてどのように思いますか」

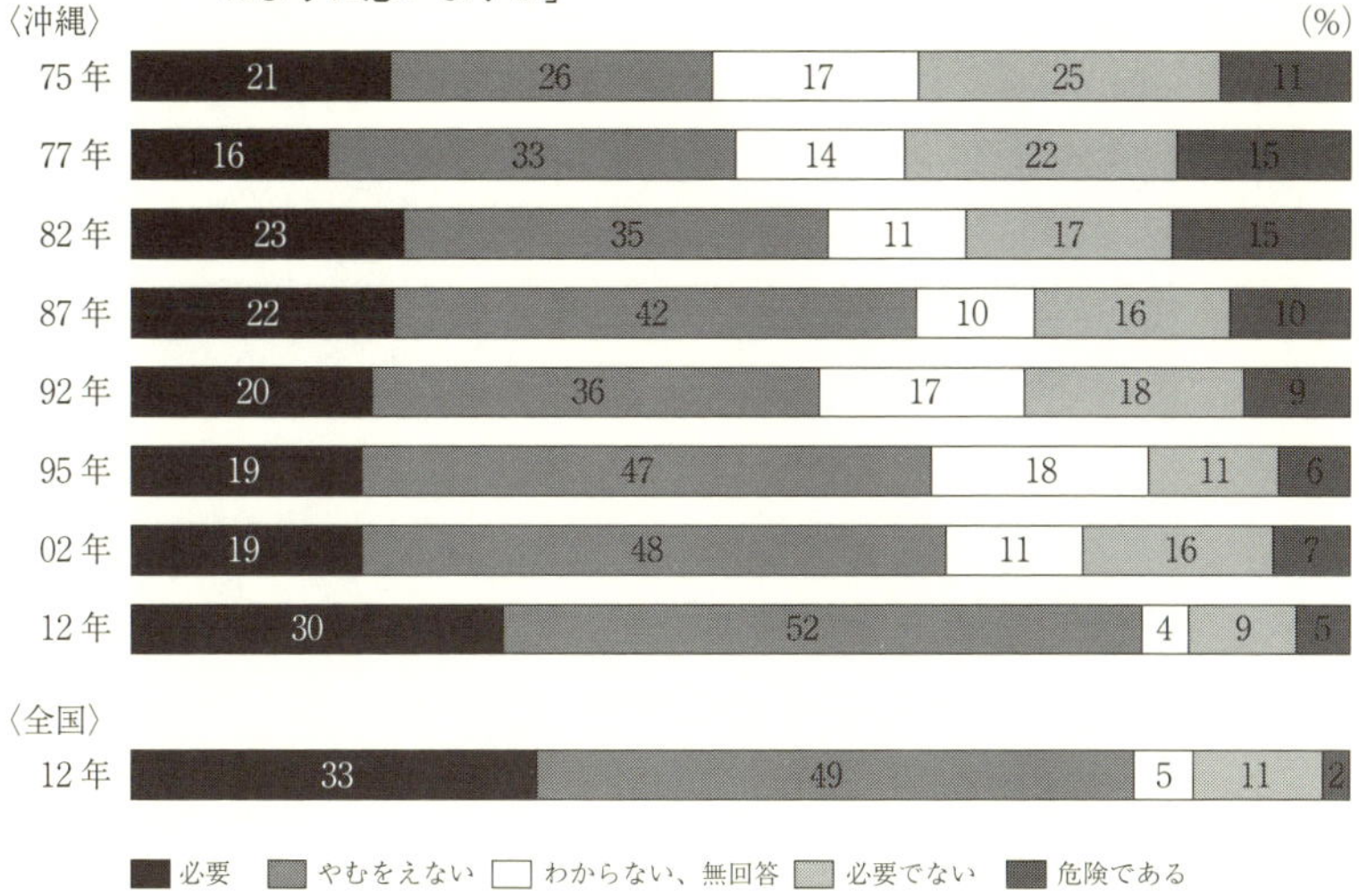

注：回答は一つ。

図 終-4⑤　「あなたは日米安全保障条約に基づくアメリカとの同盟関係を、今後どうしていくべきだと思いますか」

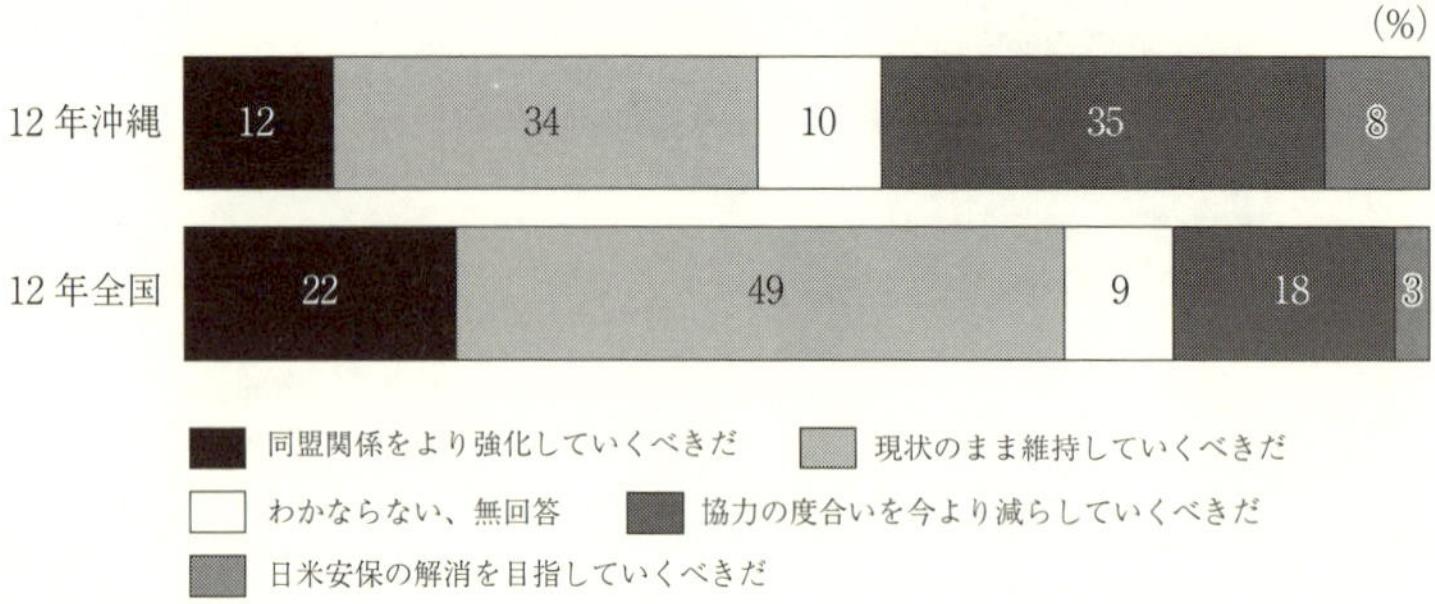

注：回答は一つ。

図 終-4⑥　「あなたは、これからの日本の安全を守っていくうえで、どのような方法が一番よいと思いますか」

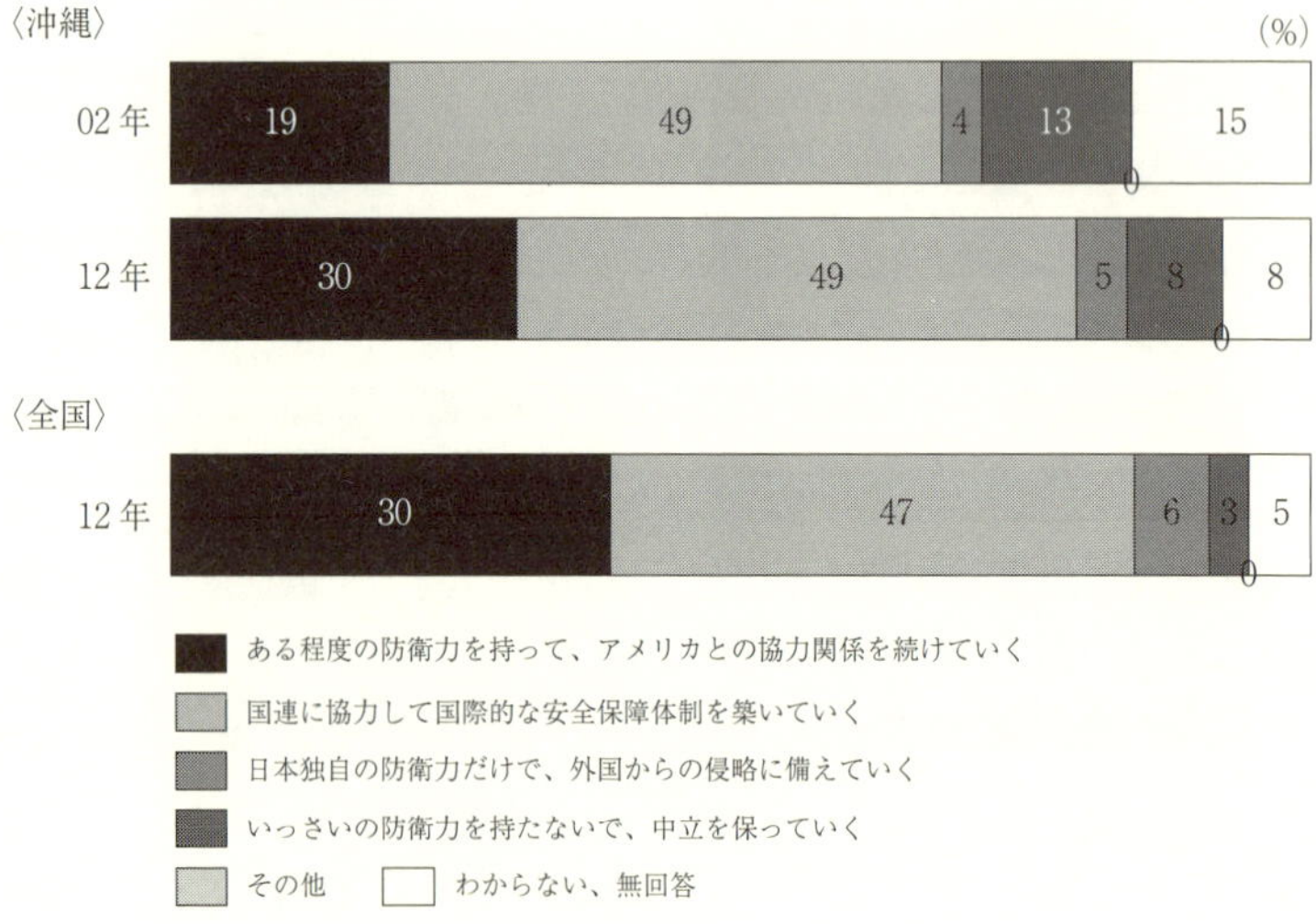

注：回答は一つ。
出所：河野啓「本土復帰後40年間の沖縄県民意識」『NHK放送文化研究所年報2013』。

いても全国との差は大きい（図終－4⑤）。

しかしそれでは侵略の可能性を十分に認識している沖縄で、日本の安全を守る方策についてはどのように考えているのであろうか。沖縄では全国よりも国連への期待がやや大きく、そして注目されるのが、「ある程度の防衛力を持って、アメリカとの協力関係を続けていく」という選択肢が一〇年でかなり増えていることである（図終－4⑥）。

全国には及ばないが、自らの防衛力拡大については理解を示している。このことは、米軍よりも自衛隊という認識を示すものであろう。

さて、沖縄での最近の動きで注目されるのが「独立論」である。独立論自体は、琉球処分の昔から存在し、これまでも一定の割合で独立を主張する者がいたが、決して多数意見とはならなかった。本土復帰を評価する者は、復帰直後は三八％しかなかったが、現在は七八％にのぼり、多数の県民が復帰を評価している（図終－5①）。

現在では、復帰の年に生まれた「復帰っ子」がすでに四〇代となり社会の中堅になっている。復帰後に生まれた人が多くなり、とくに若い世代で「独立」を主張する者はごく少数である。本土からの「差別」を訴えている中で、「独立」を主張する者が登場すると関心を引きやすいが、決して多数意見ではない[15]。しかし、そうした「独立論」の基礎に、本土から差別されているという意識があることを、本土の政治家も住民も忘れてはならないのである。そして、本土復帰を評価する意見が多い一方で、「本土の人は沖縄の人の気持ちを理解しているか」という設問で、「理解していない」という認識が年々拡大しているのはきわめて深刻な問題である（図終－5②）。

沖縄が理解されていないという認識については、本土と沖縄の報道の差も大きく影響している。日米安保体制の実態や、前述の「抑止力」についての議論に関しても、本土と沖縄では「情報ギャップ」が存在しているのである。ここでの「情報ギャップ」は、通常と逆で、本土のほうが少なく、沖縄のほうが質も量も多いということである。

図 終-5　沖縄県民の本土に対する意識調査結果

図 終-5①「沖縄の本土復帰40年をふりかえったとき、本土復帰についてあなたの気持ちに近いものをお答えください」

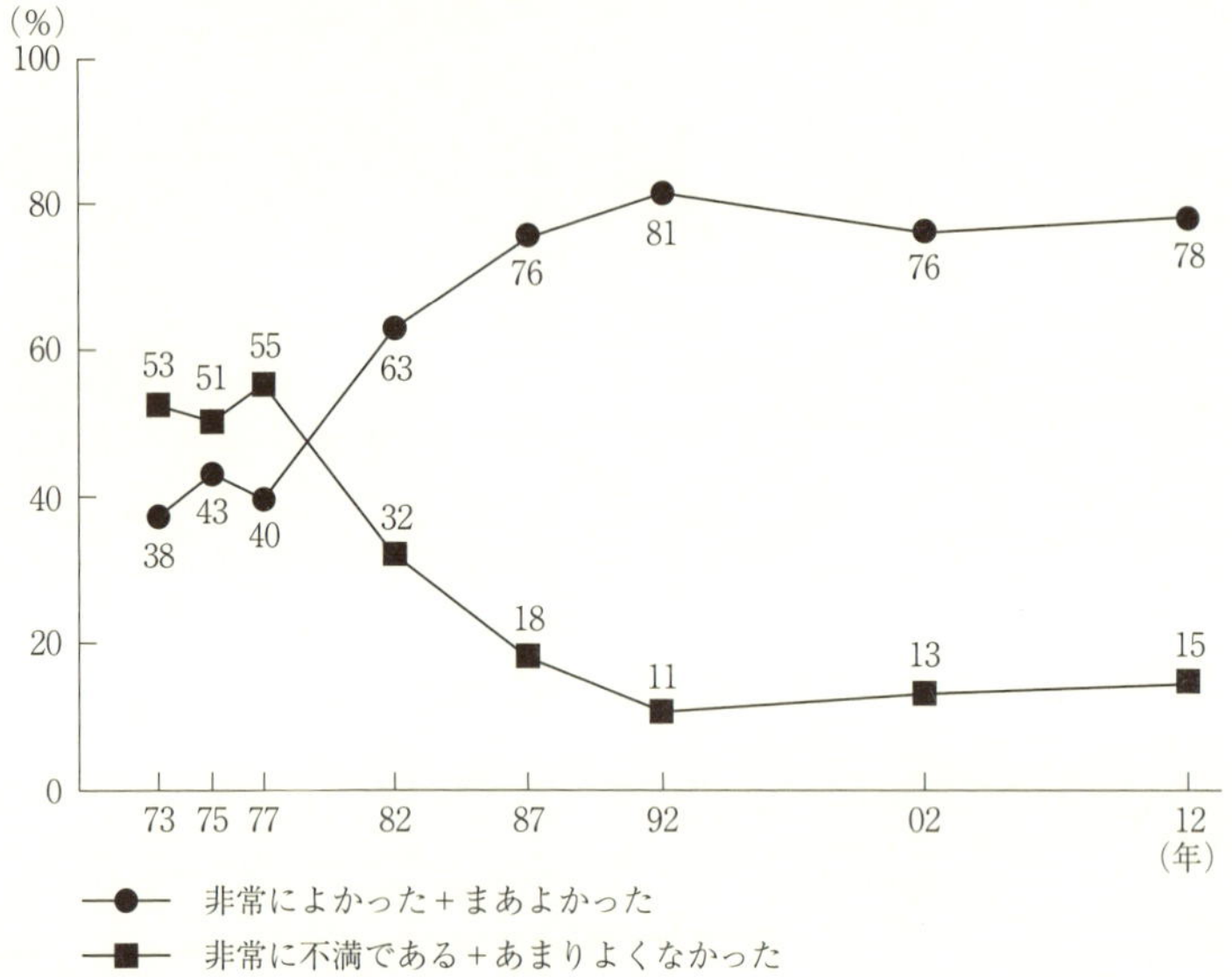

注：回答は一つ。

図 終-5②「本土の人は、沖縄の人の気持ちを理解していると思いますか」

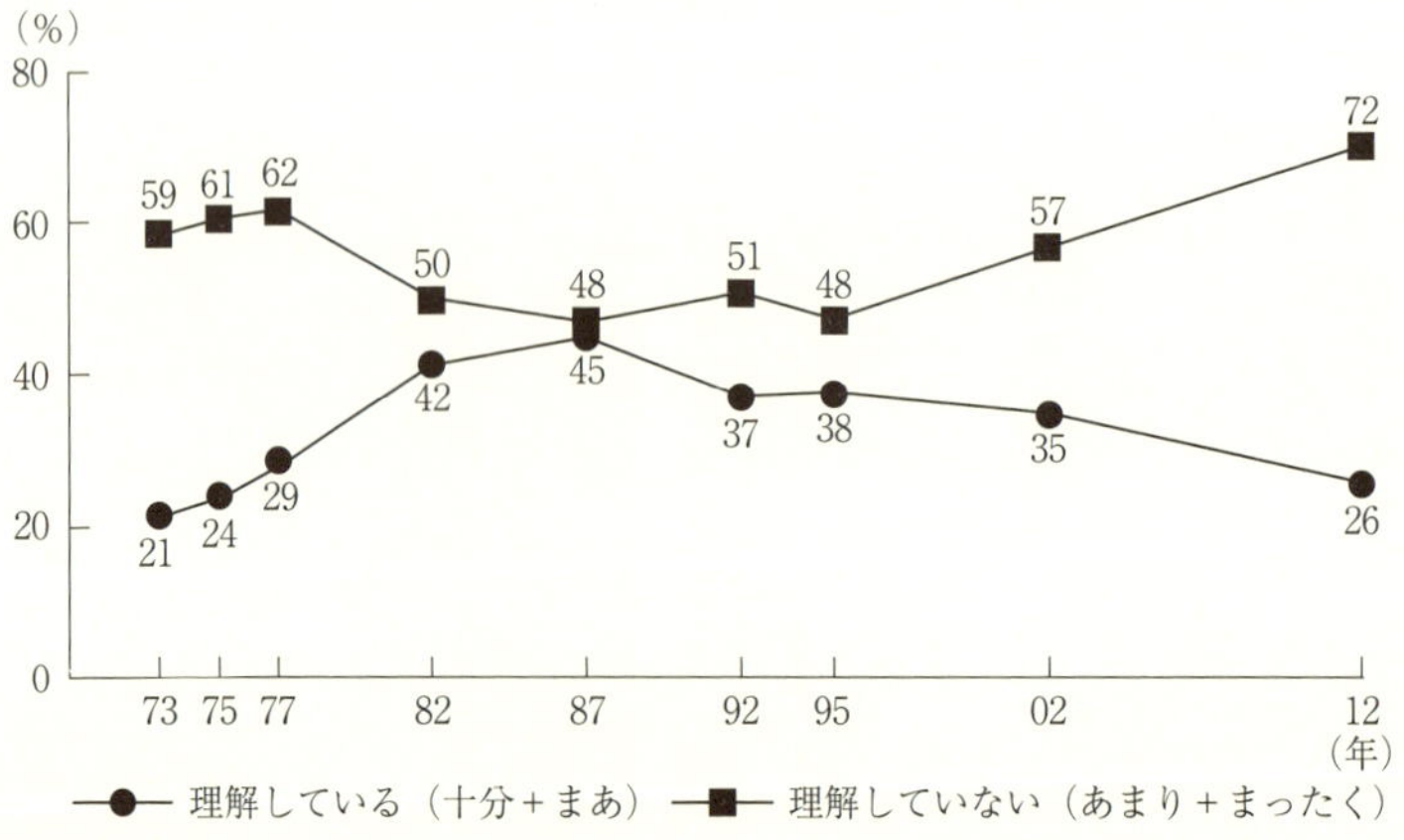

注：回答は一つ。

出所：河野啓「本土復帰後40年間の沖縄県民意識」『NHK 放送文化研究所年報2013』。

先に述べたように、米海兵隊がいなければ抑止力が無くなるといった表面的な議論は沖縄では通用しない。実際、軍事的に見れば、米海兵隊は沖縄にいなくてもよいのは前述のとおりなのである。また、地域新聞である「琉球新報」と「沖縄タイムス」はワシントンに記者を配置し、大手新聞が報道しないさまざまな記事をもたらしている。それは、「ジャパンハンド」といわれるリチャード・アーミテージやマイケル・グリーンといった人々以外の知識人や、米国政界では大きな影響力をもつ政治家の意見などであり、そこでは沖縄からの海兵隊撤退に賛同する意見も多い。そうした多様な意見の存在がアメリカ政治の本質であり、また政権交代によって大きな政策変更が起きる土壌でもある。沖縄の人々はそうした米国内の多様な意見を知ることによって、米軍基地への意見を作り上げているのである(16)。

以上のような沖縄の人々の考えについて、本土の政治家や住民はあまりに理解が不足しているのではなかろうか。本来、国家の安全保障は国民全体の問題である。一地域に負担の不公平を長きにわたり押し付けておいて良いはずがない。そうした事態を解決しないのは、まさに政治の怠慢である。

しかも、もともと沖縄（琉球）は独立国であった。自らの安全保障という視点から琉球を一体化していったのは日本（ヤマト）である。現在の沖縄の人々は、大部分が日本人であることに疑問をもたない一方で、「琉球人」としてのアイデンティティも大事にしている。そういう沖縄の人々を、本土の政治家、住民は同じ国民としてちゃんと遇しているのだろうか。これは日本という国の統治のあり方にもかかわる問題であろう。同じ国民に「負担の不公平」と「問題の先送り」という状況を続ける政治は、統治の正当性を問われても仕方がないのではないか。それほど重要な問題であるということである。

沖縄県が初めて作成した「自立案」である「国際都市形成構想」は挫折した。しかし、沖縄の将来像を、政府ではなく沖縄自身で描くという精神は残された。二〇一〇年三月、沖縄県は独自に自らの将来像として「沖縄二一世紀ビジョン」を策定した。これは二〇三〇年ころの沖縄はこうあるべきだという将来像を想定して作られた長期計画である。[17] 重要なことは、ここでは「大幅に基地が返還された」あとを前提として計画が構想されているのである。すなわち、国際都市形成構想を策定したときの基本的考え方である。[18] もちろん、「国際都市形成構想」から一〇年以上たっており、相違点も多い。しかし、沖縄が自ら形成した将来像であることが重要なのである。これがこのあとどのように具体化されていくのかは今後の展開を見なければわからない。基地と振興開発の問題が、自民党政権になって再びクローズアップされつつあり、党本部の強硬な姿勢に沖縄の政治家たちも揺れている。中国脅威論の高揚、普天間基地問題など、さまざまな問題が集中する沖縄が、再び政治の季節を迎えようとしている。

注

（1）「平成一七年度以降に係る防衛計画の大綱について」（平成一六年〈二〇〇四年〉一二月一〇日、閣議決定）。

（2）「平成二三年度以降に係る防衛計画の大綱について」（平成二二年〈二〇一〇年〉一二月一七日、閣議決定）。

（3）「朝雲新聞」二〇一一年一〇月六日。

（4）「沖縄タイムス」二〇一一年八月二一日。

（5）中国海軍の動向や戦略については、Michael D. Swaine, M. Taylor Fravel. *China's Assertive Behavior — Part Two: The Maritime Periphery*. China Leadership Monitor, No. 35, Summer 2011. Bernerd D.Cole, *The Great Wall at Sea; China's Navy in the 21th Century*, Second Edition. Naval Institute Press. 2010、太田文雄・吉田真『中国の海洋戦略にどう対処すべきか』（芙蓉書房出版、二〇一一年）、防衛システム研究所『尖閣諸島が危ない』（内外出版、二〇一二年増補版）、茅原郁生・美根慶樹『21世紀の中国　軍事外交篇——軍事大国化する中国の現状と戦略』（朝日新聞出版、二〇一二年）、防衛省防衛研究所編『中国安全保障レポート二〇一二』（防衛省防衛研究所、二〇一二年）、江口博保・浅野亮・吉田暁路『肥大化する中国軍——増大する軍事費から見た戦力整備』（晃洋書房、二〇一二年）参照。中国の国境問題に関する政策については、M.Taylor Fravel, *Strong Borders, Secure Nation; cooperation and Conflict in China's Territorial Disputes*. Prinston University Press. 2008 参照。

(6) 後に鳩山自身が「辺野古しか残らなくなった時に理屈付けしなければならず、『抑止力』という言葉を使った。方便といわれれば方便だった」とインタビューで語っている。「琉球新報」二〇一一年二月一三日。

(7) 「大臣会見概要　平成二四年一二月二五日」防衛省ウェブサイト　http://www.mod.go.jp/j/press/kisha/2012/12/25.html

(8) 衆議院は約九〇%、参議院は約八四%という圧倒的多数の賛成を得ての成立であった。

(9) 国民保護法については、浜谷英博『要説国民保護法――責任と課題』(内外出版、二〇〇四年)、礒崎陽輔『国民保護法の読み方』(時事通信社、二〇〇四年)、国民保護法制研究会編『逐条解説国民保護法』(二〇〇五年、ぎょうせい)参照。

(10) 鳥取県の取り組みについては、岩下文広『国民保護計画をつくる――鳥取から始まる住民避難への取組み』(二〇〇四年、ぎょうせい)参照。

(11) 総務省消防庁ウェブサイト「都道府県国民保護モデル計画」(http://www.fdma.go.jp/html/kokumin/model.pdf)、「市町村国民保護モデル計画」(http://www.fdma.go.jp/html/kokumin/1801model.pdf)。

(12) 前掲「都道府県国民保護モデル計画」五六頁。

(13) 「国民保護」に関する各地方自治体と自衛隊の共同訓練については、『平成一九年版　防衛白書』一八〇~一八二頁参照。

(14) 沖縄が左翼思想に冒されており、中国に媚びる政治家が多いといった主張の代表として、以下の著作がある。恵隆之介『沖縄が中国になる日』(扶桑社、二〇一三年)、同『中国が沖縄を奪う日』(幻冬舎ルネッサンス、二〇一三年)。恵は沖縄在住のジャーナリストで、元海上自衛隊員。現在、拓殖大学客員教授、八重山日報論説委員長。

(15) たとえば二〇一三年五月一五日に「琉球民族独立総合研究学会」が創設された。この学会は「設立趣意書」に「日本人は、琉球を犠牲にして、『日本の平和と繁栄』をこれからも享受し続けようとしている。このままでは、我々琉球民族はこの先も子孫末代まで平和に生きることができず、戦争の脅威におびえ続けなければならない。また、日本企業、日本人セトラーによる経済支配が拡大し、日本政府が策定した振興開発計画の実施により琉球の環境が破壊され、民族文化に対する同化政策により精神の植民地化も進められている。これは奴隷的境涯である」とあるように、強い被差別意識を土台に創設されている。同学会については、学会ウェブサイトを参照いただきたい。http://www.acsils.org/home

(16) 本土メディアと沖縄のメディアのギャップについては、「(座談会)『基地問題』をめぐる地元紙と本土紙の溝を埋めるため中央の取材記者に求めたい『沖縄』を感じる皮膚感覚」『Journalism』(朝日新聞社、二〇一三年二月号の「特集　沖縄報道を問い直す」所収)が参考になる。座談会に出席した比屋根照夫琉球大学名誉教授は、「沖縄の地方紙が直接アメリカに記者を送って、大手の新聞や通信社が報じなかったアメリカの様々な沖縄観、沖縄論を報道し始めてから、沖縄の世論が変わったんです。海兵隊が沖縄に必要だと思っていた人たちも『これはフィクションではないか』と気づいた。（略）やはり沖縄の現実の重さが新聞社にも影響しているんでしょう。沖縄のジャーナリズムが果たしている役割には、東京中心のメディアが欠落させた本質的な部分を突くという大きな意味がある」と指摘している。同書、一六頁。

（17）「沖縄二一世紀ビジョン」については、沖縄県ウェブサイト参照。http://www.pref.okinawa.jp/21vision/htmlver2/about21.html　二〇一一年一一月四日参照。

（18）この計画の策定の中心となったのが、当時の上原良幸企画部長（のちに副知事）である。上原はかつて国際都市形成推進室に勤務し、身近に吉元に接した者の一人である。

「差別」を助長する「不毛の言説」——少し長めの「あとがき」

本来、「あとがき」にあたる部分は、本論で触れることができなかった研究・著述の経緯や執筆にあたってお世話になった方々への謝辞などを述べるものであろう。本論を脱稿し初校戻しをするころに、これまでのことに思いをはせながら「あとがき」を書くことを楽しみにしている著者もいると聞く。私も、さっそくこれまでお世話になった方への謝辞を述べていきたいところだが、少しスペースをいただいて最近、とくに憂いていることから書かせていただきたいと思う。それは本論でも触れた沖縄に関する本土言論のあまりの質の低さと、本土の沖縄に対する政治姿勢のますますの劣化である。

まず本土の言論である。本土のマスコミと沖縄の「情報ギャップ」には本論でも触れたが、最近はそれにとどまらない、あまりにも質の低い議論が、とくにテレビやネットで横行している。例をあげるときりがないが、たとえば「普天間基地はもともと人がいない場所に作ったのに、後から周りに人が住み始めた。危険を承知で住みはじめたのに文句を言うのはおかしい」、あるいは「普天間基地は世界一危険ではなく、伊丹空港と同レベル、福岡空港のほうがもっと危険」といったもの。また、「辺野古沖合に棲息するというジュゴンは基地反対派しか見たことがない」というものもある。いずれもきちんと事実を確認すれば誤りであることが明確な問題だが、それらがまことしやかに不勉強なコメンテーターなどによって発言され、そして視聴者が安易にそれを鵜呑みにしてインターネットなどで拡散している現在は、本土と沖縄の関係を重要な研究テーマとしてきた著者には目を覆いたくなる状況である。

「普天間基地は人がいない場所に作った」、「普天間基地は危険ではない」という言説について簡単に解説しておきたい。普天間基地がある宜野湾市は、沖縄本島中南部に位置している。沖縄本島は北部が「山原《やんばる》」といわれる山林地帯で、平坦な地域が多い中南部のほうに多くの住民が暮らしている。ただ、沖縄に行って首里城などを見学した人はご存知と思うが、沖縄の土壌の多くはサンゴ質の石灰岩で、雨が降っても吸い込まれて水が溜まる場所が少なく、近年まで水不足に悩まされた土地柄である。その中で宜野湾市のあたりは、自然の湧水が多く水に恵まれ、早くから農地や集落として使われてきた土地であった。現在でも、普天間飛行場に関して三〇〇〇人以上の地権者がいるように、決して集落がなかったわけではない。那覇にも近く便利な地域であり、戦争前は軽便鉄道が各集落をつないで自然豊かに人々が暮らす農業地帯であった。現在も普天間基地内には、当時の人々の屋敷跡や墓など、さまざまな生活のあとが残されている。

戦争中は、普天間基地を眺望する嘉数高台が沖縄戦でも最も熾烈な激戦地の一つであったことに象徴されるように、宜野湾は戦場となり、焼け野原になった。その焼け野原に、日本本土攻略のための飛行場が建設されたのである。このときの写真を以て、人のいない畑に飛行場を作ったと解説する人がいるが、激戦地に人が定住していられたというのであろうか。また、沖縄戦が始まる前の沖縄県の人口は約六〇万人。戦争でその約三分の一が犠牲となった。戦争終了後は収容所に入っていた住民が、生活に便利な地域を求めて戻ってくるのは当然であろう。普天間基地周辺の住民が当初は少なかったというのも、当然のことである。一方で住民側からすれば、以前の場所に戻ってきたものの、一番便利な中心部が飛行場になっていたのである。しかも沖縄は、現在でも不発弾処理が日常的に行われているように、どこにでも住めるというわけではなく、まして住民が戻ってきたころはそうであった。米軍施設がある周辺は不発弾処理も優先的に行われ、安全度が高かったのである。米軍基地周辺地域に住んだことが問題だというのは、住民はみな北部の山林地帯に移れと言っているのに等しい。

その後も、「銃剣とブルドーザー」といわれる強制収用が行われ、基地は拡大し、住民の土地は取り上げられた。

さらに、陸軍から空軍に移り、滑走路も二四〇〇メートルから二七〇〇メートルに延長される。基地内部の施設が住民側に近づいたのである。それでも、嘉手納の補助飛行場として輸送機中心の時代はまだましであったが、本土の反米軍基地運動のあおりで一九六〇年に施設管理権が空軍から海兵隊に移管され、六九年一一月に第一海兵航空団第三六海兵航空群のホームベースとなってから、基地の使用頻度は増大し、危険度は増していく。沖縄が返還された一九七二年から、少し古いが二〇〇七年一二月までの沖縄県の集計でも、固定翼機一一件、ヘリコプター七五件の事故が起きており、この数字は沖縄県全体の米軍飛行機事故の約二割を占めている。幸い、沖縄県住民の死傷者はいないものの、飛行機・ヘリコプター乗員が死傷する事故は複数起きており、二〇〇四年の沖縄国際大学の事故は地域住民に被害が出ていないことが奇跡的なことであった。伊丹空港や福岡空港と同じだと述べる人は、こういった実態を知っていて語っているのだろうか。少なくとも、こういったことを述べる論者は、一般航空輸送に従事する民間空港と、危険なことも行う軍事訓練も実施される軍事施設との違いを無視しているとしか言いようがない。最近では、「普天間基地を移設するのが難しいのなら、周辺住民を移動させたほうが早い」などと、信じがたい発言をする論者もいる。発言者は冗談のつもりかもしれないが、耳を覆いたくなるこういった発言がどれほど傲慢で差別的であるのか、理解できないような人物が人気を得ている状況には、背筋に寒けを覚える気がする。

ジュゴンの問題も同様である。環境省の調査でもジュゴンの存在は明らかであるし、環境アセス後も沖縄防衛局の調査でジュゴンが辺野古沖を餌場としていたことを示す食跡を確認している。沖縄防衛局はこうした事実を公表しなかったが、事実が明らかになったあと、藻場の消失対策として海藻の移植などを実施する旨述べているのは、当然ながらジュゴンの棲息を前提としている。沖縄防衛局が基地建設反対論者になったとは聞いたことがないから、基地返還論者がジュゴンの話を捏造していると言った批判は、根本的に無理があろう。

テレビやネットだけでなく、本土の大新聞の責任も重い。著者は二〇一一年九月から一二年八月まで米国・ボストンで在外研究を行った。その折、セミナーに米国の著名な「ジャパン・ハンド」といわれる人々も来て講演を行ったのを傍聴したが、外交官だけでなく大新聞から派遣されているジャーナリストたちが、「普天間基地はヘリコプターの基地で危険ではない」（ヘリコプターのほうが事故率は高いし、そもそも普天間基地には固定翼機も配備されている）などといった話を熱心にうなずいて聞いていた姿が忘れられない。本論で指摘した「本土と沖縄の情報ギャップ」の原因の第一は、本土紙記者の不勉強にあると思えてならない。長い間、記者クラブ制度に安住していたことが、記者たちの取材能力を奪ってしまったのだろうか。本土紙が当然のように述べる「沖縄の地政学的位置」や「沖縄の海兵隊必要論」が、沖縄で説得力をもたないのは本土紙の記事のほうにリアリティがないからだと気づいてほしいものである。

本土政治家の責任は最も重いと言わざるをえない。本論で述べたように、普天間基地の県外移設の可能性はこれまでも浮上していたが、ことごとくそれを拒否したのは本土の政治家である。それは自民党政治の時代であったが、県外移設を主張した民主党にしても、結局いかにして政策を実現すべきかという最も重要な点がおろそかになったことで沖縄県民の失望と怒りを買ったのは当然のことである。

政権交代で再び自民党が政権を回復し、第二次安倍内閣が誕生して現在に至っている。民主党政権時代に傷ついた日米関係を修復し、「アベノミクス」でデフレ脱却を唱える安倍内閣は、現在（二〇一四年二月初旬）の段階で高い支持率を保っている。しかし、憲法改正をはじめとして戦後レジームの見直しを主張しているにもかかわらず、沖縄に対する政策は戦後の本土・沖縄関係そのままである。というより、むしろ濃厚に本土への従属を強いる姿勢に見える。普天間基地県外移設を主張していた沖縄選出国会議員を自民党本部の意向に強引に従わせ、「屈服」したような姿の沖縄選出国会議員を横に従えて話をする石破茂自民党幹事長の姿は、沖縄では新たな「琉球処分」を象徴するものと受け取られている。沖縄県の要請以上の振興開発費によって仲井眞弘多知事は辺野古埋め立て承認を行ったが、県議会は知事辞任を求める決議を行ったほか、知事への批判は後を絶たない。

二〇一四年一月一九日、普天間基地辺野古移設を争点として争われた名護市長選挙の結果は、移設反対の現職・稲嶺進が一万九八三九票で、賛成派の末松文信元名護市副市長・県会議員の一万五六八四票に四〇〇〇票あまりの差をつけて勝利を収めた。石破幹事長は「五〇〇億円の振興基金」を立ち上げると演説するなど、露骨な利益誘導選挙を実施したが、選挙民の意思は「移設拒否」であった。「基地と振興開発費の交換」という沖縄の本土復帰以来の政治に、名護市という一地域であるが、沖縄住民から明確な拒否を表明したわけである。四〇〇〇という票差は、前回が一万七九五〇票（反対：稲嶺進）対一万六三六二票（賛成：島袋吉和）と約一六〇〇票差、前々回は一万六七六四票（賛成：島袋吉和）対一万五三八三票（反対派の我喜屋宗弘と大城敬人の合計）であったことから見れば、政府からの強力な移設賛成派支援があったにもかかわらず、反対派が大きく拡大していることを示している。

問題は、こうした沖縄側の意思表示にもかかわらず、本土政府が従来の政策を強行する姿勢を崩していないことである。「普天間固定化阻止」という大義名分は本土住民には通用するだろうが、沖縄県内移設にかける政治的エネルギーと同量の努力を、果たして本土への移設に関して行ったのかと本土政治家に問えば、まともに返事ができる者がいるのだろうか。

著者は、本土のコメンテーターなどが主張する「左翼活動家」による過激な基地反対運動や、沖縄の中で振興開発にかかわる利権を求める者の存在をすべて否定するわけではない。また、琉球独立論を積極的に主張する人々の議論に、米軍基地による被害・日本本土の沖縄差別を批判する一方で、中国の軍事的脅威に関する認識の甘さがあることについても懸念している。ただ、本論中で述べたように、独立論を唱える者は現段階ではきわめて少数であるし、米軍基地反対の過激な活動家は（行動は目立つとしても）一部である。一部活動家の存在を拡大して伝えることで、沖縄からの異議申し立ての本質を間違えるようであってはならない。

重要なことは同じ日本国民である沖縄県民の多数の意思が、米軍基地による過剰な負担にあえいでいるという事実であり、沖縄が本土に復帰して以来の「負担の不公平」と「問題の先送り」という政治構造が、何ら変化していないということである。この政治構造は、日米安保体制すなわち米国に安全保障の基本的部分を大きく依存し、自らは国内政治課題に特化した「五五年体制」という、日本の戦後政治構造の中で構築されてきたものである。「戦後レジームの修正」や「積極的平和主義」を唱える現政権の視野の中には、「主権回復の日」がそうであったように、沖縄は入っていないのだろうか。沖縄から、本土からの差別、米国の「軍事植民地的扱い」について国連の人権委員会への訴えも論議されているという現状からは、日本という国家の政治のあり方へのきわめて重い異議申し立てがなされていると思えてならない。少なくとも、「われわれは差別されている」という言葉を、同じ国民が叫ばなければならない状況をこのまま許していいはずはない。それを解消することこそ、政治の責任ではないだろうか。

終章の扉に、沖縄戦当時、海軍陸戦隊司令官であった大田中将の「沖縄県民かく戦えり」という電文を載せたのは、琉球処分以来、多くの負担を負ってきた沖縄に対して本土住民が心得ておくべきことは何かを再確認したいからである。孟子の言葉は、国民の支持を失った為政者は統治の資格を失うという、「統治」というものについての基本的あり方を問うたものである。私自身も含めて、本土住民は沖縄が負っている負担の重さをどれほど認識できているのだろうか。

さて、それでは本来の「あとがき」に移りたい。戦後日本の防衛政策史を研究テーマの中心においていた著者が沖縄の問題を研究テーマに加えたのは、政策研究大学院大学（政策研究院）の「政策情報プロジェクト」に籍を置いていた一九九九年からであった。同プロジェクトでは、政治家、官僚、ジャーナリストなど、戦後日本政治でさまざまな役割を果たしてこられた方々のオーラルヒストリーなどを行っていたが、そういった個人オーラルの他に、何らかの政策や政治課題についてのケーススタディを行うことも予定されていた。その個別政策の一つとして、安全保障問題の関連から沖縄政治に関する調査を著者が提案し、当時プロジェクトの研究リーダーであり、著者の大学院時代の恩師でもあった御厨貴先生にそれを認めていただいたことが、著者の沖縄研究の契機であった。一九九九年の九月に予備的調査で初めて沖縄に行ったのを皮切りに、当時政策研究院教授であった伊藤隆先生とともに吉元政矩元副知事、大田昌秀元知事のオーラルヒストリーの実施のためにたびたび沖縄に行くことで私の沖縄研究は本格的にスタートした。それ以来、しばしば沖縄に行っては個別の取材等を行って、今までに何度沖縄に通ったかは私自身、定かではない。始まりから数えると早くも一〇年以上経っているわけであり、これまで論文や新聞への寄稿という形で発表していたものを、今回単行本の形にまとめることができたのは幸いであった。私の沖縄研究はまだ途上であり、以後も継続していくつもりであるが、沖縄が再び政治の季節を迎えている今こそ、本書で記した内容を本土の人々にこそ読んでほしいと切望している。

まだ不十分な研究であるが、本書のような研究をまとめることができたのは、多くの方々のご厚意・ご教示があってこそである。すべての方々に謝辞を述べることはできないが、これから上げる方々にはお礼の気持ちをお伝えしておかなければならない。まずは上妻毅氏である。著者が沖縄研究を始めた当時、政策情報プロジェクトで企画した、ある研究会で知り合った上妻氏が、本論中で述べたように沖縄問題の渦中にいたことを知って、さまざまなことについてご教示を得つつ、関係者のご紹介もいただいた。本書の議論でも重要な位置を占めている吉元政矩元副知事をご紹介いただいたのも上妻氏であり、琉球新報社の潮平芳和氏、前泊博盛氏という沖縄を代表するジャーナリストをご紹介いただいたのも上妻氏である。与那国の自立構想に関しても、きわめて重要な仕事をされてきた上妻氏は、私が沖縄の研究を始めるにあたって、よき導き手となっていただいた。上妻氏は著者の大学の同窓生でもあり、きわめて大事な友人である。現在はニューパブリックワークスという新しい場で、次の飛躍を行っている上妻氏に心から感謝申し上げたい。

次に、琉球新報の潮平氏、松元剛氏、宮城修氏、そして現在は沖縄国際大学の教授となった前泊氏といった沖縄のジャーナリストの方々。本土には沖縄のジャーナリズムというと「サヨク」と決めつけ、批判の対象でしかないと考えている人もいるようだが、著者が知っている沖縄のジャーナリズムはそれほど単純な決めつけができる存在では決してない。もちろん、安全保障や日米関係に関する見方、考え方について著者と意見を異にするジャーナリストもいる。しかし、日米安保体制は必要であり、中国の脅威を考えた場合、防衛力増強も必要と考える著者は、従来の分類でいえば「保守」である。その著者に、多くの発言の機会を与えてくれたのは、「サヨク」と批判される沖縄のジャーナリズムである。元沖縄タイムスの屋良朝博氏の冷静で公平な分析にも多くを教えられている。沖縄のジャーナリズムから学ぶべきことは多い。今後もよい関係を続けていくことを期待している。

与那国の田里千代基氏は、本書第4章で述べた与那国自立構想の中心人物である。吉元氏から田里氏をご紹介いただき、与那国自立構想の実現に向けた様々な活動を間近に見せていただいたことは、現在進行形の政治問題を考える視点を得るにあたって著者にとって大きな財産となった。それだけではない。田里氏の、与那国の将来を思っての献身的な姿勢は、本土に多くの与那国応援団を作り出した原動力である。賢夫人の鳴子さんともども、研究調査だけでなく、毎年夏に実施している学生の合宿でもお世話になっている田里氏と、本書を肴に杯を酌み交わすのを楽しみにしている。

沖縄関係の最後は、何と言っても吉元政矩元副知事である。本書をご一読いただければ、『吉元政矩オーラルヒストリー』がどれほど重要な位置を占めているかわかっていただけるだろう。吉元氏は、戦後沖縄政治を語るうえで欠かせない人物であり、とくに大田県政時代の政府対沖縄関係の中心人物であった。独特の語り口で、沖縄の歴史的位置や政治課題、自らの考えや行動を語ってくださった吉元氏との出会いが、著者が沖縄問題にのめりこんだ大きな要因でもあった。沖縄の将来を思い、今も活動を続けておられる吉元氏に、心から感謝を申し上げたい。

次は本書刊行に関してお世話になった方である。まず吉田真也氏。厳しい出版状況にもかかわらず、自ら出版社を立ち上げた志の高い出版人の会社から本書を刊行できることは、かつて編集者として同じ業界に身を置いたものとして、この上ない喜びである。編集にあたっても行き届いたご配慮をいただき、心からお礼を申し上げたい。

私のゼミ生であり、二〇一三年度卒業生となる真鍋裕子さんと森本貴恵さん。本書の校正に大いに協力していただいた。面倒な図表のチェックだけではなく、真鍋さんは人名索引や年表作成に中心的役割を果たしてくれたし、森本さんには第1章から第4章までの扉のイラストを描いてもらった。本書は刊行にあたって教え子が協力してくれた最初の単行本となり、私にとって記念の一冊となった。卒業間近の貴重な時間を割いて協力してくれた二人に心から感謝の気持ちを伝えたい。

最後は家族に。今の勤務先に移って早くも一〇年経つ。中学生になったばかりだった長男は大学生となり、小学生であった長女は高校受験である。在外研究期間の長い不在も含めて、不定期に帰宅し、不定期に名古屋に戻るという生活を繰り返す夫・父を、寛容さを以て許してくれる家族が私の研究の推進力である。改めて感謝したい。

さて、本書は一昨年（二〇一二年一二月）亡くなった父に捧げたい。父は、私が在外研究に出発する直前に不治の病であることが判明した。在外研究を中止しようかとも思ったが、まだまだ大丈夫だからと私の背中を押してくれたのも父であった。その言葉通り、私の帰国を笑顔で迎えてくれた。しかしその後、数カ月で容態が急変して不帰の人となった。天から私の仕事ぶりを見守ってくれているであろう父に、すべてのことに感謝しつつ本書を捧げたい。

二〇一四年二月　四五年ぶりの大雪を窓外に見ながら

佐道　明広

関係年表

年	月日	沖縄関係	沖縄以外
一九四五年	六月	沖縄戦終了	
一九五一年	九月		日米安全保障条約、サンフランシスコ講和条約
一九五三年	七月	伊佐浜土地闘争起こる（五五年、強制接収）	
一九五六年	五月	沖縄本島北部の国有地一万二〇〇〇ヘクタールの強制接収が発表される	
一九五八年	九月	太平洋空軍核攻撃チームが嘉手納航空基地に移駐	
一九五九年	一〇月	久志村辺野古に海兵軍団のキャンプ・シュワブが完成	
一九六〇年	五月	普天間飛行場管理権が空軍から海兵軍団の航空部に移管	
	六月		日米安保条約改定（新安保条約）
	八月	第一海兵士団がアメリカ本国から移駐	
一九六九年	一一月	佐藤・ニクソン会談。安保継続、七二年の沖縄返還を声明	
一九七〇年	一二月	コザ暴動	
一九七二年	一月八日	佐藤・ニクソン共同声明。沖縄の返還と基地の縮小を合意	
	五月一五日	沖縄返還、沖縄処分抗議県民総決起大会	
	五月二三日	沖縄開発庁沖縄総合事務局開局	
	六月二五日	戦後初めての県知事選、屋良朝苗当選	
	九月二九日		日中共同声明調印（日中国交正常化）
	一二月一八日	沖縄振興開発計画（一〇カ年計画、「一次振計」）決定	
一九七三年	四月二四日	米海兵隊、実弾砲撃演習のため県道一〇四号を封鎖	

一九七五年	五月三日	沖縄特別国体（若夏国体）開幕	
	二月	県道超え砲撃演習、着弾点を阻止団に占領され中止	
	七月二〇日	沖縄国際海洋博覧会開催（～七六年一月一八日）。長期不況と海洋博不振で企業倒産相次ぐ	
一九七六年	四月	第一海兵航空団司令部が山口県岩国飛行場から移駐	
	六月一三日	復帰後二回めの県知事選挙、平良幸市当選	
一九七七年	五月一八日	地籍明確化法成立、公用地法生き返る	
	一〇月四日	米軍、県道越え実弾砲撃演習を強行	
一九七八年	七月三〇日	交通方法、日本式の「人は右、車は左」に変更	
	八月一二日		日中平和友好条約調印
	一二月一一日	平良知事の病気辞任による知事選で西銘順治当選	
一九八〇年	六月八日	県議会議員選挙で革保逆転、保守化傾向強まる	
一九八一年	一二月一九日	沖縄関係税制の五年延長が決まる	
	一二月二七日	〝沖縄特例〟の高率国庫補助制度の継続決定	
一九八二年	一月一九日	沖縄開発庁長官、沖振法一〇年延長の方針表明	
	二月二六日	嘉手納基地爆音訴訟、提訴	
	八月五日	第二次沖縄振興開発計画（「二次振計」）を策定	
	一一月一四日	県知事選で西銘順治再選	
一九八五年	五月一五日	那覇市上之屋の米軍牧港住宅地区、国の強制使用期限切れに伴い返還が決定	
一九八六年	八月二二日	県新庁舎起工式	
	一一月一七日	県知事選、西銘順治三選	
	一二月二三日	沖縄関係の税制措置三たび延長（五年間）	
一九八七年	五月三一日	牧港住宅地区返還	
	六月二一日	嘉手納基地包囲行動、基地周辺を約二万五〇〇〇人の「人の輪」で包囲	

	九月二〇日	海邦国体夏季大会が開幕（～二三日）	
	一〇月二五日	海邦国体秋期大会開幕（～三〇日）	
一九八八年	五月二六日	沖縄自由貿易地域那覇地区完成、日本初のフリーゾーン	
	九月一七日	沖縄県人ブラジル移住八〇周年・県人会創立五〇周年記念式典開催（サンパウロ市）	
一九八九年	一月七日		昭和天皇崩御
	六月三日		宇野宗佑内閣成立
	六月四日		第二次天安門事件
	六月二三日	ひめゆり平和祈念資料館開館	
	月八月一〇日		海部俊樹内閣成立
	一〇月一三日	伊江島の米軍ハリアー訓練基地完成	
	一一月三日	首里城正殿復元起工式	
	一一月三〇日	労働戦線統一による「連合沖縄」発足	
	一二月二～三日		米ソ首脳会談（マルタ）
一九九〇年	一月二六日	県庁舎行政棟落成式（二月一一日開庁式）	
	三月三〇日	「慰霊の日」休日、存続決定	
	六月二二日	米太平洋軍司令官、三年間で在沖米軍五〇〇〇人を削減と表明	
	六月二三日	沖縄全戦没者追悼式に歴代首相として初めて海部首相出席	
	七月二七日	県議会庁舎起工式	
	八月二日		イラク軍、クエートに侵攻
	八月五日	「嘉手納基地包囲大行動」、人間の輪で基地包囲、約二万五〇〇〇人が参加	
	八月二三日	世界のウチナーンチュ大会開催（～二六日）	
	一〇月三日		ドイツ統一
	一〇月九日	沖縄と本土の経済人による「沖縄懇話会」設立	
	一一月一八日	県知事選、大田昌秀初当選	

一九九一年	一月七日	県、第三次沖縄振興開発計画大綱策定	湾岸戦争はじまる
	一月一七日		「砂漠の嵐」作戦開始
	三月一一日		掃海艇など計六隻、ペルシャ湾へ出港
	四月二六日		
	五月二八日	大田知事、未契約米軍用地強制使用にからむ「公告・縦覧代行問題」で、代行を正式表明	
	八月二〇日	副知事に尚弘子就任、東京都に次ぐ全国二番目の女性副知事誕生	
	八月二一日	沖縄水産高校、二年連続甲子園準優勝	
	九月四日	県、「軍転特措法」県要綱案を正式決定	
	一一月五日	沖縄開発庁長官に伊江朝雄が就任、県出身初の大臣	
	一二月二五日		ソ連邦解体
一九九二年	二月一三日	県収用委、普天間基地など一二施設の五年間強制使用を裁決	
	五月一五日	復帰二〇周年記念式典、沖縄と東京で開催	
	六月一九日		「国際平和協力法案」公布
	七月三〇日	県議会庁舎落成	
	九月二八日	第三次沖縄振興開発計画策定	
	九月一九日		カンボジア停戦監視要員出発
	一一月三日	首里城公園開園、首里城正殿復元	
一九九三年	一月一〇日	NHK大河ドラマ「琉球の風」放映開始	
	一月一四日	宮古島北の公海上で中国公船が日本船に発砲、その後も継続	
	一月二〇日		クリントン米大統領就任
	二月一日	第三セクターの（株）沖縄物産公社設立	
	四月二三日	沖縄で全国植樹祭、天皇・皇后初の沖縄訪問	
	七月一八日	衆院選挙、西銘・仲村・上原・古堅・宮里が当選	
	八月九日		細川護熙連立内閣発足、国務大臣（開発庁・国土庁長官）に上原康助衆議院議員（社会）、県選出では初の入閣
	九月一日	米軍ヘリ、嘉手納基地で事故、一人死亡	

一九九四年	四月六日		国土審議会「四全総の総合的点検」まとまる
	四月二八日		羽田孜内閣成立
	六月一四日		北朝鮮、ＩＡＥＡを脱退
	六月三〇日		村山富市連立内閣誕生
	七月八日		金日成北朝鮮主席死去
	七月二六日	「平和の礎」、糸満市の平和祈念公園内で着工	
	八月二四日	第一回沖縄県・福建省サミット、沖縄コンベンションセンターで開幕	
	九月九日	宝珠山昇防衛施設庁長官、「沖縄は基地と共存、共生してほしい」と発言	
	一〇月二一日		米朝協議。「枠組文章」に米朝署名
	一一月二〇日	沖縄県知事選、大田昌秀再選	
一九九五年	一月一七日		阪神大震災発生
	三月九日		朝鮮半島エネルギー開発機構（ＫＥＤＯ）発足
	三月二〇日		地下鉄サリン事件
	五月一四日	普天間基地を「人の輪」で包囲	
	五月一九日	軍転特措法、参院本会議で可決、成立	
	六月二三日	「平和の礎」除幕式、県内外の犠牲者二三万四一八三人の名を刻印	
	九月四日	本島北部で米兵による少女暴行事件発生	
	九月八日	県警が米軍捜査当局に容疑者三人の身柄引き渡しを要求。米側は日米地位協定に基づき引き渡しを拒否	
	九月一八日	県議会が抗議決議を全会一致で採択	
	九月一九日	大田知事が河野外相に抗議し、地位協定見直しを求め拒否される	
	九月二一日	クリントン大統領がラジオで暴行事件に遺憾の意を表明する	
	九月二八日	知事、県議会で代理署名拒否を表明	
	九月二九日	那覇地検は米兵三人を婦女暴行致傷、逮捕監禁の容疑で起訴	

	一〇月六日	吉元政矩副知事が上京、拒否を政府に通告。記者団に「条件闘争しない」と語る	
	一〇月一四日	在沖米軍は午前〇時から同六時までの間、沖縄市の繁華街への立ち入りを禁止するオフリミッツを発令	
	一〇月一九日		宝珠山防衛施設庁長官、「首相の頭が悪い」発言で更迭
	一〇月二一日	復帰後最大規模の県民総決起大会が開かれ、八万五〇〇〇人が集結	
	一〇月三一日	日米両政府は沖縄の基地問題で新協議機関の設置を確認	
	一一月四日	村山―大田会談	
	一一月七日	暴行事件で初公判。三被告、大筋で起訴事実認める	
	一一月一六日	米政府がクリントン大統領の訪日中止を発表	
	一一月一七日	「沖縄基地問題協議会」閣議決定	
	一一月一九日	村山首相・ゴア副大統領会談。「沖縄に関する特別行動委員会」（SACO）設置合意	
	一一月二〇日	SACO初会合	
	一一月二一日	村山首相が職務執行命令手続きに着手し、署名勧告へ	
	一一月二四日	村山首相との会談で大田知事は代理署名勧告を拒否	
	一二月七日	村山首相が職務執行命令請求で大田知事を提訴	
一九九六年	一月		村山首相辞任（五日）、橋本龍太郎内閣発足（一一日）
	一月九日	国際都市形成構想で市町村連絡協が発足	
	一月二三日	橋本首相と大田知事が初会談	
	二月二五日	サンタモニカでの日米首脳会談。クリントン大統領は「最善を尽くしたい」と表明	
	三月七日	少女暴行事件で那覇地裁は三被告に懲役七年～六年六月の判決を言い渡す	
	三月八日		中国人民解放軍が台湾近海でミサイル演習を実施

三月二三日		台湾、初の総統直接選挙、李登輝総統再選
三月二五日	福岡高裁那覇支部（大塚一郎裁判長）は職務執行命令訴訟で大田知事に代理署名を命じる判決	
四月一日	大田知事が代理署名訴訟で最高裁に上告	
四月一二日	橋本首相・モンデール大使共同記者会見。普天間飛行場の全面返還を表明	
四月一五日	日米両政府が日米特別行動委員会の中間報告を正式決定	
四月一七日		「日米安保共同宣言」
五月三〇日	代理署名訴訟上告審で、最高裁は大法廷に移して審理することを決める	
六月九日	沖縄県議会議員選挙投開票日、議会新勢力（与党二三、中立二、野党二三）	
六月二一日	米軍基地の整理・縮小などの賛否を問う県民投票条例が公布される	
七月一二日	橋本首相は公告縦覧訴訟を提訴	
八月	県「規制緩和など産業振興に関する要望（五項目）」を政府・与党に提出―沖縄経済の自立化と新たな産業振興へのアプローチ	
八月一六日	吉元副知事「最高裁判決敗訴なら大田知事は公告・縦覧に応じる」と発言	
八月一九日	吉元副知事「沖縄経済振興策＝規制緩和要望書」を政府に提出	
八月二〇日	沖縄懇談会（梶山官房長官の私的諮問機関）の設置を政府が発表	
八月二六日	沖縄懇談会（＝米軍基地所在市町村に関する懇談会）第一回会合を開催	
八月二八日	「代理署名訴訟」最高裁判決―上告棄却	
九月八日	米軍基地の整理・縮小と日米地位協定の見直しについて賛否を問う県民投票が行われ、賛成票が投票総数の八九％に達した。投票率は五九・五三％	

年	月日	事項	国内外の動き
	九月一〇日	「沖縄問題についての内閣総理大臣談話（閣議決定）」―「沖縄政策協議会」設置、沖縄振興特別調整費の計上等	
	九月一三日	大田知事、公告縦覧代行の応諾表明	
	九月二七日		衆議院解散（二〇日投票）
	一〇月四日	「沖縄政策協議会」スタート	
	一〇月二四日	県収用委、嘉手納基地等一三施設／約三〇〇〇人分についての土地強制使用裁決手続き開始	
	一一月	県「国際都市形成構想」策定、沖縄政策協議会に提示	
	一一月七日		第二次橋本内閣成立
	一一月一九日	沖縄懇談会が基地関係市町村の振興策を発表	
	一二月二日	SACO最終報告―普天間飛行場代替ヘリポート／海上施設案浮上	
一九九七年	一月二一日	シュワブ水域の事前調査協力要請を比嘉鉄也名護市長が拒否	
	二月一九日		鄧小平、死去
	二月二一日	県収容委―第一回公開審理	
	三月二五日	橋本―大田会談　米軍用地特措法改正を伝達	
	四月九日	比嘉鉄也名護市長が事前調査受け入れ表明	
	四月一〇日	大田知事も比嘉名護市長の受け入れ表明を尊重して事前調査容認	
	四月一一日	政府、特措法改正案を国会に提出　衆院通過	
	四月一七日	特措法改正参院通過、特措法改正成立	
	五月	県「国際都市形成基本計画」策定、政策協議会に提示	
	六月六日	名護市民投票推進協議会が発足	
	七月一日		香港の主権が英国から中国に返還
	八月一三日	ボーリング調査開始	
	八月	県「新しい産業・経済振興の方策」（県案）作成―「全県自由貿易地域」制度、「マルチメディアアイランド」構想、観光・リゾート基地の形成	
	九月一六日	市民投票推進協が一万七五三九人の署名添え、市民投票条例制定を要求	

	一〇月二日	名護市議会で二者択一を四者択一に修正して条例案を可決	
	一〇月八日		金正日朝鮮労働党書記、党総書記就任
	一〇月一七日	県議会で吉元副知事再任案否決	
	一一月五日	政府が海上ヘリ基地の基本案を県・名護市に提示	
	一一月	県「国際都市形成に向けた産業振興策」策定、政策協議会に提示・要望二〇〇五年「全県自由貿易地域化」等	
	一一月二一日	「沖縄復帰二五周年政府記念式典」開催—橋本首相「沖縄経済政策二一世紀プラン」策定を表明	
	一二月二一日	名護市民投票、海上基地反対過半数	
	一二月二二日	県議会で吉元副知事再任案再否決	
	一二月二四日	橋本—大田会談　海上基地建設問題 比嘉市長が橋本首相との会談でヘリ基地受け入れ表明、その後に辞任表明	
一九九八年	二月六日	知事、海上基地建設反対表明	
	三月八日	名護市長選挙で前助役岸本建男が初当選	
	三月三〇日	沖縄振興開発特別措置法一部改正成立—「特別自由貿易地域」の創設等	
	三月三一日	新しい全国総合開発計画「二一世紀の国土のグランドデザイン」閣議決定「基地問題を抱える沖縄の振興」が「首都機能と東京問題」とともに国土計画の特定課題に	
	六月一二日		中央省庁等改革基本法成立
	六月一五日	大田知事三選出馬表明	
	七月一二日		参議院選挙
	七月三〇日		小渕恵三内閣成立
	八月二六日	稲嶺恵一経営者協会特別顧問知事選出馬表明	
	八月三一日		北朝鮮ミサイル発射
	一一月一五日	沖縄県知事選、稲嶺恵一当選	
	一一月二三日		米国防総省「東アジア戦略報告書」発表

	一二月一〇日	稲嶺新県政スタート	
	一二月一一日	沖縄政策協議会再開	
	一二月一六日	稲嶺知事基地返還計画見直す「実効性に疑問」	
一九九九年	一月一四日		自自連立政権発足　野中広務官房長官が沖縄開発庁長官を兼務
	一月一六日	米国務・国防二高官、稲嶺知事と会談　SACO合意実現で一致 普天間返還、那覇軍港跡地利用で　野呂田防衛庁長官諮問機関「検討会」設置	
	一月二九日	那覇軍港の浦添移設表明　沖縄政策協議会で稲嶺知事	
	四月一二日	稲嶺知事、普天間返還合意満三年で早期移設を重ねて強調	
	四月二三日	沖縄政策協議会幹事会　特別振興一〇〇億円の緊急経済対策を了承	
	四月二七日	中央省庁改革法案閣議決定　沖縄部局、格上の内閣府に設置	
	四月二九日	サミットの沖縄開催が決定	
	一一月二二日	稲嶺知事が移設先に辺野古海岸域を正式表明	
	一二月八日		マカオ、中国に返還
	一二月二七日	岸本建男市長が条件付き受け入れを表明	
	一二月二八日	「普天間飛行場の施設に係る政府方針」閣議決定	
二〇〇〇年	一月二五日	辺野古区が移設を事実上容認の決議	
	四月五日		森喜朗内閣成立
	六月一三～一五日		南北首脳会談（平壌）
	七月二一～二三日		九州・沖縄サミット首脳会合
二〇〇一年	一月六日		一府一二省庁再編
	一月八日		ブッシュ米大統領就任
	三月六日	代替施設協議会で、滑走路二〇〇〇メートルなど施設規模の骨格が決定	

	四月二六日		小泉純一郎内閣成立
	三月二〇日	日米首脳会談にて、ブッシュ米大統領は一五年使用期限難色	
	九月一一日		米同時多発テロ
	一〇月七日		米英軍、アフガニスタン攻撃開始
	一〇月二九日		「テロ対策特別措置法」等、参議院本会議で可決成立
	一二月二七日	キャンプ・シュワブ沖リーフ上への代替施設建設で国・県・名護市が合意	
二〇〇二年	七月二九日	「普天間飛行場代替施設の基本計画」決定。リーフ上への埋め立て方式、軍民共用空港とすることで政府、県、名護市が基本合意	
	九月一七日		日朝首脳会談、金総書記が拉致認め謝罪
	一二月一二日		北朝鮮、核関連施設の再稼働と建設再開を発表
	一二月一七日	日米安全保障協議委員会（ＳＣＣ、「二+二」）共同発表	
二〇〇三年	一月一〇日		北朝鮮、ＮＲＴ脱退宣言
	一月二八日	代替施設建設協会が発会合	
	三月一五日		中国全人代、胡錦濤氏を国家主席に選出
	三月二〇日		米英軍等、対イラク軍事行動開始
	四月二八日	宜野湾市長選で伊波洋一が初当選	
	六月六日		武力攻撃事態対処関連三法成立
	七月二六日		イラク人道復興支援特措法成立
	一一月一六～一七日	ラムズフェルド国防長官が沖縄を訪問。普天間基地・周辺を視察	
二〇〇四年	四月二八日	那覇防衛施設局が環境アセスメントの方法書の公告縦覧を開始	

	五月二二日		日朝首脳会談（平壌）。拉致被害者の家族五人帰国
	六月一日		イラク暫定政府発足
	八月一三日	沖縄国際大学に普天間基地所属大型輸送ヘリ墜落	
	九月九日	那覇防衛施設局がボーリング調査着手	
	九月二七日		第二次小泉改造内閣が成立し、沖縄担当相に小池百合子が就任
	一二月二六日		スマトラ沖大地震、インド洋津波災害発生
二〇〇五年	二月二五日	大野功統防衛庁長官が辺野古見直しに言及	
	三月二九日	小泉首相、県外移設も視野に作業を進めるよう、外務、防衛両省庁に指示したことを明らかに	
	五月二四日	県議会与党会派が移設計画を見直す方針を決める	
	九月一一日		衆議院総選挙（郵政選挙）自民党大勝、民主党大敗
	九月一九日	岸本名護市長、リーフ内縮小案を容認する考えを明らかに	
	九月二二日	米軍再編でシュワブ陸上案を軸に調整することを小泉首相らが確認	
	一〇月二九日	日米が米軍再編で中間報告。移設先は名護市辺野古沿岸部と明記	
	一〇月三一日	稲嶺知事、岸本名護市長が沿岸案拒否	
	一一月二一日	名護市議会、沿岸部移設に反対決議。一二月は県議会も	
二〇〇六年	一月二二日	名護市長選で島袋吉和当選。沿岸案には拒否姿勢	
	三月二七日	岸本建男前名護市長が死去	
	四月七日	滑走路二本建設（V字形案）で合意	
	四月一七日	名護市辺野古区が一世帯一億五〇〇〇万円の補償要求を決める	
	五月一日		米軍再編最終報告で日米合意
	五月四日	稲嶺知事がシュワブ暫定ヘリポート案を提示	
	五月一一日	稲嶺知事、「政府案基本」で合意	

	五月三〇日	米軍再編で閣議決定。「軍民共用」「一五年使用期限」などの一九九九年の閣議決定は正式に廃止	
	八月二九日	普天間協議初会合に県・北部一転参加	
	九月二六日		安倍晋三内閣成立
	一〇月九日		北朝鮮、地下核実験実施
	一一月一九日	県知事選で仲井眞弘多が初当選	
	一一月二四日	普天間移設協議条件に、政府が北部振興策継続の方針を固める	
二〇〇七年	一月九日		防衛庁、防衛省へ移行
	三月二七日	那覇防衛施設局が、移設先の海域における環境調査現状調査に向けた公共用財務使用協議書を沖縄県に提出	
	四月二四日	那覇防衛施設局が海域調査に着手	
		沖縄県が、公共財産使用協議書への同意書を那覇防衛施設局に交付	
	五月一日		日米安全保障協議会で「同盟の変革：日米の安全保障及び防衛協力の進展」を共同発表
	五月一八日	海域調査に海上自衛隊が参加	
	五月二三日	米軍再編法が成立	
	七月二九日		参議院選挙、自民大敗
	八月七日	防衛省が環境影響評価方法書を県に送付。	
	九月一日	地方防衛局を新設	
	九月二六日		福田康夫内閣成立
	一一月二八日		東京地検、防衛装備品調達に絡む収賄容疑で守屋元防衛事務次官逮捕
二〇〇八年	一月二一日	沖縄県より沖縄防衛局に対し、環境影響評価方法書に対する知事意見を提出	
	一月二四日	沖縄ジュゴン訴訟で米国防総省が敗訴	
	二月五日	環境影響評価方法書の修正・追加資料を沖縄県に提出し、公表	

	三月一四日	防衛省が環境影響評価（アセスメント）方法書の追加修正資料の修正版を県に提出。方法書が確定	
	五月二〇日		台湾、馬英九総統就任
	七月一八日	県議会が辺野古移設反対を決議	
	九月六日	仲井眞知事が「普天間飛行場の移設に関する沖縄県の考え方」を発表	
	九月二四日		麻生太郎内閣成立
二〇〇九年	一月二〇日		オバマ米大統領就任
	二月二四日	日米首脳会談、日米外相会談。在日米軍再編を「ロードマップ」に基づいて着実に実施していくことで一致	
	四月一日	防衛省が沖縄県、名護市及び宜野座村に対して米軍普天間飛行場移設に先立つ環境評価準備書を提出	
	五月一九日	国会で「在沖縄、海兵隊のグアム移転に係る協定」を承認	
	五月二五日		北朝鮮、二回目の地下核実験実施
	七月四日		北朝鮮、日本海に向けて計七発の弾道ミサイル発射
	八月三〇日		衆議院選挙、自公大敗、民主三〇八議席で政権交代
	九月一六日		鳩山由紀夫内閣成立
	九月二四日	鳩山首相が、普天間について県外移転を前提として移設計画を見直す考えを表明	
	一〇月一三日	環境影響評価準備書に対する知事意見書を沖縄防衛局に提出	
	一一月一一日		行政刷新会議「事業仕分け」
	一一月一三日		日米首脳会談
	一一月一七日	普天間移設問題に関する日米閣僚級作業グループの初会合開催	
	一二月五日	与党の基本政策閣僚委員会で「普天間移設問題に関する政府方針骨子」を決定	
	一二月二五日	鳩山首相が記者会見で、普天間移設問題について「来年五月までに新しい移設先を決定したい」と明言	

	一二月二八日	政府・与党が「沖縄基地問題検討会」の初会合開催	
二〇一〇年	一月二四日	沖縄県名護市長選挙にて、普天間移設受け入れに反対する稲嶺進が当選	
	三月二六日	政府が沖縄と米側に対し、キャンプ・シュワブ陸上案とホワイトビーチ沖の埋め立て案に、県外への訓練移設を組み合わせる移設案を正式に伝える	北朝鮮潜水艦艇による魚雷攻撃によって韓国海軍哨戒艦「天安」黄海で沈没
	三月二九日	岡田外相がゲーツ国防長官と会談	
	四月一八日	鹿児島徳之島で反対集会	
	四月二五日	沖縄県民大会開催	
	四月二八日	政府が移設最終案をまとめ、米国や移設先と大詰めの調整に入る	
	五月四日	鳩山首相が沖縄訪問	
	五月一〇日	政府が普天間飛行場移設問題に関する関係閣僚会議を開催	
	五月一一日	政府案に、移設先として「名護市辺野古周辺」を明記する方針を固める	
	五月一四日	政府が関係閣僚会議を開催	
	五月二三日	鳩山首相が沖縄を再訪問	
	五月二八日	日米共同発表（辺野古移設合意など）	
	五月三〇日		社民党が与党から離党
	六月四日		鳩山内閣総辞職、菅直人内閣成立（六月八日）
	九月七日		尖閣諸島周辺のわが国領海で中国漁船が保安庁巡視船に接触
	一一月一日		メドヴェージェフ露大統領、国後島訪問
	一一月二八日	県知事選挙、仲井眞弘多再選	
	一二月七日		尖閣沖漁船衝突事件のビデオ映像流出
二〇一一年	三月一一日		東日本大震災発生
	八月二七日		菅首相辞任表明、野田佳彦内閣成立（九月二日）

	一一月三日	県が「沖縄21世紀ビジョン基本計画（仮称）」案を決定	
	一二月一九日		北朝鮮、金正日朝鮮労働党総書記の死去（一二月一七日）を発表
	一二月三〇日		金正恩が北朝鮮人民軍最高司令官に就任
二〇一二年	五月七日		プーチン露大統領就任
	六月一〇日	沖縄県議会選挙、野党・中道が過半数	
	八月一〇日		李明博韓国大統領の竹島上陸
	一一月一五日		中国共産党第一八期第一回中央委員会全体会議。習近平が党総書記及び党中央軍事委主席に選出
	一二月一二日		北朝鮮、「人工衛星」と称するミサイル発射
	一二月一六日		衆議院選挙、自公で三二六議席
	一二月二六日		第二次安倍内閣成立
二〇一三年	二月二五日		韓国、朴槿恵大統領が就任
	三月一四日		中国第一二期全人代第一回会議において習近平を国家主席に選出
	七月二一日		参議院選挙、与党勝利で「ねじれ」解消
	一二月二五日	安倍首相・仲井眞知事対談。沖縄復興費の毎年三〇〇〇億円台確保、さらなる負担軽減など約束	
	一二月二七日	仲井眞知事、辺野古埋め立て承認	
二〇一四年	一月一九日	名護市長選挙、移設反対派の現職・稲嶺進が推進派の末松文信候補に四〇〇〇票差で勝利	

（注）沖縄が本土に返還される一九七二年までは簡略化して作成。

【ま行】

【や行】

【ら行】

【わ行】

人名索引

著者紹介
佐道　明広（さどう・あきひろ）
中京大学総合政策学部教授
1958年福岡県に生まれる。1983年学習院大学法学部卒業。1989年東京都立大学大学院社会科学研究科政治学専攻博士課程単位取得。博士（政治学）。
主な著書に『戦後日本の防衛と政治』（吉川弘文館，2003年），『戦後政治と自衛隊』（吉川弘文館，2006年），『「改革」政治の混迷 1989～（現代日本政治史⑤）』（吉川弘文館，2012年）など。

沖縄現代政治史
「自立」をめぐる攻防

2014年4月1日　初版第1刷発行

著　者　佐道明広
発行者　吉田真也
発行所　合同会社 吉田書店
102-0072　東京都千代田区飯田橋1-6-4 幸洋アネックスビル3F
Tel：03-6272-9172　Fax：03-6272-9173
http://www.yoshidapublishing.com

装丁　折原カズヒロ　　印刷・製本　モリモト印刷
DTP　アベル社
定価はカバーに表示しております。

ISBN978-4-905497-22-6